心智圖法好給力

親子練心術

推薦序

林家岑

親子烹飪教養家

認識宇禾應該有近十年的時間，看著她在心智圖這件事上的努力與堅持，是很激勵人心的。我與她同在教育事業上，雖然使用的工具不同，但希望孩子們可以從小學習有用的生活技能，這部分是相同的。

我自己在讀書期間就不是一個很會整理重點的人，出了社會才發現這樣的能力還蠻重要的。一個冗長的會議，如何快速拉出重點，節省之後執行的時間，或是閱讀長篇專案內容時，如何可以更清楚明白中間的合作方式與關係，這些都可以利用心智圖解決。

從小接觸的孩子，這樣的能力是可以慢慢累積的，宇禾的這本書裡，幾乎不藏私的把自己的專業都分享出來。也有實際操作的演練，讓讀者可以更清楚的了解如何累積自己心智圖的能力，這些都是長年以來難得的經驗分享。

期待讀這本書的讀者，都能從中獲得自己的另一個潛能的開發，之後活用在任何需要的地方。

推薦序
新制的心智圖

黃添貴

南台科技大學視覺傳達設計系 助理教授

與田宇禾老師相識乃源自於專科時的同學關係，而我們最大的差別於她是學校校花、個人則是學校的笑話。但真正認識卻是這些許日子的接觸，除了歲月沒在她臉龐刻劃痕跡、身形沒添加累贅的令人忌妒外，重要的是感受她這些許年來的努力、執著與成長，令我極為汗顏。

個人在大學任教，曾邀請田宇禾老師於校演講。兩節課的演繹過程，不但深入淺出讓學員能理解外、並激起興趣及讓思維變得開拓，令人感佩。過程中看到老師散發隱藏不住的文化涵養，能感受出平日大量的學習及閱讀，也進而傳達出心智圖不只是一種方法、還有其中必需的內涵，讓學員對心智圖有更深一層的理解，也著實讓我腦洞大開。

此書不僅傳授如乾坤大挪移的心法，更講解硬底子如大力金剛掌的練習方式，加上老師美學底蘊的呈現，除讓閱讀者能更清晰理解外、並讓人賞心悅目，甚至宛如一件藝術作品。內容涵蓋範圍極為廣泛，從各階層課程內容為示範，並對生活中的人、事、物進行體驗、演繹及剖析，融合自身的修為、達至全面且完整。

心智圖由 Antony-Peter-"Tony-Buzan" 於 1970 年代在英國提出，是一種使用左右腦的擴散性思考方法，亦是一種把概念轉換為圖像化、能快速激發靈感，對創意思考能力之提升有顯著助益。但在我閱讀此書後卻有另一層面的感受，因老師已把此學問用心內化、轉換、加上美感的呈現後，讓心智圖產生「新制」的呈現。除原有功能外，更讓我們對事情的思索增加許多角度、對問題的探討有更多面向，甚至在面臨人生困窘時，都能提供我們「更給力」的陪伴，進而迎刃而解，真心推薦值得一讀。

推薦序

翁碧蓮 博士
港都電台快樂主理人暨節目與資訊製作部 副總

我認識宇禾是她從嘉義南下擔任港都電台 DJ 的人生階段。記得當年的她人美聲甜，年輕青澀容易害羞，卻有一股特別的迷人氣質與韌性，也是我工作上很重要與貼心的夥伴，幾年後她帶著大家的祝福離開電台展開人生下個階段。

幾年前開始在臉書上看到她的文字，也知道她在心智圖領域發展的有聲有色，深受孩子與家長的喜愛與敬重。前不久收到她的邀約為她的新書寫序，看到她的新書大綱與部分文稿，心中感動不已。字句間滿滿對生命的熱愛及對孩童的疼惜，筆觸溫暖、深富哲理，是很值得仔細閱讀的好書。

宇禾教導小孩心智圖，除了技巧本身外，更多的是對生命的理解與正向價值觀的建立，對萬物有情、對世間有愛，果然是一位良師，透過出版此書可將其人生價值觀內化其中，影響更多人，實為美事。

對於心智圖的了解，我在就讀博士班資格考時，在指導老師的分享下幸運的遇上心智圖，很幸運在極短時間內將生硬的理論，透過心智圖了解其脈絡與理解其中的關係，進一步整理出自己的見解，很感謝那段時間有機會認識和運用心智圖，想想如果早點找宇禾協助，定能功力加倍！

不過對於心智圖認知與運用，之前我僅停留在邏輯與系統思考，但讀了此書後發現，宇禾更將心智圖升級到思考人生哲理的境界。現在許多人因資訊爆炸而身心焦慮不知如何自處，此書透過心智圖這個善巧

工具，有故事、有圖加上作者內化後的看見，讓人可以按圖索驥，找到和自己相應的議題並找到安定自己內在的篇章，如能好好閱讀定能有所收穫。

宇禾希望能透過閱讀理解與深度思考，讓孩子能從故事中對未來充滿積極與理解，看到其中一篇小刺蝟故事，宇禾透過心智圖帶領小孩成為一個受歡迎的人，讓小孩提高覺察力並懂得如何與人互動。在我看來宇禾在做的事真的不簡單，在手機與遊戲掌控小孩甚至大人的網路世界，這本書彷彿一雙溫暖的雙手，牽著小手拉著大手，透過心智圖的方式輕鬆閱讀，讓人可以安定自信迎向一扇灑著溫暖陽光的大門！

喜歡其中一篇宇禾提到繪製自己的人生公司心智圖，如何從有限的生命去延展成為無限可能，透過各行業中佼佼者的成功故事、典範學習，帶領小孩大人發現自己有的或者尚未被開發的特質與潛力，甚至透過慈悲心與感恩心走出逆境的故事，都與現在的量子科學相呼應。偌多可能性中你可以選擇任何一種，那你的選擇呢？

希望透過宇禾的帶領，讓每位讀者可以透過心智圖遨遊腦袋與心靈中尚未被開啟與連結的資料庫，創造出每個人獨一無二、不可思議的平行宇宙！

推薦序

芥子納須彌

' '

歐俊明 博士
現任　國立新豐高中 英語科教師
曾任　嘉南藥理大學 幼保系講師
　　　國立新豐高中 應用英語學程主任
　　　國立臺灣師範大學教育研究所碩士
美國俄亥俄州 肯特州立大學 心理學博士
（Ph.D. Kent State University, Ohio. U.S.）

人人都會說，這是個訊息氾濫喧囂，認知超額負載的時代。然而，這並不意味著我們能有效地處理、記憶、組織與應用隨處可用的訊息。我在高中與大學的教育現場多年，越來越能感受到教師與學生深陷「訊息泥淖」中所感受的無奈。在教學端，出版商貼心地提供五花八門，琳瑯滿目的備課資訊；若想進一步上網查閱相關資訊，更是「專家學者，俯拾皆是」。教師光要研讀完所有資訊，可能就占據一大半的備課時間，遑論能夠內化資訊，自我統整與建構出一套有系統的教學進程。在學生端，情況更加慘不忍睹。在「資訊快時尚」的影響之下，學生渴求「聲色炸裂」的短影片與快語音。但猶如隨用即丟的潮牌物件，只要一失去新鮮感，馬上就棄之腦後。面對教師所苦心準備，呈現的冗長（超過三行文字？）訊息，學生不是毫無興趣，課堂上昏睡終日；就是望之生畏，焦慮異常。

都說是「學海無涯」、但現今絕非是「為勤是岸」的年代。我一直在企盼著 ： 到底有沒有什麼「救度的力量」，能把漫漫學海裡，載浮載沉的學子，從訊息喧囂氾濫，毫無方向的「此岸」，擺渡到快樂，聚焦，精熟，深層與意義學習的「彼岸」？

我在宇禾老師這一本「心智圖好給力」當中，找到了答案。

那天我翻開書頁。霎時映入眼簾是幀幀生動精美，由宇禾老師親筆所畫，童趣滿滿的圖像，不禁令人驚喜、如獲至寶。書中所探討的諸多主題，含藏著文化的深刻底蘊，但也有現世生活的策劃謀略。一面讀著，感受到宇禾老師在字裡間所鋪陳的意識心流（flow），緩緩流洩而出。但再細究，宇禾老師在書中所施展的心智圖（mind mapping）魔法，竟能讓四處散落，彼此看似毫無關係的訊息，藉由書中五顏六色的概念圖標與連結，層疊建構，轉化成綿密且整全的知識構念（constructs）。就如同到處喧嘩奔跑的小朋友，在老師的一聲令下，全都井然有序，乖乖地排隊站好。

我恍然大悟！是啊！任憑訊息再如何泛濫成災，學習再如何漫無頭緒……能真正「給力」的，不就是我那曾經熟悉又陌生的老朋友——心智圖嗎？

那是美國五大湖區，典型飄著迷茫大雪的冬夜星期五。桌上陪伴著我因焦慮不安，一天之內已經喝完第七杯黑咖啡的馬克杯。當初負笈美國攻讀心理學博士時，我每天都被大量的英文閱讀材料、實驗報告和學術研究……弄得慌亂無章，不知所措，宛如自囚於圖書館內的囚徒。那天，我正準備要研讀教授所指派的書籍，下個禮拜需要在課堂做讀書報告。可是，面對書本，我異常恐慌懊惱。好幾百頁的書本，我到底該從何讀起？就算能夠讀完；報告的時候，我又該如何提綱契領，鋪陳有序？

說也奇怪，在那個焦頭爛額的時候，卻也正是我得到「救贖」的契機。我忽然靈光一現，憶起課堂中修習「學習理論」與「跨文化心理學」時（Learning Theory/Cross-cultural Psychology），與我的美國同學們，有一場小小的辯論。自己浸淫於東方的心理學傳統多年，我深信最有效率的知識記憶與建構的方法，未必是西方「訊息處理學派」所強調的線性法則（liner learning）。相反的，利用多層次多的架構，將凌亂於各處的概念，輔以生動敘事（narratives）並嵌入個人意義，再搭配圖像化的思維工具；諸如圈、點、線、面的連結，才是最能「擬真」（simulate）人類大腦記憶和處理訊息的過程。而上述的理念，正是心智圖法（Mind Mapping）的精髓。

無疑是一個醍醐灌頂的轉折！我抱著姑且一試的心態，開始用極為粗淺的心智圖法，整理出一份份只有對「自己有意義」的讀書與學習筆記。過程中，外在本該強背死記的訊息，漸漸開始內化，變得清晰與具象。宛若開枝散葉的大樹，鬱鬱樹蔭涵蓋一切；卻又枝葉條理分明，各有所歸所本。利用

心智圖法，我一反腸枯思竭的窘境。報告的時候，白板上代表著每個概念的圖圈，每條衍伸出去的線條與連結好似都爭著舉手有話要說。我時而可藉心智圖法發散解釋某個構念，又能輕鬆地將所有複雜構念收合整全於一。僅15分鐘的讀書報告與問答時間，首次覺得意猶未盡。事後回想，強調「一即多，多即一」，「開散則須彌，收攝如芥子」的東方知識論與心理學，不正是如此？

現在看到宇禾老師的這本《心智圖法好給力：親子練心術》，真是喟然而嘆。宇禾老師這本書怎麼不早些問世呢？自己就可以從這本書中得到更多的啟發，也不需「自囚」於冬夜大雪裡的圖書館無助地瑟瑟發抖，也能省下不少苦澀辛酸的黑咖啡錢啊！

就算從強調「實證」的西方心理學院派觀點出發，心智圖法也受到認知心理學與大腦科學的理論驗證與支持。這裡，筆者聊舉數端就可。例如，研究雙重編碼理論（Dual-Coding Theory）的學者就指出：大腦同步以語言和圖像兩種方式處理訊息。心智圖法正是巧妙地結合了這兩種方式，讓我們更容易記憶和回溯訊息。訊息處理理論（Information Processing Theory）也指出：四處散落看似毫無意義的訊息，藉由專注力進行編碼（register），創造訊息間的連結，就能讓訊息變得固著，進入長期記憶裡不易散失，也讓我們有效回溯。而在發展創造性思維和問題解決方面，心智圖也是強大的工具。例如，根據建構主義（Constructivism）的理論，最有效的學習方法，是學習者將先備知識（Prior Knowlege）與要學習的新訊息相互連結，就如同舖設鷹架（scaffolding）般，層疊建構知識的過程。然而，要如何建立強力的聯結呢？心智圖法鼓勵學習者在處理訊息時，不是被動死記硬背，而是利用聯想與結合個人敘事，創造出獨特於學習者的意義。這與發散性思考（Divergent Thinking）的理論，不謀而合。

在這裡，我還要指出宇禾老師這本《心智圖法好給力：親子練心術》的一大亮點——那就是每一幅宇禾老師親手所繪製的圖畫。宇禾老師不僅有心智圖的專業知能，也兼備著藝術的特殊專長。用圖畫表現心智圖，絕非炫技。眾所皆知，訊息若以影音圖像，或多媒體的樣貌呈現，遠比純粹用線條文字當作載具，更容易引起學習者的動機與興趣，也更容易記憶。這也受到視覺思維（Visual Thinking）理論的研究實證。書中，宇禾老師利用巧

手將枯燥的訊息視覺化。讀者看到這些躍然於紙上的圖畫，讚嘆欣賞之餘，也同時減少過多的文字認知負荷（Cognitive Load），使得大腦得以騰出空間，能更有效地處理和記憶大量訊息。大腦科學研究中所實證的多感官學習（Multisensory Learning）和圖像優勢效應（Picture Superiority Effect）就在宇禾老師這本圖文並茂的心智圖書全然被實踐與體現。

如果芸芸學子像是逐風起伏的稻禾，那麼能成就他們的，就是發大心，能遍撒寰宇智慧之音如甘露的教師。我在《心智圖法好給力：親子練心術》這本書，看到了那雙慷慨救護的手臂，那股讓迷茫學子們能憑依安頓的力量。《法華經》上說：「佛以一音演說法，眾生隨類各得解。」老子更說：「下士聞道，大笑之，不笑不足以為道。」

從門外漢角度來看心智圖法看似「譁眾取寵」或「多此一舉」的「畫術」，哪需要刻意認真學習？寧可放任學習者恣意瀏覽那些充斥氾濫尖酸淺薄、裝萌賣傻的娛樂短影音，以為那是快樂學習；卻殊不知孩子已然在渾然不覺中逐漸喪失潛沉治學的能力。所以請您當心，就算有人選擇「大笑而去」的同時，您或許更懂得要把握利用心智圖法親子一起練功，鍛鍊心性、智慧，以成就幸福美好的人生機會

心智圖法，具體而微，透過筆走神行，刻畫保留一幅又一幅的心智足跡，揣摩待人處事、學習知能的大智慧。對於對心智圖法心領神會的學子，就算訊息鋪天蓋地而來，也能適切地握在手中，如觀掌中乾坤，經緯巧妙，處處受用。反之，如同美國諺語所說：「就算所有的您需要的知識訊息都已經擺在您面前（right on you face）——我們或者也只是視而不見。」

那麼，您要不要也跟我一樣，盡快加入宇禾老師心智圖的「給力」行列，感受那「一花一世界，芥子納須彌」的魔力？

作者序

自天佑之，吉無不利！

❖ 別欣羨別人，聚焦自己。

每個人都想要成功，想過美好的生活，但是「該怎麼做」？是個大哉問！

現在我們就從小時候開始說起。

小時候的本分就是好好的念書，狹義的概念就是考試排名最好是要前三名，分數則要滿分，期末成績單得到最好的評語是品學兼優，這應該算學生時期的小成功。

但是，問題來了，看別人成功很容易，反觀自己，一樣埋頭苦讀，分數就是出不來！開始懷疑自己的腦袋，可能不夠聰明！那就這樣吧！

到了職場，看到別人步步高升，受到器重，為什麼自己還在老位置？一樣加班加到天昏地暗，薪水也沒有別人的多，人家買房、買車、娶妻、生子……而自己依舊兩袖清風，這時開始懷疑人生。

接著到了第三人生時期，若還是繼續迷茫、繼續懷疑……，看到這裡，先要恭喜您，因為您即將脫胎換骨，扭轉人生。因為我想告訴您的是，成功其實近在咫尺，只是您沒有找到一個得力的工具，陪伴您上山下海罷了！現在就由我來分享經驗，也希望您能夠如探囊取物，得到正確方法後，快速領悟理解，並開始著手實踐，讓第三人生因而燦爛。

送給您一句劉禹錫的詩句「莫道桑榆晚，微霞尚滿天」。

❖ 人生必經淬鍊，才能擁有強大的內心

當我提筆用文字描寫幾年前所寫的「第三人生」重點心智圖筆記時，讓我有機會再度的思索，如何讓「第三人生」再度燦爛，很多的感觸在剎那，油然而生。

每一刻的熱血生命如電影情節般在腦海裡一一播放，我走過長滿荊棘的蠻荒之地，也踏過鳥語花香的原野，更曾經茫然在繁星點點的星空下，企圖更努力地找到北極星；瑞士哲學家阿密爾（Henri Frederic Amiel）說：「知道怎麼老，是智慧的傑作，也是生命這門偉大藝術最困難的章節之一。」這對臺灣 50 歲以上的 869 萬人口來說，正中心懷，因為他們對要如何過下半生是茫然的，甚至有人在這時期，還力挽狂瀾的想找到自己的天賦，鍥而不捨拼命努力著……

當我的生命也來到半百的階段，四季更迭、日復一日，感覺時間是如此的倉促，在生命歲月裡留下許多的滄桑，也有無限成長的足跡。此刻的我，漸漸學會如何順天休命、把握當下去做好上天賦予的使命，讓生命張力無邊界擴大，取之社會、用之社會，幫助他人，完善自己。

這是經過淬煉，才成就現在的自己。但過往的我，並不是如此的堅定與勇敢。

❖ 心智圖法（心法）——是邁向成功必學的一門超強練心術

從事心智圖教育工作將近八年並持續的歲月中，經歷許多從未有過的磨難課題，也因此現在更加知道，自己想要的是什麼？！透過教學與學生互動中，更進一步確信，唯有更加努力，才能幫助像自己曾經不知道如何讀書的孩子們，找到正確方法，並且愛上自己，更懂得掌握自己的人生並好好的去規劃。

回顧過去的每一天，雖然被業務推廣、備課教學與家長互動、閱覽學生功課筆記占據填滿了我大部分時間，但是我把一天當成三天使用，

日日夜夜不斷的充實自己，從大量閱讀、思索理解、體會領悟，再轉化為心得筆記，在過程中覺察真實的自己、探究存在的價值、追尋內心深處的嚮往，並勇於做出改變，讓自己和他人的生命，產生共振效應，也愈趨圓滿。於是我寫了這本書，想把如何修練心性——從被動到主動、從冷漠到熱情，從茫然到實現，如何擴大生命的邊界等議題與方法跟大家分享，期待能引領大家找到屬於自己的天空自在翱翔。

❖ 心智圖法（技法）

1. 是訓練思考，讓腦神經元緊密連成網絡必備的一門超強技術

「整理筆記」是一項很重要的能力，這是一個知識編碼的歷程，由於每個人的思路邏輯不同，編輯的過程也會不同，所耗費的時間與精力，當然不同。從未接受訓練的人，從一開始的閱讀理解就需要花好長的時間去咀嚼消化，有時也不見得會理出頭緒；然而理出頭緒後，如何將相關的重點去歸納與統整，甚至領悟出自己的觀點、想法，與知識作結合，這樣去組織、去架構的一套過程，是有助於記憶並且能訓練思考能力、啟迪智慧。

2. 是日照於天、俯瞰角度的多面向系統訓練

做筆記不應只是抄寫應付考試的碎片重點，就如同閱讀一本故事書，只告訴你重點高潮，沒有起因的鋪陳與發展過程的貫穿，就會造成你對故事、事件的一知半解，產生思想上的偏頗，無法正確、多角度的去判斷，並透徹看清事物的本質與真相，這並不符合現在世代需要具備的思辨能力。

所以從透過書寫、歸納、統整的脈絡下，好好去參透、領悟、並運用觀察、邏輯、想像、圖像、空間、大小、聲音、顏色等左右腦連動鍛鍊，都有助於記憶學習與口語溝通和表達。

3. 禪定知識的過程

用心智圖法作筆記，有助於達到「定」、「靜」、「安」、「慮」、「得」所謂的「禪定知識」的功能，更能夠透過一次又一次的訓練，提升連結高我（Higher self）的能力，對於創新與創造，功不可沒，是培養一流人才，所必須要學會的一種能力。

另外提醒大家，禪定的過程，是需要時間的，大家在做筆記時，不能只要求快速卻忽略真正的理解，囫圇吞棗下的重點整理，只會徒勞無功，尤其學生們在面對大考，系統性的素養題，將無法發揮其效用。

❖ 感恩生命中的貴人

能夠成就出書這件事，首先要感謝家長們的熱情，才有出書的動力；接著要感謝父母的養育與用心栽培，不管是心智圖呈現的圖文或是演說，會有「集大成」淋漓盡致的表現，這是需要花費大量金錢與時間的陪伴，才會有的成績；再來是要感謝我的叔叔林相杰和嬸嬸吳秀枝，在我走在生命的轉彎處時，是他們給我無比的力量與扶持鼓勵，才有機會踏入「心智圖」的領域；接著要特別感謝的心智圖啟蒙老師林宏霖先生，沒有他一路的引領、教導、支持與肯定，也就不會有我今日的成就；最後要感謝為我審稿的姐姐和姐夫，謝謝他們以三十年在高中職教學經驗，給我許多寶貴的意見與提點；當然還有我可愛的學員們，是你們的成長，持續點燃老師的熱情。

最後的最後，感謝自己找到人生的方向，並且願意持續堅持去實現生命價值，奉獻自己的所長給需要幫助的人。

「讓自己活成一道光，或許在某一時刻，有人因為你的溫暖，而重啟希望。」放在心上的一句話，也送給我親愛的寶貝兒子 Max Lin。

Part 1 解密心智圖法

Part 2 閱讀標配（八大記憶方法）

Part 3 「逆轉勝」的黑馬素養計畫

Part 4 心智圖的運用分享（學生篇）

Part 5 心智圖的運用分享（成人篇）

Part 1

解密心智圖法

01 ／ 什麼是心智圖？

在 1974 年英國學者東尼伯贊（Tony Buzan）所提出的關於大腦認知與記憶相關原理來處理訊息的一項輔助思考工具，藉以達到提升大腦的靈活度，在思考與學習上都有顯著的效果。

心智圖以中心主題為主，再輔以水平、垂直、放射、收斂等思考方式，呈現放射狀的架構，並可加入插圖，來增加理解與記憶。

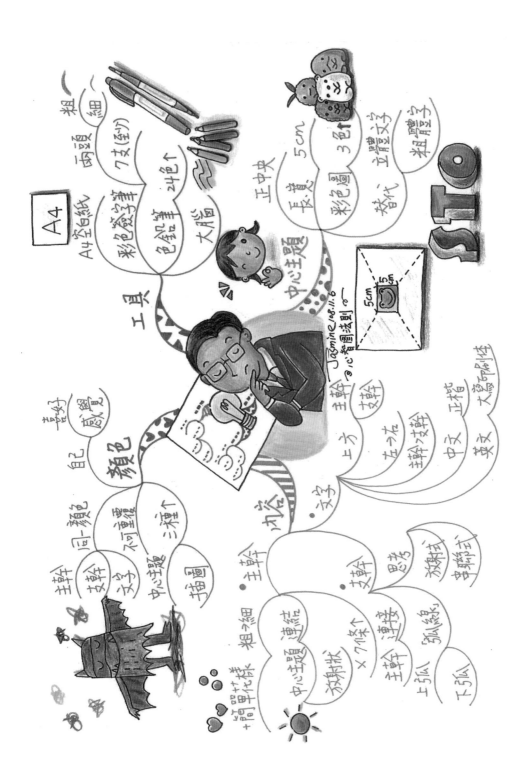

© 心智圖法規則

Jasmine 108.11.6

3

02 / 為什麼要學習心智圖法？

學會抓重點

資訊爆炸的年代，一上網，數百千條的訊息錯落在各個平台，如何擷取我們要的內容，那麼化繁為簡的功力就得相當厲害！

> 例子 到五花八門會讓你眼花撩亂的花市大批發，你必須要買齊所有的玫瑰花、百合、桔梗、滿天星以應付自己店家所要販賣的大量情人節花束，這時你就要排除擁擠人潮、琳琅滿目的花草植栽，到各個批發店去買你要的花材（抓重點）。

學會歸納統整

擷取雜亂無章、毫無次序的重點內容資料後，歸納統整成為一目了然的資訊。

> 例子 手裡有各家的不同玫瑰花、百合、桔梗、滿天星，你回到店裡，需要依照不同種類、不同顏色，放置不同的水桶裡。

提升邏輯力

怎麼歸納統整？就要利用邏輯，將相同資料分層依序的羅列。

例子　情人節花束有以表達愛情浪漫為主的紅玫瑰，以珍貴獨特為主的紫玫瑰，也有表達以心心相印的為主的白色百合，再搭配朵數，包成一束束象徵不同意義的花束。

你要從不同的水桶中拿取不同種類、不同顏色的花及不同的朵數，去綁成花束，如果你的邏輯順序不夠好，很難應付大量需求的花束，不但會導致手腳慌亂，相對也會浪費很多時間。

學會創造聯想

搭配水平與垂直、發散與收斂思考，可以激發無限想像。

例子　怎麼綁出獨樹一格的情人節花束？玫瑰花可以聯想小王子，是否可以加個小王子圖卡、小王子公仔；抑或用植物的莖折成愛心造型，在搭上漂亮絲帶，也可以搭配好喝的小香檳酒等等。

學會思辨力

透過大量練習後，知識、經驗儲量夠多時，就懂得辨別真假訊息。

例子　在批發市場上的花，種類花色相當的多，哪些花是含苞待放？哪些花是正值盛開期？哪些花正邁向凋零期？若沒有透過累積的知識和經驗，很容易被賣家含混呼弄，導致花期過短，還沒賣出，就呈現出枯萎凋零狀。

▋學會表達力

一張圖文並茂、條理分明的心智圖完成後,會整個清晰的烙印在腦海裡,這時就可以有條不紊的從容表達,成為超級演說家。

例子 猶如在紅海(Red Ocean)競爭的花市,怎麼做才能在節慶中搶得先機,獲得客戶的訂單?都有賴於你怎麼去營銷表達,不管是廣告上的文案,或者來電(店)的客人,都要把握機會,將自己所有的專業知識,透過條分縷析、涇渭分明的闡述,並用故事去感動、抓取人心,那麼這張訂單非你莫屬!

03／誰適合學習心智圖法？

3 分鐘自行診斷，只要有一選項符合自己的狀態，建議學習心智圖來完善並提升自己的能力喔！

▎學生族群

一、能動不能靜

由於現在用 3C 產品餵養之下的孩子非常的多，導致只要一離開聲光刺激的平板、電腦或手機，就完全靜不下來，感覺百無聊賴，想找人陪或想看電視，完全無法自行靜下心來閱讀或獨處。

二、專注力不足

或許受到環境與加工食品的影響，現在專注力不足的孩子比例偏高，除了用藥治療之外，也可以選擇學習心智圖法，讓孩子思考有所依循，不茫然的去架構知識，就像玩樂高積木，去慢慢拼湊屬於自己邏輯的一套思路。

三、文字理解力弱

目前短影片當道，學生們每 20 秒看一則精彩影片，精神一直處於「高潮」的狀態，導致無法安靜閱讀，相對文字理解力就漸漸消失。看不懂文本內容，看不懂考試題意，比比皆是，尤其作文，看不懂題目，導致文不對題，甚至辭不達意，得到零分的比例也不少。

四、不會抓重點

現在學生的課本，畫重點、做記號的地方，少之又少，因為要不覺得全部都是重點，要不覺得沒重點；另外是因為長期透過刷題來訓練重點提取，所以學生們並不覺得自行在文本上抓重點的能力是必要的。

五、不喜歡思考

是現在孩子的通病，「不知道」當成口頭禪，因為只想得到「答案」，不想花時間去動腦。

六、不喜歡閱讀

一般家長如果沒有特別引導孩子閱讀，比較難養成其閱讀的習慣，若碰到文字多且深奧的書籍，那更不想接觸。所以常常看到孩子們，把書翻一翻就覺得看完了，這都屬於無效閱讀。

七、不喜歡寫字

這是一個不太好的習慣。因為不喜歡寫字，相對也比較沒有耐性去學習並思考，學習態度就顯得不佳，也比較不會完善的處理事物。

八、喜歡畫圖

若家中孩子喜歡畫圖，就要利用這個優勢，透過圖象來記憶重點，效果特別好。

▎上班創業族群

一、工作沒有效率

多數人都很會拖拉，這是一種不好的習慣，但自我察覺的人並多，以為這是天生的慢動作，其實不然；這是因為沒有找到高效率的做事方法。

二、說話沒有邏輯

職場上很多人說話、做事缺乏邏輯性，是因為不自知，也就忽略邏輯力必須透過學習才能精進，這無關於個人的年齡與經驗。

三、沒有目標方向

只想求穩定的工作，機動性弱、被動無熱情。

四、沒有企劃能力

僵化的腦袋一直不靈光，無法想出好點子。

五、沒有溝通能力

永遠站在自己的立場想事情，遇到事情只會推卸或抱怨，總認為千錯萬錯都是別人的錯。

六、想快速升遷

好的人才，才會受到老闆的賞識與青睞，如何讓自己有能力且這份能力能被看見？畢竟「見龍在田」，才能「利見大人」。

▎銀髮族群

一、不想被社會淘汰

終身學習是目前全球教育的終極目標，科技迅速發展，也帶動所有事物急速變化，唯有不斷學習，才不會被世代所淘汰。

二、怕孤單寂寞

銀髮族最怕失去自我價值的認同感，被需要的感覺一旦消失，就很怕獨處帶來的寂寞感；這時養成閱讀並做筆記的習慣，將會感到日子過得很充實且愉快。

三、怕失智

失智不僅自己感到無奈，連帶也會給家人帶來很多的麻煩與不便，所以提早鍛鍊腦袋是必要的功課。

四、想維持青春活力

透過思考學習，時時保持正能量，可以讓人更加覺得年輕，充滿活力。

有句話說：「一日風波十二時」，我們每天都要面臨到許多困難和選擇，那麼解決問題與選擇之前就必須透過思考，才能下正確的判斷，那麼學會心智圖法就能讓你有清晰的腦袋，去明辨事理與下決策。所以建議從國小一年級開始到青、壯、老年人都非常適合一起動腦學習心智圖喔。

04 / 為什麼要親子共學心智圖法？

█ 新竹高於舊竹枝，全憑老幹為扶持

中國人有句話說「兒孫自有兒孫福」，通常是規勸已經奮鬥過，可以享清福的年長者，不必為了牽掛兒孫而放心不下。這句話的重點是已經奮鬥過，也就是我們說的「盡人事」之後，安時處順是最好的狀態；但我發現有許多現代的年輕爸爸媽媽們，也常常把這句話掛在嘴上，令人感到愕然，因為孩子還小，需要爸爸媽媽的牽引，所以清代著名詩人鄭板橋才說出這句「新竹高於舊竹枝，全憑老幹為扶持」啊！

或許生活在現代，每個人工作及生活壓力相當大，能陪伴孩子的時間很有限，若再加上孩子不聽話、不主動，總會惹惱父母，所以父母們只好自尋安慰。

但是孩子是我們最親的寶貝，只要用對方法，一切就會變得很簡單，親子關係也會維持良好。

█ 發揮影響力，成為孩子們的貴人

詩聖杜甫的一首〈春夜喜雨〉寫著：「好雨知時節，當春乃發生， 隨風潛入夜， 潤物細無聲。」這簡潔易懂的涵意道盡「影響力」這三個字；「影響力」是在巧妙自然之下，發揮了作用。所以只要學會如何發揮影響力，就能事半功倍了。

「影響力」說穿了是一門修養的功夫，在溝通觀念與糾正行為最低層次的方法就是用謾罵及說教，來達到約束，效果總是不彰；反之，如果用最自然的方法，循著天道，體現在人事物上，效果最好。

天地運行本是一個變化的歷程，其最高的價值就是「道」，但「道」必須體現在器物上，如果沒有「物」就沒有辦法發揮其作用，就是所謂的「離器無道」。莊子使用的「陶鈞」來比喻「道」，「陶鈞」是藝術家用來形塑藝術品的轉盤，就如同「道」在宇宙運行中創生出人與物，然而陶鈞本身也是器具，所以道器必定是合一，所以我們才會說「借事修人，借假修真」。

在生活中、工作上每天都會遇到不同的人事物，那要如何面對它呢？例如在第一線的銷售業務員，藉著銷售過程，修練自己的表達與親和能力；一個秘書，藉由事物安排，來修練自己的洞察能力；那麼身為父母，藉著孩子，來修練自己的心性，所以才有一句話說：「孩子是父母親的縮影。」孩子的行為動作反射出父母親的作為，所以「身教」才如此的重要。

▌培養善觀的能力

在發生不愉快的當下，第一件事情就是將心平靜下來去思考多面向的互動關係。第一層就是自己與自己的關係（意識與身體），是自我（Id）還是本我（Ego）作祟？才讓自己這麼的惱怒？第二層就是自己與周遭人事物的關係，「艾利斯的 ABC 理論」，A 是事件、B 是信念、C 是結果，如果是 A 直接決定了 C，那麼你就是將情緒交給人事物；如果是 B 決定了 C，那麼發生任何事情，你都會不受影響，凡事往好的方面想，發生的每件事都有助於我，這樣每天就能正能量滿滿。第三層就是自己與世界的關係，自己是否擁有世界觀？因為只要一提高境界格局，所有發生的問題，瞬間立刻消失。

莊子說「通天地一氣耳」，所有物質的背後都是能量組成。這些能量就形成氣場，我們每天的信念、行為、情感，都影響著氣的變化，氣的變化又對自己的身體、生命作出影響。所以當一個人長時間持守著某一信念時，其氣便產生慢慢的改變，潛移默化，久而久之整個人的身體、外觀、氣質便大有不同。

▍進德修業

學習心智圖就能滿足我們所有需要精進的能力，像是如何引領孩子學習、如何發揮影響力，成為孩子的榜樣及貴人，還有最重要的就是培養「善觀」的能力；如果親子能一起共學，家庭裡就能形成一股強大的氣場，面對學習、生活、工作等的挫敗，都能相互提點、建議，迎刃而解。

▍用心智圖法散發正能量、發揮家庭影響力

一、建立良好的家庭價值觀

家庭是孩子們第一個學習和成長的場所，家庭價值觀的建立對孩子們的成長至關重要。家長可以透過言教、身教，來傳遞正確的價值觀，從而影響孩子們的價值觀和行為。

二、積極參與子女的教育

家長應該積極參與子女的學習和教育，了解子女的學習情況和學習需求，提供必要的支持和指導。家長可以通過鼓勵閱讀、提供學習資源和參加家長會等方式來幫助子女學習和成長。

三、維護家庭關係

家庭關係的穩定與和諧，對孩子們的成長和發展至關重要。家長應該積極維護家庭關係，建立良好的溝通和互信機制，促進家庭成員之間的關係和諧。

四、培養子女的社交能力

社交能力是現代社會中必不可少的一項能力，家長可以通過鼓勵子女參加社交活動、提供機會讓子女與不同的人交流等方式來培養子女的社交能力。

五、建立健康的生活方式

家庭可以通過共同參與運動、健康飲食和保持健康的生活方式來建立健康的家庭生活習慣，從而影響孩子們的身體和心理健康。

總之，發揮家庭影響力的關鍵在於家長要成為孩子們的良師益友，提供必要的支持和指導，從而促進孩子們的成長和發展，而心智圖法就是一種高效率、高效能、高效果的方法，建議大家一定要試試看喔！

05 ／ 不會畫畫，可以學習心智圖法嗎？

▌有目的性的呈現中心主題

很多家長一開始接觸心智圖，看到圖文並茂的作品，總會害怕的問了這句話。

要統整一張心智圖，是需要經歷「定」、「靜」、「安」、「慮」、「得」等五個過程。讓孩子先定下來，才有辦法開啟左腦運作，正確的去思考，再有邏輯的去歸納與統整。所以在開啟左腦之前，我們先運用右腦，開始從圖形去發想、構圖、配色，一筆一畫的去建構的同時，浮躁的心會慢慢的沉穩下來，看著賞心悅目的中心主題之後，便可以啟動左腦去抓重點，並逐一完成「水平」、「垂直」、「放射」、「收斂」的架構，此時的心是如此的安頓的……

所以繪製中心主題是有目的，是一種「收心」的方式。那麼圖畫得好不好看，並不重要，但作畫態度不能隨便倒是真的。

▌加強記憶的小插圖

心智圖除了文字架構外，還會有小插圖。主要目的是加深記憶，因為右腦對於圖象記憶是比較不容易忘掉的。而這些小插圖都可以用簡筆畫來表示喔……

▌我們不是要培養藝術家

對於心智圖裡面的圖畫一定要畫得很漂亮嗎？答案是否定的。因為我們不是要追求完美的藝術作品。但在這裡也傳授一個觀念給你──「魔鬼藏在細節裡」。如果每一個細項都能做好，是不是就能到達超群絕倫的境地呢？

> **例子** 心智圖要寫字，字醜有沒有關係？沒有關係！但是寫工整是
> 否比較好呢？心智圖要畫畫，畫醜有沒有關係？沒有關係！但是能添
> 加圖案與色彩，讓整張心智圖更有活力，閱讀起來，心情也會比較愉
> 悅喔！

所以只要肯學習，每個細項都能越變越好，天下真的無難事，只看你有沒
有心了。

"" Part 2 ""

閱讀標配

（八大記憶方法）

"

01 ／ 味無味處求吾樂

有時候會聽到學生哀號，「老師！今天的作業好多喔，還要外加背誦唐詩二首，真的是好討厭！讀書真的好難、好苦啊……」是呀，如果不知其然，要硬生生的將文字記到腦海裡，當然苦不堪言。

而背誦這門功課最後還是會落在爸爸媽媽的手裡，因為孩子會耍賴說背不起來……，於是最後就會衍生出——「關於古詩詞、文言文和白話文，在國文課本的比例，到底要占多少才算適當？」這樣議題，總是爭鬧不休。

說真的，如果是為了考試而讀的書，真的是痛苦的，但是就是為了要「考試」，我們就不得不去面對，請大家記住一句話「**辦法總比困難多**」。

目前我們所看、所用的文體，絕大部分是白話文，而我們將近五千年的中國文學，博大精深，尤其從遠古時代傳承下來諸子百家學說，都富饒許多的智慧，我們可以透過文人所寫的詩、詞、文章，跨越時空、背景，去理解當時的年代所經歷的人事物，來豐富我們的文化素養。

孔子說：「詩可以興、可以觀、可以群、可以怨。」只要我們能好好參透，就能從中學習—當遇到挫折、沮喪、不得志時，如何藉由寫（讀）詩來激勵自己、抒發排解自己的情緒；抑或想成為一個心中有愛的仁者（君），應該如何為百姓謀福利？……。

孔孟儒家講「仁義禮智」，非常適合從小給孩子們樹立良好典範；老莊思想引導我們如何「安時處順」，非常適合人生來到了中壯年時期，可以常常拿起來勉勵自己。這些聖賢都是我們的老師，要得到這些智慧並不太難，也不用花大錢，只要心裡願意接受，我們就能夠獲取滿滿的正能量。

孟子曾說過：「觀於海者難為水，遊於聖人之門者難為言。」真的是最好的註解。

話說回來，如果孩子的功課真的有背誦古詩詞，這時真的得借重爸爸媽媽們的時間與耐心，帶著孩子多理解一些詩文相關的緣由故事，從賞析的角度，最好還能把文字轉成情境圖象，相信說著說著，孩子們就會把唐詩給記起來，一點都不費吹灰之力。

這裡說到了「文字」轉成「圖象」就是記憶的方法，我們在後面會稍微的帶大家認識一下，只要我們多花一點時間駐足在「轉化」的過程，除了可以在無趣的白紙黑字去創造彩色的圖象之外，也可以增添許多閱讀的樂趣！

02 ／ 培養發現「美」的好眼光

「鵝、鵝、鵝，曲項向天歌……」，一年級小朋友課內會教初唐四傑之一駱賓王的「詠鵝詩」，這也是駱賓王正值七歲時所寫的，所以與國小一、二年級生相仿的年紀，如何去領悟這首詩「美」的意境，可以把視、聽、觸、味、嗅等五感，盡情的融入其中，發揮想像創造力，一起和孩子們感受駱賓王的厲害！（請參閱心智圖）

當然經過一番講解後，打鐵趁熱，告訴孩子，你也行！我們來個仿寫吧！這樣的引導既生動又有趣，時間一溜煙的滑過，誰能說親子共讀不快樂呢！

「生活 」中不缺少「美」的事物，反倒是缺少發現「美」的眼光，時常帶著好奇心去觀世界，就會領悟純淨的心靈所帶來最美好的事物。

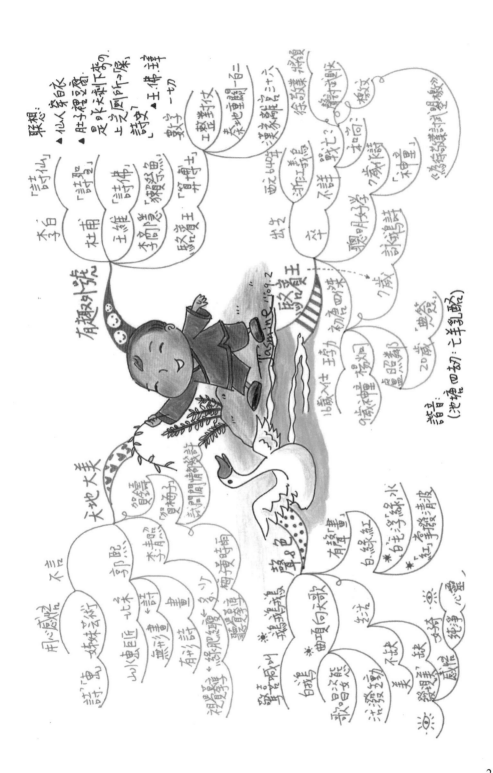

03 ／ 善用「記憶魔法術」，讓你想忘也忘不了！

逃脫不了的遺忘曲線

在教學過程中，我一直強調，**理解跑前面，記憶法跑後面**，是因為如果學生們不理解文本內容，就一昧的用記憶法強加記憶，這又會落入死記硬背的公式裡，所以正確的作法應該是完全理解後，抓重點寫筆記，再運用方法記進腦中，最重要的還是需要常複習，才能成為長期記憶。

這是根據德國心理學家艾賓豪斯（H. Ebbinghaus）在 1885 年出版《關於記憶》（*Über das Gedächtnis*）一書，所提到的遺忘曲線。

艾賓豪斯從實驗結果得到了一些遺忘規律：如果沒有複習，學習後一個鐘頭，已學會的內容就有 56% 記不起來；一天之後，66% 已經遺忘；一個月之後更有將近 80% 忘記了。這就是著名的「遺忘曲線」。

提升學習力，增強記憶力

但是每個人的記憶也有不同的生命週期，有時候只記住幾分鐘，有些則可以記上好幾個月甚至幾年後也忘不掉。那到底是什麼原因呢？既然人都有遺忘曲線，為什麼有些人感覺上記憶特別好，有的人卻經常覺得自己好像得了「失憶症」，其實這跟學習力是有關係的，若能將以下的學習力提升，並相互緊密連結，這都可以幫助大腦延長記憶。

一、【觀察力】培養善於觀察的眼睛以及用心去體會

靈活的腦袋，比較容易記憶。而靈活的腦袋跟「觀察力」息息相關。

通常我們人類的感官系統在處理、儲存、資訊的過程當中，有75％是用視覺來接收處理，剩下的25％才透過聽覺、嗅覺、味覺、觸覺去感受，根據每一位學者所提出的數據都有些微的落差，但是一致肯定「視覺」是取得資訊並容易記憶的關鍵。

二、【邏輯力】強大邏輯推理的能力

很多邏輯脈絡推演是有規則的，如果邏輯脈絡強的話，不需要花很多時間，就很容易進入長期記憶。

三、【想像力】想像力比知識更重要

這是愛因斯坦的名句。愛因斯坦是科學家，他善用左腦，但是為了發想從未發想過的點子，就必須拿掉左腦慣用的邏輯思考路徑，運用右腦天馬行空的想像，從中不斷的反覆思考與修正，才能突破像相對論這種無法在實際生活做實驗的窘境。

四、【聯想力】需要平日的訓練積累

從A事件連結到B事件甚至C事件，這需要儲備大量的知識和經驗做為基礎，並勤做練習，才能盡情的發揮。

五、【創造力】創意無限大

如何從既有的方法或點子去改造，再從改造的過程中去發想與發明，不斷的更新腦力，也有助於事物的連結。

六、【專注力】聚精會神

專注力是一切學習力的關鍵，卻也是最不容易培養的能力。關於維持注意力的時間長度，至今仍眾說紛紜，一般來說，兒童一次最多只能專注30分鐘，成人則可以達到40至50分鐘。所以要好好把握每一次的專注時間，去處理需要記憶的事項。

▌奇特的大腦記憶

大腦科學一項經由繁複、反覆實驗所得到的理論，且會不斷的更新，今天我只是針對實用的記憶方法做些許的陳述，也不是這本書的重點，若對腦科學有興趣的朋友，可以另外閱讀相關的文獻喔！

有關大腦記憶分為內隱記憶與外顯記憶。

1. 內隱記憶（非陳述性記憶）

主要是負責情緒與運動記憶的杏仁核來處理，這些都產生在無意識下便可以記憶，且不容易忘記。

例子

A. 曾經走在路上，被一群野狗狂吠狂追，心生害怕恐懼的經驗。

B. 一段刻骨銘心的愛戀，無疾而終，產生心碎的感受。

C. 經過學習訓練，身體已經記住的記憶，像跆拳道比賽時的即時反擊、籃球員的急停跳投、學會後一輩子都不會忘記的游泳或騎腳踏車等技術。

---

2. 外顯記憶（陳述性記憶）

是長期記憶中可被提取的知識，在回憶時，需要使用意識才能提取的記憶。而這由海馬迴形成的陳述性記憶，需要透過大量的刻意練習才能提高記憶的效能。相對的陳述性記憶過於繁雜，像是時不時就興起的念頭、每天習慣性的作息細節處理過程等，大腦生理機制會自動忘掉，才不至於耗費太多的能量，所以我們若要進入長期記憶，就得透過不斷的學習與複習。

04 / 高效率的記憶方法

大腦從吸收資料、儲存到回憶共分三個階段，要如何才能擁有忘也忘不了的記憶，在許多文獻裡的研究顯示，文字的呈現多半由左腦處理，容易記住但也容易忘記；而圖象的呈現，多半交由右腦處理，容易記住且容易想起來，所以我們要善用此原理，來提高記憶的效能。

▍大腦記憶熱身操

請大家千萬一定要先精熟要記憶的名稱（詞），方能達到效過喔！

> 例子　原住民的撒奇萊雅族，若考試寫成撒奇雅萊族，結果還是沒分數！

- ✓ 讓心靈自由奔放！保有幽默感 。
- ✓ 所有的想像要突破框架，越誇張有趣越好！也就是不符合邏輯常規、越搞笑大腦越喜歡，就越容易記住。

> 例子　草莓愛上孫悟空！

- ✓ 善用卡通動漫，發揮擬人效果！
- ✓ 結合**聲音**、**顏色**、**空間**、**感受**等五種感官的知覺，讓記憶更鮮明！

例子 描述車禍現場

顏色 車子→黑色、柏油路佈滿鮮血 聲音 煞車→嘎的長音、撞上→框啷玻璃碎掉 空間 寬廣的馬路 感受 驚心動魄。

✓ 所有要記憶的文字或數字記得都要轉為圖象（實像），因為前面提過，右腦掌管圖象，容易記且不容易忘喔！

八大記憶方法

在日常生活裡，我們的大腦最常接收到的訊息大致有兩種：一是文字，二是數字，在面對大量的文字與數字訊息時，要如何訓練你的大腦記憶力呢？你可以這樣做——**將文字和數字轉化為圖象**，以圖象來記憶，記得最牢靠！

在這裡，會介紹給大家八種簡單又有效的記憶方法，這八大記憶方法分別是：1. 索引法、2. 故事聯想法、3. 串聯法、4. 口訣法、5. 諧音法、6. 曼陀羅思考法、7. 數字標籤法、8. 栓釘法。**這八種記憶法的前 1 ～ 6 項，是適用於記憶文字訊息**的方法，而 **7 ～ 8 項則是適用於記憶數字或需要排序等訊息**的方法。

一、文字訊息的記憶法

是將**文字（串）找出關鍵字再轉化為圖象**的方法，讓大腦主動將訊息轉化為圖象的長期記憶，以下將依序為大家介紹。

1. 索引法

(1) 找出**關鍵字**圈起來。

(2) 字要有特色、有感覺容易形成「實的圖象」。

(3) 選擇**第一個字**叫做字頭索引。

舉例來說，中國四大古典小說別是《三國演義》、《水滸傳》、《西遊記》、《紅樓夢》，那麼它們的字頭分別是「**三、水、西、紅**」，可想成一幅山水畫，山、水、夕陽全被染紅，增強記憶，這樣便是方便記憶的「**字頭索引法**」。到這裡你大概可以明白，**找尋適當關鍵字是記憶法的基礎**！後面幾項記憶法都是需要使用關鍵字，所以請務必牢記在心。

2. 故事聯想法

(1) 找出的**關鍵字**後「連結」。

(2) 聯想成一個**故事**或加上口訣→形成**故事圖象**。

3. 串聯法

(1) 找出的**關鍵字**。

(2) 永遠只想**兩個物件**的畫面→產生「連結」。

(3) 保持**先後順序**的連結。

(4) 一律用**動作**進行**連結**，越誇張越好。（如果你的故事劇情用生動有趣，記憶的效果也越好，所以你可以加入角色、擬人化，適時的加入情境，像是顏色、聲音、空間、感受等，讓它像卡通漫畫一樣有趣。）

要特別注意的是，「故事聯想法」的要點是**使用動作來做連結**，所以**一律都要使用動詞**，千萬不要出現不相干的名詞！舉例來說「我拿著書」，拿是動詞，它使兩個物件，我（人）與書（物）產生「連結」，是一種「直接接觸」。

但如果例如「樹的旁邊有蝴蝶」，沒有動詞，樹（物）與蝴蝶（物）無法產生「連結」，這是一種「間接連結」，是錯誤的方式。

相信大家對於臺灣原住民族並不陌生，但說到原住民多元且具有傳統的特色，可能就不太容易能把它清楚的記憶下來，原住民族的祭典大致如下表左。

以阿美族為例，阿美族的關鍵字是「美」，讓人想到「草莓」的「**莓**」（關鍵字→圖象）。

原住民族名	祭典名
阿美族	豐年祭
達悟族	飛魚季
賽夏族	矮靈祭
卑南族	大獵祭
鄒族	凱旋祭
布農族	播種祭
排灣族	五年祭

族名	關鍵字	圖象
阿美族	美	🍓

祭典名	關鍵字	圖象
豐年祭	豐	🐝

接著，我們使用串聯法的規則：只想**兩個物件**的畫面→產生「**連結**」，保持**先後順序**的連結，一律用**動作**進行**連結**，越誇張越好。就會讓人想到「**草莓戳蜜蜂**」，有了戳這個動詞，整個故事畫面因此生動起來，這樣是不是更容易記起來呢？

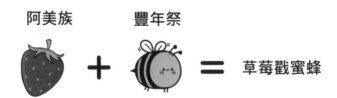

阿美族 + 豐年祭 ＝ 草莓戳蜜蜂

接下來，我們一起來試試難度更高的，就是「如何記住臺灣原住民 16 族」，全臺 16 族的名稱整理如下表。

臺灣原住民 16 族			
阿美族	魯凱族	布農族	噶瑪蘭族
達悟族	賽德克族	卑南族	太魯閣族
泰雅族	排灣族	邵　族	撒奇萊雅族
鄒　族	賽夏族	卡那卡那富族	拉阿魯哇族

同樣的，先理解名稱，接著使用串聯法，找出的關鍵字，只想**兩個物件**的畫面→產生「**連結**」，再保持**先後順序**的連結，一律用**動作**進行**連結**，越誇張越好。接著你會產生底下的關鍵字：

1	阿美族	阿美好美啊
2	達悟族	阿達於悟出道理來了
3	泰雅族	泰山好文雅
4	鄒族	吃粥的族人
5	魯凱族	吃滷蛋的凱子
6	賽德克族	比賽贏了得到巧克力
7	排灣族	排骨彎彎的
8	賽夏族	比賽是在夏季舉行
9	布農族	布穀鳥和農夫
10	卑南族	揹著男孩
11	邵族	吹著哨子
12	卡那卡那富族	一張又一張的卡真富足
13	噶瑪蘭族	哥哥和媽媽是懶人一族
14	太魯閣族	瓷磚在閣樓才有
15	撒奇萊雅族	沙淇馬快來呀
16	拉阿魯哇族	拉麵……阿，有滷蛋，哇～真好

接著你要用**關鍵字**想到畫面：

族名	關鍵字	圖象
阿美族	美	

族名	關鍵字	圖象
達悟族	**悟**	

族名	關鍵字	圖象
泰雅族	**泰**	

再來要讓這些**關鍵字**兩兩串在一起來形成圖象：

草莓愛上孫悟空

孫悟空 pk 泰山

以此類推，這些關鍵字兩兩串在一起所形成圖象，便能依照你想要的順序成為一個有趣的故事，以後你只要想到這則故事，你便能輕易的背誦出臺灣原住民 16 族。

4. 口訣法

說到口訣法，相信大家應該不陌生，以下便借用從前國中上補習班時，老師們常會用的例子「八國聯軍」，八國是指：俄羅斯、德國、法國、美國、日本、奧匈帝國、義大利、英國，我們先利用索引法把關鍵字圈出來，就會是「**俄、德、法、美、日、奧、義、英**」，接著以相近的字或音「俄」→「餓」，「德」→「的」，「法」→「話」，「美」→「每」，「日」→「日」，「奧」→「熬」，「義」→「一」，「英」→「鷹」，這些文字在你腦中排列，最後就會變成「**餓的話每日熬一鷹**」的畫面，此時你就已經把八國聯軍給記下來了！

有了剛剛「八國聯軍」的例子，我們再來試試「中美洲八國」：宏都拉斯、巴拿馬、哥斯大黎加、貝里斯、墨西哥、尼加拉瓜、薩爾瓦多、瓜地馬拉，先利用索引法把關鍵字圈出來，就會是「宏、巴、哥、貝、墨、尼、薩、瓜」，接著以相近的字或音「宏」→「紅」，「巴」→「八」，「哥」→「哥」，「貝」→「被」，「墨」→「魔」，「尼」→「女」，「薩」→「塞」，「瓜」→「瓜」，這些文字在你腦中排列，最後就會變成「**紅八哥被魔女塞瓜**」的畫面，現在，恭喜你，你又記下中美洲八國了！

5. 諧音法

文字的讀音可分為「同音」或「諧音」，比方說「首長」與「手掌」讀音完全相同，是同音字，而「南京」與「藍鯨」讀音相近，但卻不完全相同，是諧音字。諧音法的記憶方式，是不管「同音」或「諧音」都要轉成「實的圖象」。

下面我們就用中國朝代表來舉例，中國朝代已黃帝為始，接著堯舜、夏商周、秦漢、三國、魏晉、南北朝、隋唐、五代十國、宋元、明清、中華民國，其中像是黃帝，我們可以用「同音」的方式想到「**皇帝**」的圖象，而堯舜、夏商周可以用諧音「**咬筍**」、「**蝦桑粥**」來轉化，以此類推聯想，再搭上誇張的情境，你就會得到一個有趣的故事「**有一個黃帝咬著筍子配著蝦桑粥，之後努力彈琴流了手汗，流滿三個鍋子之後胃痛去照胃鏡，才知道自己南北操，把身體搞壞了。喝水吃糖拉了五袋石頭。病好後，決定要送金元寶在明天清晨的時候，抵達中華民國去幫助人。**」

朝代	圖象	朝代	圖象
黃帝		隋唐	
堯舜夏商周		五代十國	
泰漢		宋元	
三國		明清	
魏晉		中國民國	
南北朝			

6. 曼陀羅思考法

將文字轉化為圖象時，切記都要具象化，通常指的就是摸得到的名詞，但有例外的，像是彩虹雖然摸不到，但是大家都可以想像的到。另有共同認知的，像是不同材質或造型的戒指，但我們腦袋想的跟口中說的是一樣的。同質性高的集合名詞，像是桌子、鞋子等。若文字，像是形容詞、副詞、動詞，或是地名（無法聚焦在單一物件）、集合名詞（蔬菜、文具等）、職業（沒有穿制服，像是老師或設計師等），這些都屬於抽象，不容易轉為圖象去記憶，大家思考設定時，要儘量避免。

例如　氣候想到什麼？

方法　曼陀羅思考法（義）

要把意義轉成圖象

抽象 ➡ 具象

例如　歷史想到什麼？　　　例如　規定想到什麼？

以上抽象轉具象，在平日可以多加練習，讓腦子更靈光喔！

曼陀羅九宮格思考法最開始是源自佛教的《金剛經》，後來日本學者今泉浩晃（Hiroaki Imaizumi）則用於生活中。曼陀羅思考法兼具水平、垂直思考，既有廣度也有深度，是可以運用在商業發想提案上，另外很多球員也都用「九宮格目標達成法」，去塑造神人級的專業與心智。

像日本棒球選手二刀流大谷翔平（Shohei Ohtani），除了很明確的體能、打擊、投球各方面鍛鍊目標之外，還提到了人品、心理層面和運氣（這其實是一個正確的人生觀及態度）。其中：人品，包括感性、為人著想、為人所愛、感謝、禮貌、為人所信任和毅力；運氣（態度），包括打招呼、撿垃圾、打掃房間、珍惜球具、對裁判態度、正面思考和讀書；心理層面則包括設定目標、保持平常心、冷靜的腦、炙熱的心、危機應變能力、不受時勢影響、不掀起紛爭、對於勝利的執著，和對伙伴的體諒。看到這些內容，不得不讓人驚嘆，這些讓他有超越職業球壇世俗名利地位的常規和評價，能把「人」的真正價值，在球場上活出來。

另外在杭州亞運獲得柔道男子組金牌的楊勇緯，也是善用曼陀羅九宮格去確認自己的目標與執行力，大家不妨可以仿照一下，邀約孩子一起來寫目標九宮格吧！

二、數字篇（數字→圖象）

7. 數字標籤法（從形、音、義三個面向將數字轉為圖象）

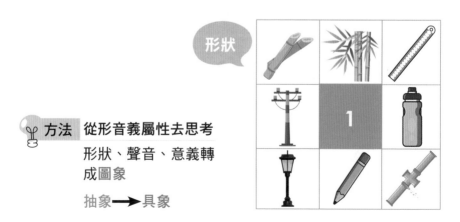

形狀

方法 從形音義屬性去思考
形狀、聲音、意義轉成圖象

抽象 ➡ 具象

音 16	音 17	音 18	音 19	音 20
石榴	儀器	尾巴	救護車	鵝蛋

音 21	義 22	形 23	義 24	音 25
鱷魚	雙人枕頭	駱駝	糧食	二胡

💡 **活用記憶歷史年代事件**

例 1842 年南京條約 ➡ 藍鯨的尾巴被食餌咬

關鍵字 ➡ 南京
18 ➡ 尾巴
42 ➡ 食餌

例 1895 年馬關條約 ⟶ 馬被關因為酒駕，當時尾巴還抓著酒壺不放

關鍵字 ⟶ 馬關

18 ⟶ 尾巴

95 ⟶ 酒壺

記憶江河長度

圖象連結 ⟶ 連結的物件越少越好

例 臺灣三大河川

濁水溪 186 公里

高屏溪 171 公里

淡水河 159 公里

濁水溪 186 公里

濁水溪　　　1 ✚ 86

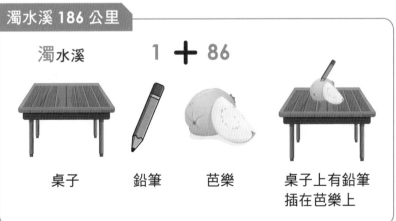

桌子　　　鉛筆　　芭樂　　桌子上有鉛筆插在芭樂上

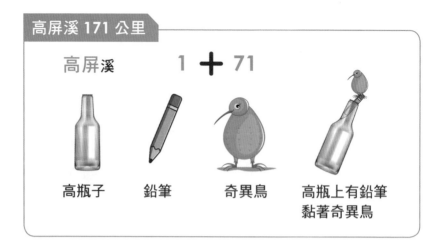

高屏溪 171 公里

高屏溪　1 ╋ 71

高瓶子　　鉛筆　　奇異鳥　　高瓶上有鉛筆
　　　　　　　　　　　　　　黏著奇異鳥

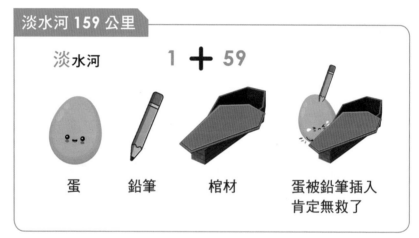

淡水河 159 公里

淡水河　1 ╋ 59

蛋　　　鉛筆　　棺材　　　蛋被鉛筆插入
　　　　　　　　　　　　肯定無救了

8. 栓釘法

如果要記憶超過 40 個以上的名詞，栓釘法是很好用的方法。栓釘法顧名思義就是像釘子或掛鉤鑲嵌在牆上，更白話一點就是一個蘿蔔一個坑的概念，把要記的東西掛在上面，一目了然。栓釘法和數字標籤法都適合用來記憶順序號次的。

栓釘法的設定可以是自己熟悉的身體或者一個密閉的空間，像汽車或房間（也有人稱為宮殿記憶法），然後依序的記住位置，方便提示自己。

一起來動動腦

現在我們就選幾個方法練習看看吧！

▋ 諧音法

清廷（同音）

杜甫（諧音）

▋ 曼陀羅思考法

中心主題為 鵝

	鵝	

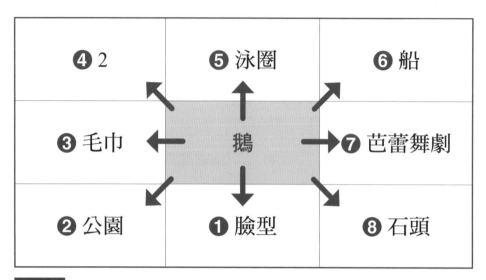

圖 1-1　水平思考範例，水平思考範例，可以發想出「臉型」、「公園」、「毛巾」、「2」、「泳圈」、「船」、「芭蕾舞劇」、「石頭」等。請按照標示順序陳列。

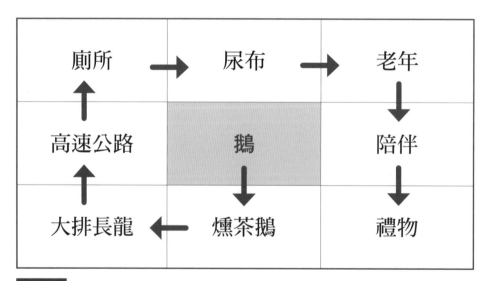

圖 1-2　垂直思考範例，可以發想出「燻茶鵝」、「大排長龍」、「高速公路」、「廁所」、「尿布」、「老年」、「陪伴」、「禮物」。

▌數字標籤法

如果我們要記 24 個節氣，該如何記？可以將以上所學到的技法，用自己最熟悉的搭配模式去記。

1 立春	2 雨水	3 驚蟄	4 春分	5 清明	6 穀雨
7 立夏	8 小滿	9 芒種	10 夏至	11 小暑	12 大暑
13 立秋	14 處暑	15 白露	16 秋分	17 寒露	18 霜降
19 立冬	20 小雪	21 大雪	22 冬至	23 小寒	24 大寒

◆ 春季：有六個節氣

節氣 1　「春」天，小芽向鉛筆一樣探出頭「立」起來。

節氣 2　鴨子仰起頭喝「雨水」。

節氣 3　耳朵聽見雷聲，太令人心「驚」膽顫了，「直」接躲進被裡。

節氣 4　在「春」季上了船，就是「分」道揚鑣的時刻了。

節氣 5　鉤子上掛著一幅「清明」上河圖。

節氣 6　「鼓鼓」的大肚，原來裝滿了「雨水」。

◆ 夏季：六個節氣

節氣 7　「立」起拐杖，「嚇」跑老鼠。

節氣 8　「小」雪人，圓圓「滿滿」在奶茶裡。

節氣 9　喝酒「茫」了還「種」田！

節氣 10　教堂上的十字架，在「夏」日格外感到「至」高無上的耀眼。

節氣 11　用筷子來夾「小薯」條。

節氣 12　鐘聲一響，「大薯」們坐著南瓜車逃跑了。

◆ **秋季：六個節氣**

節氣 13　<u>巫婆</u>「立」起掃把掃「秋」葉。

節氣 14　<u>醫師</u>忙著「處」理中「暑」的人們。

節氣 15　<u>鸚鵡</u>喝著「白露」解渴。

節氣 16　<u>石榴</u>「秋」季大豐收，大家平「分」著如鑽石般果粒。

節氣 17　在「寒」冬下「露」營，<u>儀器</u>都壞了！

節氣 18　<u>尾巴</u>被「霜」凍傷，只好投「降」了！

◆ **冬季：六個節氣**

節氣 19　<u>救護車</u>「立」著招牌，寫著「冬」天到了，記得保暖。

節氣 20　<u>鵝蛋</u>，像「小」顆的「雪」花。

節氣 21　<u>鱷魚</u>吃「大雪」

節氣 22　抱著<u>雙人枕頭</u>吃湯圓，是「冬至」的小確幸。

節氣 23　裹著厚皮的<u>駱駝</u>，在小「小寒」流裡，滿頭大汗。

節氣 24　吃<u>糧食</u>抵禦「大寒」。

最後再畫點小插圖，保證你這輩子牢記 24 個節氣！

雖然要花一點時間去創造，但是總比死記硬背效果要好很多喔，大家不妨試試喔！

Part 3

「逆轉勝」的黑馬素養計畫

我們說走舊的路，無法到新的地方，也就是如果孩子的成績，好長一段時間都處在不好的狀態，或者爸爸媽媽自己的績效也一直無法突破，這時我們就要改變方法，易經的第十卦履卦，就提示我們「履霜堅冰至」，要及時的修正調整，才不會每況愈下，來到難以收拾、無法東山再起的地步。

觀看目前孩子的學習狀態，有二個病灶是需要及時根治的，第一就是不喜歡動筆寫字，如此一來，錯別字很多之外，更不用說會自己做心得筆記了。第二不喜歡思考，不知道為何而學？所以沒有動力。學習如果是被動的，除了自身會感到痛苦之外，父母親也會很辛苦。填鴨式教育養成了孩子不喜歡思考，對於面臨到的困難，也就習慣性的逃避，惡性循環之下，也開始懷疑起人生……，於是3C的虛擬世界變成他們最喜歡的避風港，從打遊戲中找到成就感，從網路同溫層的朋友圈得到讚美與肯定，漸漸的，離現實世界就越來越遠了，這樣的孩子，聽不到老師的規勸，看不到爸媽焦慮的神情，更感受不到自己即將被AI取代的事實。

其實我們每個人都是慕強的，會欣羨功課很好的同學或者職場上表現優異的同仁，回頭看看自己，總離達成目標還有好長的一段距離，心急就想求速效，投機取巧，刷題、死背答案、好高騖遠等這些背道而馳的做法，反而離成功就越來越遠了。

因為用錯方法，導致挫敗感連連，沮喪不已……或許某個夜深人靜時，突然聽見內在小孩的聲音：「其實，我也好想贏！」

《孟子‧離婁》說：「行有不得者，皆反求諸己」，這時候就應該深切的好好反省自己了。

成功有成功的規律與做法，失敗也有失敗的規律和做法。如何逆轉勝？去學習用「心智圖法」思考，履行黑馬素養訓練計劃，就可以脫胎換骨，遇見最美好的自己。

01 ／ 知行合一，一起開始動腦動筆吧！

▌心智圖法原則篇
請參閱「P3 心智圖」

▌初學者易犯的錯誤

1. 書寫。

我們人類的眼睛上下窄、左右寬，所以必須拿橫的書寫，閱讀久看時，比較不累。

2. 主幹沒有連接到中心主題。

需連接到中心主題，這樣思考才能連貫。

✕ 錯誤範例

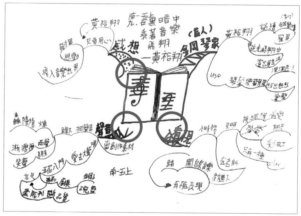

3. 主幹、支幹的線條沒有粗細區分。

仿照大自然原理，樹幹（主幹）是粗的，枝幹（支幹）是細的，有所區分，也才能看出大綱（重點關鍵字詞）與細目（次要分類說明）。

✗ 錯誤範例　細→粗→細

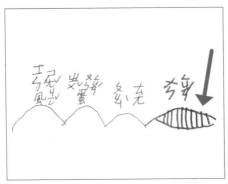

4. 文字沒有顏色區分。

✗ 錯誤範例

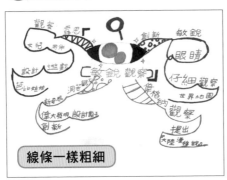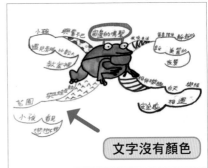

線條一樣粗細　　　　　　　　　　　　　　文字沒有顏色

5. 所有主幹同一顏色。

要用不同顏色表示，可以強化記憶。

✖ 錯誤範例

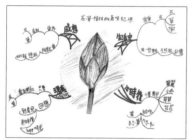

6. 左半部的文字書寫呈現右到左的排列方式。

文字一律左到右。

✖ 錯誤範例　文字應為左到右排列

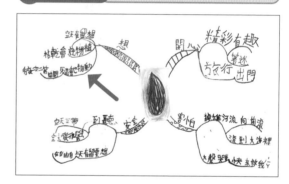

7. 所有文字的排列皆由左到右，寫在線條上並維持水平狀。

✖ 錯誤範例　線條文字歪斜

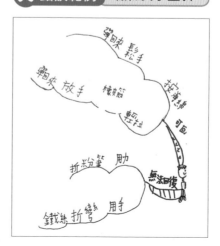

8. 主幹順序排列錯誤。

一律是順時針方向。

9. 中心主題不是過小就是過大。

切記大約 5×5 公分左右，才不至影響書寫的空間。

✗ 錯誤範例

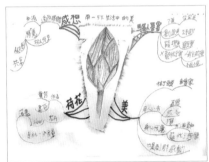

10. 中心主題沒有放在中心位置。

沒有放置中心的主題，整張心智圖無法平衡配置，導致版面凌亂，不容易記住重點。

✗ 錯誤範例　　左窄右寬

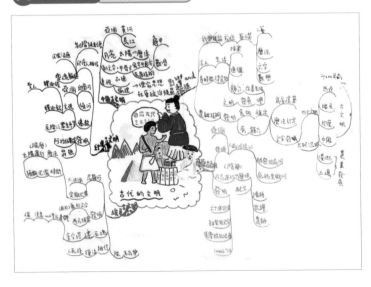

11. 內容標題太大，當成中心主題一部分。

  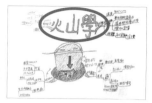

12. 中心主題只寫文字。

中心主題用圖畫表示，能訓練右腦的創造想像力並可加強記憶，並達到「定、靜、安、慮、得」的禪定過程。

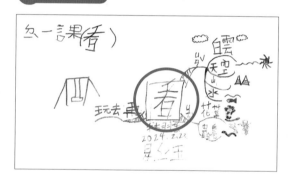

13. 使用有條紋、圖案的紙張，或自己畫上背景色或圖案。

要用空白的紙張繪製心智圖，乾淨的畫面才不會影響思緒。

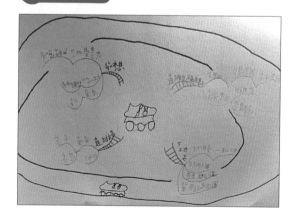

14. 只會垂直思考。

心智圖要呈現水平、垂直放射與收斂的思考模式，見林又見樹，有深度有廣度。

✗ 錯誤範例

15. 內容整句抄寫。

心智圖是化繁為簡，只要寫重點關鍵字詞喔，以四到五個字為主。

✗ 錯誤範例

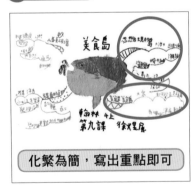

化繁為簡，寫出重點即可

不用寫出來

16. 隨便挑選關鍵字。

要注意關鍵字與後面支幹說明要有邏輯。

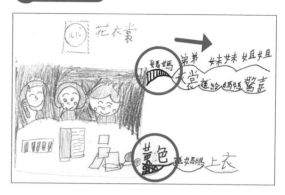

✕ 錯誤範例

▎心智圖教學示範

1. 社會科

「老街的發展」家鄉發展的過程中，廟宇是人們經常聚集的地方，吸引許多商人、小販聚集到廟宇附近進行商品買賣，因而形成市集或商店街。這些早期的商店街，部分演變為現在家鄉的老街。

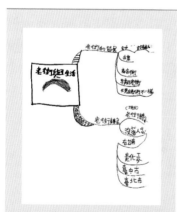

初學者所畫的心智圖，只抓取文章段落的重點文字，還沒有學習到歸納統整的能力。

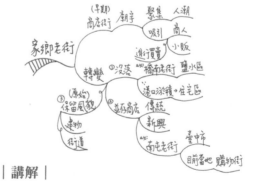

| 講解 |

這段文章是在講述家鄉早期商店街演變成現在老街的發展情況。從早期商人、小販聚集到廟宇進行商品買賣，時空轉移，現在成為老街。所以我們主幹關鍵字可以提取「家鄉老街」，然後分早期商店街與轉變的二個支幹，再接著分別進行細項說明。這其中的祕訣就是要有邏輯層次的排列，並且化繁為簡，條理分明。

2. 女媧補天的故事

不懂得化繁為簡的小朋友，通常都會按照故事的字句抄下來，如下圖左所示。

在整理重點時，要特別注意「轉化」這個過程，知道的事就不必寫出來了。例如很久以前，這四個字就不必寫了，畢竟我們只要寫重點。

下圖右心智圖給大家參考。（切記——心智圖沒有標準答案喔！）

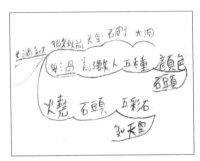 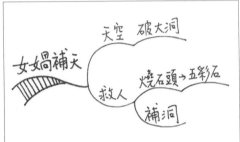

3. 關公的故事

這張心智圖是記錄關羽的一生，學員想藉這張心智圖來告訴大家。但是心智圖筆記是給自己看的，所以對於已知的事情，不必加以詳加說明，例如上面註記蜀＝劉備軍、曹營＝曹操陣營等。

心智圖沒有標準答案，但如何有技巧的將繁雜的資訊，統整為言簡意賅的重點提示，就有賴大家用心領悟與練習。我就以上的資訊內容，分別用四個主幹來表示重點，跟大家交流一下。

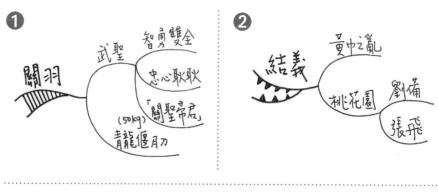

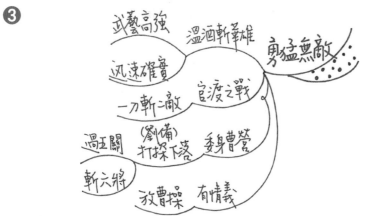

4.（國語科）下雨的時候

心智圖看似簡單，但是如果邏輯不太靈光的人，要寫一張心智圖並不
容易，尤其是國語科。以下是一位學生的心智圖，一看就可以明瞭，
還不大會抓重點，並有邏輯的去呈現。

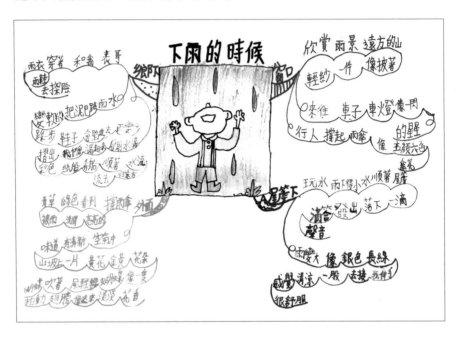

現在就第一主幹所得到的資料，我們來想一想哪裡不太恰當？關鍵字
「窗口」，後面分支欣賞雨景，接著寫到遠方的山……，第二分支寫來
往車子，第三分支寫
行人撐傘，這裡是不
是寫的不太對？因為
這些都是屬於雨景，
所以應該歸類在雨景
後面。現在我再用另
外一種邏輯方式去統
整，讓大家看看是不
是會更清楚明白。

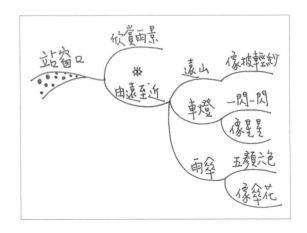

▌動靜皆宜的黑馬素養計畫

根據教育部在 108 課綱的教育重點，強調的是「素養教學」。

素養分為三大部分：

- ◆ **知識**。

- ◆ **能力**。

- ◆ **態度**。

這三部分要透過教學來整合應用在實際生活上，讓孩子們可以自己去面對及解決生活上所發生的任何困難和挑戰。

從以往只重視學科知識，到現在著手於跨科的整合，在在都想讓學生在實際的情境中，去領受以知識為基石，再活用到各領域，其貫穿的道理、精神和態度都是一致的。

黑馬素養計畫最重要的核心價值是「喚醒」，老師們將以熱情、耐心、愛心的實際行動去啟燃孩子學習意願，進而去創造學生們無限的可能，在人工智慧與科技創新劇變年代，仍能開創屬於自己發光發熱的輝煌前程。

Part 4

心智圖的運用分享（學生篇）

01
／
國語科應用

▌一年級

一、小種子快長大

一年級的課文總是淺顯易懂，多半是讓孩子學習生字詞彙，如果此時，多了親子共讀，父母親從中引導、啟發，成效肯定卓著。父母親扮演的角色，不只是養育，還有教育，如何有系統的引導，不落於俗套，最簡單的方式，就是跟著教科書的腳步走，準沒錯。

這一張心智圖是取材於康軒一下第五課「小種子快長大」的重點內容。課文內容說到，作者種下一顆小種子開始，問媽媽如何做？種子才會長大；問爸爸如何做？種子才會快快長大？問阿公，它怎麼沒快快長大？而這三位長輩，都給予正確且重要的回答。然而身為家長的您，該如何引導孩子呢？

從不同提問當中，您可以發現到，孩子的心越來越急躁。從怎麼做？才會「長大」到「快快長大」最後不耐煩的說「怎麼沒快快長大」，這顯然就是「速食」年代出生的孩子，希望馬上看到結果。

於是在我腦海就飄來《易經》第五卦需卦的智慧哲理，《象》曰：「雲上於天，需，君子以飲食宴樂。」意指，水氣聚集天上成為雲層，密雲滿天，但還不成氣候所以下不來，需要等待；君子在這個時候需要吃喝，飲酒作樂，來度過漫長的時間。可不是嗎？

凡是跟「養」有關的字詞，都需要漫長等待的時間，例如養育孩子、培養氣質等等，所以藉由此課，可以讓孩子明白自己就像一顆小種子，要長大需要很多的照料、關心和時間，要長大不是簡單且一下子就可以達成的，這段時間的辛勞，藉由親子共學交流，潤物細無聲的傳遞給孩子，讓孩子學會擁有一顆感恩之心。

親子共讀交流，是建立價值觀、人生觀、世界觀、宇宙觀最好的時機，各位家長們千萬別錯失良機。

父母親陪伴有幾個重點功能提供給大家參考：

(一) 安全感：父母親陪伴可以提供孩子安全感，讓他們知道在家庭中有人關心和照顧他們，這可以幫助他們建立自信和自尊心。

(二) 情感支持：父母親陪伴可以提供情感支持，讓孩子們感受到被愛和被關心並促進身心健康的發展。

(三) 教育引導：父母親陪伴可以提供教育引導，幫助孩子們建立正確的價值觀和行為規範。這可以幫助他們在成長過程中建立積極的自我形象和良好的社交技能。

(四) 時間陪伴：讓孩子們有機會和父母親共度時光，建立深厚的親子關係。這可以幫助他們建立良好的家庭價值觀和良好的人際關係，並促進他們的社會適應能力。

至於如何讓孩子快樂長大？可從不同的角度來思考。在親子心談交流時，可以多方面的引導：

(一) **與他人建立良好關係**：學習與他人相處，建立友誼和尊重。培養健康的人際關係可以幫助在生活中感到更加愉快和支持。

(二) **發掘自己的興趣**：找到你喜歡做的事情，花時間去追求和發展自己的興趣和才能。這樣可以感到快樂和自豪，也可以幫助自己建立自信和自我價值感。

(三) **健康的生活方式**：保持健康的身體和心理狀態，包括良好的飲食習慣、運動和足夠的睡眠。這樣可以提高能量和生產力，更快樂地成長。

(四) **培養正確的價值觀**：學習如何尊重他人、誠實、慷慨和負責任，在人生中建立成功和幸福的關係。

(五) **保持積極的態度**：學習如何樂觀、自信和堅定。不要放棄，並相信自己可以克服任何困難和挑戰。

(六) **不斷學習和成長**：保持好奇心和求知慾，不斷學習新知識和技能。讓生活中感到充實和加速自我實現的目標。

二、吃星星的鴨子

現在科技發達，工作忙碌，父母親回到家還得忙家務或者繼續延續工作狀態，這時家中若有年紀較小的幼兒，為了不讓孩子打擾進行中的事，往往就以平板來換得一時的安靜，但是這個作法，就像是餵「毒品」一樣，一旦開始，就會噩夢連連，有一就有二，再也停不下來，孩子不願看枯燥乏味的書，也不願發想，更不願意動手去寫字了，只要一根手指頭就能進入聲光刺激的奇幻世界之旅，何樂不為呢？所以要建立孩子的生活習慣，真的有賴家長費心與費時。

如何抓住每天的短暫時間陪陪孩子，身為家長的我們，真的要仔細去思考一番。最簡單的方式，利用倒垃圾的時間，與孩子結伴到外面走走，15～30 分鐘都好，感受一下，不同季節的夜晚天空，有什麼變化，增添孩子生活體驗及認知。

吃星星的小鴨子，是一個非常可愛的故事，年幼的孩子對什麼事物都感到新奇，帶著自己的心智年齡去探索世界、體驗生活，或許會鬧出許多令人

莞爾的想法，但這就是最好的機會教育，活生生的教材、不用照本宣科、
讓知識、常識適時融入，印象鮮明深刻。

小鴨子一個人趴搭趴搭的到外面走走，多愜意輕鬆的樣態，不疾不徐的觀
看星空，星星對它眨眨眼，俯瞰池塘，也見到閃耀的星星對它招招手，咦？
天上地下怎都有星星呢？對小鴨子來說，一切都是新鮮奇妙有趣的，迫不
及待的跳進池中吃星星，接著滿心歡喜回家告訴它的媽媽，鼓鼓的肚子裡
裝滿了星星，它把星星全部吃掉了。文中都沒有出現鴨媽媽的對話，給足
了想像空間，這當然就是和孩子互動最重要的段落，啟動思考。

或許是媽媽一臉狐疑的不信任，小鴨才會拉著媽媽去池塘邊，想讓媽媽親
眼看見證實自己說的話是真的，怎料？

可愛的孩子思維，因為不了解而鬧了笑話！「眼見為憑」是真的就能看到
真相嗎？這個議題值得跟孩子討論一下，尤其網路發達的時代，「有圖有
真相？」是真的嗎？有哪些角度錯位？造成誤會呢？或因為自己的認知理
解不夠廣闊，而判斷錯誤呢？是一個很好的親子討論教材，您不妨試試喔！

三、妹妹的紅雨鞋

好喜歡一年級的這一課課文「妹妹的紅雨鞋」。

我彷彿搭上時光機,回到孩堤時光。我出生的年代,臺灣經濟還沒有起飛,物質生活還是貧瘠,再加上家裡有四個小蘿蔔頭嗷嗷待哺,爸爸媽媽總是能省則省,把所有的金錢投入在孩子的教育上。在這樣的環境裡,我常常羨慕班上家境比較好的同學,用的文具、穿著款式就會比較新穎,相較於自己,就是很大眾,沒什麼特別!

下雨天,我通常還是只能穿著我那「開口笑」的黑色學生皮鞋,「開口笑」是因為我總是喜歡踢石子,所以在大拇指的地方,總是會「咧嘴微笑」,至於「黑色學生皮鞋」是我最討厭的顏色與款式,但也是我唯一的皮鞋,沒有其他可以做選擇,所以我一年四季不管晴天、雨天都穿著黑色學生皮鞋,要不就是醜得要命又陽春的白布鞋,真的是「布」做的,底下黏著橡膠,真的是樸實無華!然而這當然不是下雨天可以穿的鞋子。

所以如果不同天氣、不同場合可以搭配不樣款式、顏色的配件,做整體的設計打扮,我會感到欣喜愉快,而這樣的願望,直到自己工作賺錢才實現。

所以當我讀到「妹妹的紅雨鞋」這課文時,我真的可以如同作者般,發揮想像力,讓自己遨遊在寬廣無邊的世界裡,讓心靈得到慰藉。

「紅色」、「粉紅色」是許多小女生特別喜歡的顏色,然而對我而言還好,或許從小受到美學教育的影響,再加上那個年代設計樣式總是走「紅嬌,烏大範(Âng suí, oo tuā-pān)」,所以人們身著的衣物,尤其年紀越大,越喜歡紅色,導致我對「紅色」的觀感不好,但現在感覺當然不一樣,因為只要搭配得宜,「紅色」依然有畫龍點睛的效果!

大面積黃色的雨衣再搭配小小的一雙「紅」雨鞋,在灰黑的氣候裡,既顯眼且無比漂亮!作者可以把有侷限性院子想像成大魚缸,妹妹的腳步,走過來走過去,那小腳丫子就像極了紅色小金魚,自在的游,當然雨天玩水也非常符合快樂記憶的元素,再幻想小小雨滴如白色珍珠從天而降,還能開出一朵朵小小的雨花,這簡直是人間仙境,好不爛漫呀!

我好陶醉,只可惜,現在的孩子可能無法體會。

不過我覺得還是可以去創造感受的，這是現代父母親的功課！下雨天讓孩子感受一下「五感」所帶來不一樣的視、聽、嗅、味、觸，這比去上補習班還來的重要，因為沒有感受，「心」、「腦」會僵化，不會產生新的能量與想法，所有的學習就會感到疲憊不堪，所以下雨天蹺課一次也無妨，在雨裡去享受體驗不一樣的大自然景觀，相信就會如同注入一股清涼湧泉，重新燃起生命的火花！

四、魯班造傘

「不求甚解」這是我對現在孩子學習上所看到一個非常不好的現象，這感覺就像每個人的嬰孩牙牙學語時期，聽到什麼聲音，跟著學發聲，然後無須分辨什麼意思！這樣的註解，或許不是那麼到位恰當，但我想表達的是，孩子們把從四面八方所聽到的資訊，全部接收在腦子裡，但沒有去彙整，所以每個都是獨立的資訊，當老師發問或考試時，腦海最先想到什麼詞，就把他視為答案。這是我曾受邀到一所公立國中演講時的感觸。

我問到歐陽修是誰的老師？國中二年級的孩子，不是一臉茫然，要不低頭，回答我的學生，算是專注聽講的，可是卻回答「孔子」！我好訝異！台下

坐著將近 70 位學生，沒有人能說出正確答案，雖然說現在學校供過於求，但也不能因為沒有太大的升學壓力，連非常基本的朝代概念都沒有，還有學生說歐陽修是唐朝人！怎麼辦？我內心好衝擊，因為這是我們國家未來的主人翁，教育力就是國力的展現，我們該怎麼去幫助這些孩子？這是我想了一整晚，讓我無法安眠的一個長夜。

最近一直在跟學生講的一個詞叫做「大巧若拙」，然而這部分的教育，我也很想對普天下所有家長一起來建立這樣的共識！如果家庭教育沒有落實「深耕」、「一步一腳印」理念，小朋友們就會被逼著不停地與時間賽跑，反正就是「完事」，但做了什麼內容，學會了什麼概念，完全空白。

如果沒有辦法好好的去咀嚼消化所有學習的知識、才藝，那真的會走上「空悲切」的境地，因為現代具備有競爭力的條件之一就是「創造」、「創新」、「發明」，可是如果沒有「感悟」，就完全沾不上邊……

小學一年級的課文分享了魯班造傘的故事，小朋友們若琅琅上口念完課文後，沒有觸及到內心，這一課頂多讓孩子們知道有一個人名叫魯班，他是發明鋸子和傘的人。

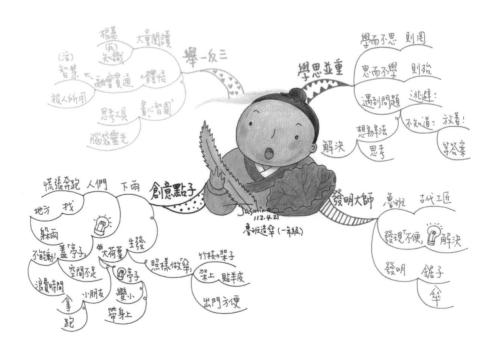

這一課我的引導方式會先把孔子「學思並重」的思想跟學生們分享，如果只是學習不思考，照單全收；以及不思考，就按照自己的想法行事，會產生什麼樣的結果？進而引發他們，生活上遇到問題他們會有幾個選項去處理解決？

心智圖之所以是全世界推行最有效率的思考工具，就是在於它是啟發式的教育，沒有什麼一定標準答案與思考路徑，只要符合邏輯、推演、探究相關的發想，都可以一一記錄，這樣學習才算是孩子們自己領悟的心得。

要想達到「大巧若拙」的境界，沒有下笨功夫的人，真的很難成大事，共勉之。

▍二年級

一、小書蟲

英國著名哲學家培根說：「『讀書』足以怡情、博采、長才；『讀書』使人充實、『討論』使人機智、『筆記』使人準確。換言之，就是完美演繹「輸入」到「輸出」的過程。

故事是描述森林裡的動物，布布是愛看書的「小書蟲」，貝貝則是喜歡問為什麼的「好奇大王」。這麼簡單的幾句話，如何推敲大意呢？可以從喜歡做的事情不同來寫下「不同嗜好」的關鍵詞。

第二段則描述貝貝坐在樹上問：「誰是世上最高的動物？」布布並沒有直接回答，只是說想想看，在書上看過。

這段讓我們腦袋可以浮上聊天的情景，我下了「樹上聊天」關鍵詞。

接著午後雨停了，天空中出現彩色的橋，喜歡問為什麼的貝貝又著急的想找布布，因為牠想知道彩色的橋是什麼？於是布布就帶著貝貝來到圖書館找書，知道了那就是「彩虹」。這時貝貝才知道，原來牠想知道的，書裡都找得到。

從此之後，不管是百科全書還是故事書，貝貝都愛看，從「好奇大王」變成名符其實的「小書蟲」。

第三、第四個主幹，就讓爸爸媽媽自己看圖了喔！

二、小熊的小船

「斷、捨、離」是我們人生每個階段都要學會的「調整術」。例如不健康的人際關係，對自己的心理健康產生負面影響，就需要與其斷絕關係；一些不健康的習慣，如吸菸、喝酒等，需要斷絕並改變自己的生活方式；還有已經不符合自己的職業目標或者價值觀等，就需要放棄並重新尋找；還有很重要的思維模式，負面的思維模式可能會對自己的情緒和生活產生負面影響，這時我們更需要通過學習和自我反省來改變，這些都是我們日常應該要有斷、捨、離「調整術」，讓我們隨時興發上揚，永保在最健康的狀態。

來自南一版二年級國語的閱讀列車「小熊的小船」，就用簡單的故事告訴小朋友，生活周遭會經歷的不管是人或事，必須學習去面對、接受及放下。故事中，小熊是一個非常喜歡划著小船，享受愜意的生活。然而隨著逐漸長大，身體發生了變化，船再也坐不下了，讓小熊變得不開心，悶悶不樂。牠視小船為玩樂作伴的朋友，如今因自己變成「大熊」必須離開它，讓它孤零零停靠在岸邊，是令牠感到最難受的地方。熊媽媽適時的給予安慰，

表明「長大」這件事是理所當然，也讓「大熊」欣然接受進而轉念，只要再找到一隻跟牠一樣喜歡小船的小熊，就能繼續陪伴牠心愛的「朋友」。

遇到問題、解決問題，不逃避並馬上訴諸行動，是這故事要給孩子們的智慧，路途上遇到了河狸、水獺並沒有得到實質的幫助，但「大」熊並不死心，繼續往前尋找，人生道路，要找到志同道合的朋友不多，真的可遇不可求，但不管所要花費的時間有多久？要經歷多少的波折？只要我們有堅定的信仰，努力實踐，使命必能達成。最後經過大蒼鷺的指引，「大」熊找到了同好，凝聚共識，小船也將得以「傳承」，讓更多人能享用它。

「物盡其用」是美德，由於生活上的優渥，不匱乏，讓每個人養成無用即丟的習慣，相對於我們小朋友也就沒有要愛惜物品的概念。藉由這故事，家長們可以引導「再利用」的概念，不僅可以節約能源、還能幫助弱勢，發揮物品的最高效益，當然要傳遞溫暖到世界各個角落，我們就要善待物品，好好保存。

如何讓生活變得更簡單、輕鬆。以下是針對物品「斷、捨、離」的建議：

1. **目標設定**：不是一次把家裡所有東西都扔掉，而是要將不需要的物品減少到最小，只留下必要的物品。因此，要先確定自己的目標是什麼，例如是為了讓家裡更整潔？還是為了節省開支等。

2. **分類整理**：將家裡的物品進行分類整理，例如衣服、書籍、食品等等。將不需要的物品放在一起，再決定要捐贈、回收還是丟棄。

3. **保留有價值的物品**：有些物品雖然現在沒有用處，但將來可能會用到，或者有特殊的情感價值。這些物品可以保留，但要確保它們不會占據太多空間。

4. **改變消費習慣**：「斷、捨、離」不只是一次性的行動，還需要改變自己的消費習慣。例如，學會只購買需要的物品，避免過度消費。

5. **持之以恆**：「斷、捨、離」是一個需要持之以恆的過程，在購物前記得提醒自己只買「需要」而不是「想要」的東西，不要讓不必要的物品再次占據自己的生活空間。

三、小鎮的柿餅節

周休二日實施以後，要安排遠距的輕旅行就比較容易些，每次遇到學生，總會得知他們這禮拜又去哪露營，下禮拜又要去參加……，不同的生活體驗活動不但可以拓展孩子的視野，也是促進親子感情的方式之一，是值得投資時間在上面的。

從高雄要特別去參加新竹縣新埔鎮的柿餅節活動，好像要有些目的性轉為驅動力才比較有可能去，因為柿子或柿餅，對小朋友來說不見得很討喜，但是如果爸爸媽媽知道這是課本裡講到的內容，我想也應該刻意安排出一趟文化之旅。

說真的，我自己並未參加過柿餅節的活動，希望有朝一日，會有這個機會去體會課文內容所提到的～一到小鎮，就可以聞到陣陣柿餅香的味道。

秋天柿餅節的活動在小鎮熱鬧的展開，我腦子充滿了畫面，秋天，各個角落呈現著大地色，那橘紅顏色的柿子，就鮮活起來！好搭的色彩。小鎮上獨特的文化產業，總是充滿濃濃在地味，我也好喜歡這感覺，顏色暖暖的、剛出爐的餅也暖暖的、而每個人的心也跟著暖和起來！

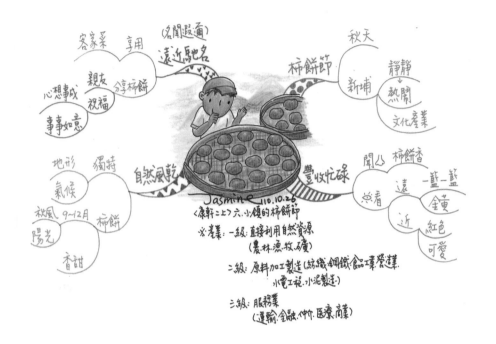

第一主幹馬上可以把活動主題抓出來當關鍵字「柿餅節」，然後依序將時間、地點一一寫上。

接著第二個主幹，除了新鮮的柿子外，還可以拿來做柿餅，可見是大豐收；接著可以聞到屋前烤柿餅所散發的餅香，以及屋後可以看到一籃一籃金黃的柿子，就可以得知商家是多麼忙碌，所以就可以把「豐收忙碌」當成關鍵字，來總結這段的敘述。

而新竹之所以產柿餅，是因為土壤貧瘠、水分少，無法種稻，只好種柿子，加上新竹特有的「九降風」氣候，可以將秋季盛產的柿子，風乾成柿餅，也方便保存及攜帶，這部分特有的形成過程，我把它寫成第三個主幹，關鍵字訂為「自然風乾」。

最後的主幹則提到當地「遠近馳名」的產品分別為客家菜及柿餅，所以大家遠道而來之後，都不忘要享用一頓，另外還會帶上有著「心想事成」、「事事如意」的祝福語意涵的柿餅當伴手禮，送給親朋好友。

在這裡想要提醒爸爸媽媽，這一課的內容最好能結合到新竹特有的「九降風」氣候，三年級的社會，臺灣的地形也會再提一次，屆時小朋友們就會比較有印象，另外社會科也會提到產業的分級，共分為三級，一級產業是指直接利用自然資源，例如農、林、漁、牧、礦；二級產業指的就是原料加工製造，包括紡織、鋼鐵、食品加工、營造業、水電工程、水泥製造等等；三級產業指的是服務業，包括運輸、金融、仲介、醫療與商業等，那麼柿餅是屬於哪一級產業呢？大家可以動動腦想一下喔～

四、出租時間的熊爺爺

「出租時間的熊爺爺」這是國語南一版二年級的課文內容。課文一開始，熊爺爺每天對著窗外發呆。如果是三代同堂的家庭，孩子對這樣類似的場景應該不陌生，我們該怎麼引導孩子從課文內容發生的問題與實際生活情況做結合呢？

孔子向弟子提到自己的志向是：「老者安之，朋友信之，少者懷之」。家中的長輩因為退休時間很多，所以我們應該教導孩子，要多多關心長輩，陪爺爺奶奶聊天，或請爺爺奶奶協助自己做事，讓長輩有被需求的感受，提升他們的自我價值，進而覺得生命充滿意義。

熊小弟得知爺爺時間很多，於是想了辦法，幫助爺爺排遣寂寞、找到生活的目標和重心，就是出租熊爺爺的時間來幫忙數果子，這是否就是「兼差賺錢」的概念？不會太辛苦，有事情做又可以有零用錢花用。熊小妹知道熊爺爺可以出租時間，也來參一腳，希望熊爺爺能陪伴生病的黑熊奶奶聊天，也可以獲得「看演出」的酬勞。

在退休後如後規劃？是每個人必須提前面對的問題，也就是我們說的「第三人生」，「第三人生」何其重要！是如何讓我們死而無憾的關鍵。「第一人生」是為自己的將來努力；「第二人生」是為孩子、為家人為父母奮鬥；而「第三人生」如果沒能讓自己好好的活一回，此生一定會有遺憾。

每個人的個性不太一樣，在晚年追求的也肯定不同。「老驥伏櫪，志在千里。」企業家型的長者，可能會再創造輝煌光明的「第三人生」，選擇跨領域再出發，因為擁有不錯的根基，所以依舊能鴻圖大展；另外比較懂得享

受生活的長者，就會四處遊歷，增添生命色彩；而再有一類的長輩，本著「老吾老，以及人之老」的胸懷，到各大院所、機構去當志工，服務人群。

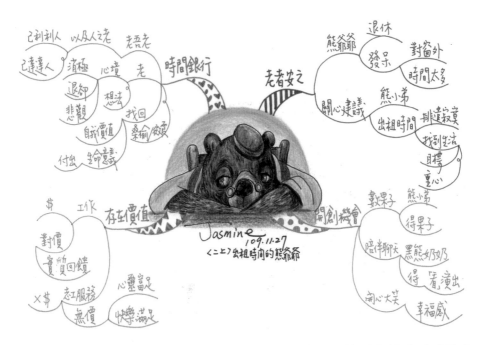

所以當黑熊奶奶出院後，熊爺爺再也不要出租時間，牠要去幫助需要幫助的人。非常有意義的課文內容，我們可以跟孩子分享所謂「存在的價值」，可分為對價和無價二種。熊爺爺因為數果子和陪伴黑熊奶奶，所得到的酬勞，屬於實質回饋，有著對價的關係，例如得到果子和看熊小妹跳舞，這類算是「工作」，後來熊爺爺不再出租時間，要去幫助別人，也就是志工服務性質，意味著牠不會再得到對價酬勞，但是牠卻可以獲得無價的心靈富足與至高無上的快樂滿足。

「莫道桑榆晚，微霞尚滿天。」「老」是消極、退卻、悲觀的心境與想法，只要付出去關懷人，就能找到自我價值與生命意義，日子依舊精彩絢麗。

五、巨人的花園

「巨人的花園」是國語康軒版三年級的課文內容。有一天孔子、子路和顏回在一起，孔子興致勃勃地想知道大家的志向。於是子路說：「願車馬衣裘，與朋友共。敝之而無憾。」這「大度」應該是許多人要學習的格局。

故事中的巨人，擁有一座讓人賞心悅目的大花園，蟲鳴鳥叫、花香四溢，令人心情格外愉悅。一次因為外出回家後，發現不速之客跑進花園裡玩耍嬉戲，好不快樂！巨人心中大怒，於是築起了高牆，從此之後再也沒有人能進來他的花園城堡。或許家長在導讀時，下意識一定會告訴孩子，你看，巨人是不是好吝嗇？連花園都不願意分享給小朋友們來賞花玩耍。然而我們是否能更深入一點？反求諸己、思考一下。如果您是公司領導者，您是否捨得？願意分潤給員工或夥伴？故事中的巨人所擁有的可以說是他引以為傲的花園，是他的資產，如果不是單純的借玩、借欣賞，而是給予，這時您內心真正的聲音是什麼呢？

佛教的一句偈語：「命由己造，相由心生，境隨心轉，有容乃大」。秋天過去，冬天來了，花園裡的花紛紛謝了，小鳥也飛走了，沒有孩子笑聲的冬天，花園顯得格外冷清寂寥，巨人多盼望春天快點到來，讓枯掉的樹枝冒出新芽，美麗的花朵再度綻放。然而萬物皆由心所造，所謂相由心生，你所看到的萬象都是內心的投影，如果你的內心是善良的，那麼你看的人事物都是善良的；如果你的內心是充滿怨恨的，如你所看都是怨聲載道，充滿著厭惡的氣息；如果你的內心是灰暗的，那你的萬象都如霧霾一樣，昏昏沉沉沒有色彩，就如同巨人眼前的一切是毫無生機。

就在那一刻，他看到孩子從小洞鑽進花園，有了孩子的笑聲，所有的一切都活了過來，草綠了、花開了，小鳥也來了……一切好的光景，又再度重現眼前，於是巨人領悟了，分享的越多，得到的才越多！

一個很好的智慧啟發：如何讓你的企業價值連城？「共榮」、「共享」背後最實際的就是分潤，不要捨不得，因為越捨就越得，捨的越多、得的越多，無關痛癢的分潤，激不起鬥志，員工夥伴賺的大筆收入都是自己的，會不拼命嗎？整個企業就進入自動運營化，你就是十足不用煩惱的企業家，何樂而不為呢？

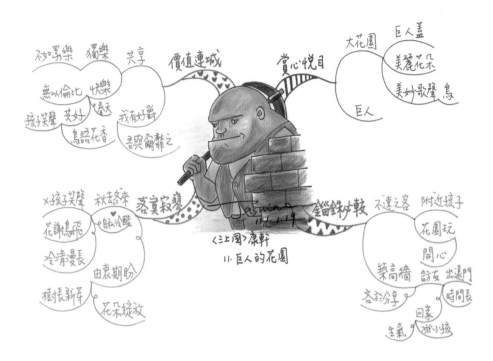

《易經》第六十一卦中孚卦，九二爻這爻辭我覺得好美好美「我有好爵，吾與爾靡之！」也是當下我心情的寫照，感恩一切。

六、赤腳國王

「赤腳國王」是南一版二年級國語課文內容。在這裡我要先講一個故事，有一個爸爸生了二個兒子，哥哥總是班上第一名的學生，而小兒子卻常常抱個鴨蛋回來。他完全不理解老師上課的內容，經常答非所問，寫字也是亂七八糟、左右相反。上課經常搗蛋也常在課本塗鴉，惹惱了學校老師，父母親被邀請來學校更是家常便飯，老師一直遊說父親，要把孩子送到啟智學校，他們認定他智商有問題。

身為父親不敢面對現實，覺得自己怎麼有可能生下一個智商低的孩子，自認為一定是孩子不好好專心讀書、貪玩，於是恐嚇他要送他到寄宿學校接受嚴厲的管教。孩子苦苦要求也沒有用，從此失去了笑容，連最喜歡的畫畫也不再碰。所有打壓、嘲笑，徹底摧毀一個孩子的希望，直到有一天，他遇到一個小時候跟他有相同境遇的老師，老師觀察小孩一切之後，跑去找小

孩的父親，拿著一本日文書，要他唸出來，父親說他看不懂字，怎麼唸！？老師對著父親咆哮，認真專心唸！父親又再次的說，他沒學習過日文，完全看不懂……，老師依舊對他吼叫：「專心快點大聲唸出來！」這時父親驚呆了……老師才對著父親說，這就是您孩子的狀況！他是一個讀寫障礙的孩子，所有的文字看起來都好像在跳舞，而他所寫出來的字，就是會左右相反……

最後家長和老師齊心幫助孩子解決問題，終於找回孩子的自信，重拾往日笑容！

同理共情，是我們每個人都必須具備的情感，所謂的「惻隱之心，仁之端也；羞惡之心，義之端也；辭讓之心，禮之端也；是非之心，智之端也」而此四端，都是原本具足的，我們不可以被「假我（false self）」給控制住，也就是一用腦袋去衡量得失利弊，就淹沒該有的良知。就如同剛剛的故事，父親因為好面子，而不敢面對孩子學習出現障礙，進而尋求協助，差點斷送一個孩子美好的前程。

故事中的老師，只是藉由「換位」，讓父親去感受一下孩子的心情。同理，在任何關係，需要溝通時，「換位思考」就能解決所有的問題，達成共識。

「赤腳國」所有的人民，一年四季都要忍受赤腳的痛苦，夏季地面熱且燙，而冬天要來臨時，腳也最先知道。然而身為「赤腳國」的國王，完全無法感同身受，苦民所苦，因為住在宮裡的他，夏天很涼快，冬天則有地毯可以踩在底下，出門外出坐轎子，跟他的子民完全是不同的境遇。直到有一天轎子壞了……。最後國王因為領受了跟子民相同的苦痛，並集思廣益解決問題，在國王的創意領導下，人民終於也有「隨身地毯」可以踩在腳下了。

(小二) 第11課 赤腳國王

要如何培養同理心，以下幾點供大家參考：

1. **學習聆聽**：聆聽別人的話語是建立同理心的第一步。當有人和你談話時，要專注聆聽並理解他們的感受和觀點。

2. **改變觀點**：嘗試站在別人的立場上看待問題，這可以幫助你理解他們的處境、想法和情感。

3. **探索他人的情感**：當別人跟你分享他們的情感時，不要輕易給予評論或評價，而是嘗試理解他們的感受和情況。

4. **了解自己的情感**：要想更好地理解別人的情感，首先要了解自己的情感。嘗試分辨和表達自己的情感，並試圖理解自己和他人之間的情感共鳴。

5. **練習**：當你知道有人需要幫助時，主動提供幫助。這可以幫助你了解他們的情況，並表達對他們的關心和同情。

七、走過小巷

教育部的課本，幾年就會小小修改一樣內容，所謂小小的修改，就是內容大同小異，但文體是一樣的。「走過小巷」就是一個鮮明可以比照的例子。

在 108 年的版本上，是馬叔牆上有小花、王媽家樹上有喜事、風是好郵差、最後形容小巷是美麗花廊；目前 112 年的版本，王叔家牆上有小貓、張媽家樹上一樣有喜事，只是紅花從嫁妝變捧花、至於風則變成彩筆，最後則寫上每天都有一點點的改變，也因此就越來越喜歡這美麗的地方。

那麼心智圖要怎麼呈現呢？關鍵字抓得不一樣，後面所承接的就要符合邏輯的去歸納與統整。在圖「走過小巷 1」，較早的版本，我直接拿主角來當關鍵字，圖「走過小巷 2」則是用形容詞當關鍵字，各位爸爸媽媽可以比較看看！

走過小巷 1

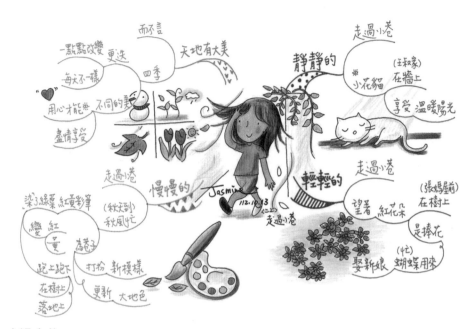

走過小巷 2

不過，學習國語、語文的東西，最重要的就是感悟，您從中學習到什麼？
悟到了什麼？在圖「走過小巷 1」，我想表達的是美麗的花廊，可以是一條
充滿希望夢想的時間長廊，等著大家不斷向前奔赴；而圖二則引用了莊子
所說的：「天地有大美而不言」每個季節有每個季節的美，初春萬物甦醒、
春光明媚，有象徵朝氣蓬勃，一切充滿希望的美，至於冬天，雖然是凋零、
休養生息的狀態，但我們卻可以看到浪漫的皚皚白雪覆蓋在城市裡，是另
一種純潔安靜之美。

總之，只要用心體會，您可以抓得住每一季的美好，盡情地去享受！

八、爬梯子

「量身高」這件事，在小小的心靈裡，是一件大事，因為「好想快快長大」！
「長大」到底有什麼好處！小朋友的回答是「可以玩比較多的遊樂設施」；
除此之外，比較天真的想法應該是，這樣爸爸媽媽就不會管我了！

每個小朋友都有的經驗，那麼這一課，小朋友們的學習力應該就會比較強，感
覺比較簡單，有此可以證明，增加孩子生命體驗值才可以相對增加理解能力！

然而怎麼從一篇簡單的記敘文去抓重點，然後歸類統整？對低年級小朋友來說，還是有待加強的能力，不過家長們一定要相信，不斷操練一定會累積邏輯力！

課堂上，我總喜歡小朋友一起來構思，用不同的關鍵字看會造就出什麼不一樣的主幹式心智圖？不斷的用這種方式引導，讓孩子深深體會，其實只要邏輯對，真的怎麼寫都可以，不要一直擔心好像有一個「標準答案」，只要自己想不到，就錯了，這樣就可以大大提升孩子們創作心智圖的意願，家長們可以試試看！

這一課，我用兩種不同的範例，提供給大家參考！因為內容簡單，大家不妨嘗試可以延伸什麼主題跟「會長高」相關的議題去擷取重點，當然主要的小撇步關鍵想法可以從「虛」與「實」去做延伸，就會比較容易下手喔！

例如圖「量身高」最後的主幹是教大家從飲食、運動、睡眠等方面去做整理，另外一張圖「成長的喜悅」，則是從成長會帶來什麼喜悅，以及長大除了身形的改變，心智也要跟著一起長大才對！

很簡單的繪製題材，現在就可以拿起筆一起動腦思考繪製喔～

量身高

成長的喜悅

九、春天的顏色

「春天的顏色」是康軒版二年級的國語課文，所有動物躍然紙上，處處是
驚喜，充滿生命活力，是我非常喜歡的課文內容之一。首先大家是否發現
有一種跨出「舒適圈」的意味？小青蛙跳出池塘、小田鼠鑽出地洞、小蜜
蜂飛出蜂窩，離開自己熟悉習慣的地域，呈現在眼前的一切是那麼美好，
並沒有恐懼之感。所以在引導小朋友閱讀的時候，盡量地跟生活做結合，
讓他們理解，生命就是一場體驗、一場冒險，這一生的真正財富，不是金
錢，而是你擁有了多少的體驗與領悟多少智慧。跌倒是一種體驗、得獎是
一種體驗、關心別人是一種體驗、幫助別人是一種體驗、失去是一種體驗、
失而復得也是一種體驗，然而在眾多的體驗當中所獲得的智慧，就是你最
珍貴的資產，它會豐盈你的靈魂，讓你更加自由快樂！

跨出舒適圈，才能拓展認知邊界，理解浩瀚宇宙中，如滄海一粟的我們是
多麼的渺小，見識是多麼淺薄，有好多知識、智慧是我們還不知曉的，所
以如何做讓自己生命富饒？就是終身學習，做一個敏而好學的人。

故事中的小青蛙高興的把牠所見到的蔚藍天空，就認為春天是藍色的。小田鼠鑽出黑暗的地洞，看見青翠的草地，就覺得春天是綠色的，小蜜蜂勤做工，看見一大片的粉紅桃花，喜孜孜興奮的覺得春天當然是粉紅色，其實讀到這裡的時候，我覺得我們臺灣人民每一個人都必須好好的來研讀這一課，尤其「藍」色「綠」色壁壘分明，各說各的好，個持己見，容不下其他人的聲音和看法，然而大家所堅持的都是真理？還是偏己之私的觀點呢？

春天到底是什麼顏色呢？想必大家爭的你死我活、面紅耳赤。這時候小燕子從遙遠的地方飛過來了，牠飛過了高山、海洋、低谷、田野，見識過形形色色的人事物，視野、角度、格局不同的小燕子，牠告訴我們春天是什麼顏色呢？

世界是包羅萬象，唯有打開你的格局、提高你的境界，你才能獲得人生智慧寶藏。

莊子〈逍遙遊〉就說了一句「天之蒼蒼，其正色邪？」就是這個故事的最佳註解。

十、看夕陽

能有時間、空間陪伴孩子一起學習的爸爸媽媽，真的要好好把握，雖然說國小有六年的時間，但真的也是轉瞬，想當年，我兒子也才剛上小學一年級，如今都已達法定成年人了。

怎麼突然有這樣的感慨呢？因為這篇的內容就叫「看夕陽」。在這個年代沒有雙薪，很難有好品質的生活，然而有夕陽可以看的時刻，要不還在公司，要不就是擠在車陣，準備張羅晚餐或是接送孩子，很難有時間靜下心來看夕陽。

如何和孩子的學習接軌？真的需要親力親為的投入，才能符合目前考題「生活情境化」的走向。如果您沒有跟孩子共讀共學，又怎麼能「適時的」配合孩子的課程內容，實際的讓孩子去感受文字所闡述的意境。

平日無法看夕陽，在假日就可以特別帶著孩子到戶外，空曠的草原或海邊，觀看落日，把李商隱〈登樂遊原〉裡，大家耳熟能詳的名句「夕陽無限好，只是近黃昏」的意境感受，真實的在生活中體驗一遍；您或許可以是故事中的梅花鹿，孩子也可以扮一下小白馬，踏踏實實用生命去與大自然為伍，去感知夕陽的溫度與光影的變化，去靜思、去吟唱、去規劃，或許來場辯論。「夕陽」真的只能選擇悲觀地看待？還是雲蒸霞蔚下有另一種體悟「莫道桑榆晚，微霞尚滿天」的樂觀。

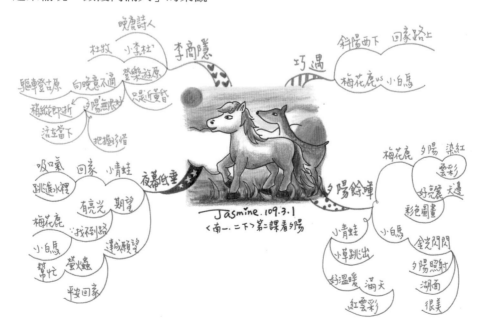

81

人生啊人生，「幸」與「不幸」，只在一念間。不過不管如何，珍惜「當下」，是最實在的人生之「道」啊！

十一、飛魚季

關於臺灣的原住民族，在社會科四年級以上的教材會陸續的介紹，內容會比較豐富與深入，在小學二年級國語課本裡，則挑選了達悟族，主要簡單的介紹什麼是飛魚？以及何時是產飛魚的季節，給小朋友們認識。

達悟族居住於臺灣東南海外的蘭嶼島上，全島大部份為山地，大半為熱帶雨林覆蓋。達悟族人在山海交接處建立村落，住屋為半穴居。因四周環海，他們以捕魚為生，每年三至六月隨著黑潮洄游到來的飛魚，就是族人最重要的漁獲，另外他們也種植並食用薯、芋、栗。

在第一個主幹我們就直接把主角「飛魚」抓來當關鍵字，延伸出產地在蘭嶼以及飛出海面時，銀白色的身體在陽光照射下，好像在空中畫了銀白弧線；飛出又落入海面，好似長了翅膀，所以稱為「飛」魚。

由於每年三月就會看到飛魚，所以當地人就知道「飛魚季」來臨了。飛魚季裡，達悟族會舉辦很多重要的活動，主要就是祈求出海打魚都能平安無事，所以在招魚季之前，會舉辦盛大的大船下水典禮，這是蘭嶼島上的盛事，所有的人都會一起來參與，典禮當天，村民們都來幫忙殺豬，船主依次分贈禮肉（tekeh）、禮芋（sosoli）給各家戶。

船主及青年們穿著丁字褲，在大船四周舉行驅逐惡靈的儀式，隨後抬起大船，拋向空中數次，之後，青年們會抬著船向海邊走去，行進途中反覆地作出驅逐惡靈的動作，直到新船下水，在海上划行，整個大船下水典禮才算圓滿達成。

典禮後首先登場的就是「招魚祭」，他們用唱祭歌呼喚魚群，在捕魚的原則裡，小魚必須回放大海；另外大約七月時會舉行「漁止祭」表示不再補魚了，因為他們認為飛魚是上天給的食物，不能貪心而趕盡殺絕，這樣才有吃不完的魚，所以這整段可以用「生生不息」為關鍵字來表達意思。

既然說到了蘭嶼，我們都知道它是一個世界排行第十一的浮潛聖地，每年都吸引不少遊客到此一遊，在蘭嶼島上也只有一條環島公路，總計長度為37公里，沿途可慢慢欣賞各種奇岩怪石、原始自然風貌及蘭嶼獨有的部落文化，在3月～6月蘭嶼飛魚季期間，還可以看到家家戶戶門口曬飛魚乾的傳統景象，所以在第三個主幹除了呈現作者說的藍色大海和銀白飛魚，也將相關的資訊統整再一起，然後用「美麗風光」關鍵字來概廓蘭嶼的景緻。

那第四個主幹要寫些什麼？爸爸媽媽就可以和小朋友一起查詢還有那些族群？祭典為何來？來增廣見聞。

十二、彩色王國

人類的文明進步，有一利必有一害，這也相當符合道法自然。互聯網科技讓全類看似「天涯若比鄰」的親近，但實質上也造就了「心」的距離，真實的交際互動變少了，反觀大家更在乎的是虛擬社交上的互動、留言與肯定！甚至出現「社恐」，由於看到太多美好的事物，出現在各平台朋友圈上，於是覺得自己好渺小，好像甚麼都比別人差，慢慢地就蜷縮在虛擬世界裡，不敢跨出。

其實任何人都有不足與侷限性，若能打開心胸，勇敢接納自己的不足，學會欣賞別人的美好，進而看齊學習，那麼自我的世界就會愈加燦爛！

彩色王國一開始就用顏色來道出不同王國子民的不同特質，其實縮小範圍就是在影射我們每一個人都是天賦異稟，各有各的才華、長處與特點。如果我們不願意跨出舒適圈與人來往，故步自封，那麼認知思維就有個天花板，永遠不會知道外面的世界有多遼闊！

家長們在親子共學時，不妨可以提一提《莊子》裡所提到的「小知不及大知」「小年不及大年」這樣的故事，讓孩子們知道擴充認知邊界有多麼重要！

《莊子》在第一章〈逍遙遊〉裡就說道「北冥有魚，其名為鯤」，這隻名字叫鯤的大魚，有一天突發奇想，不想當魚了，牠想要變成鳥在天空中飛，於是牠一直在蓄勢（等待可以飛的時機），當可以飛的時候，必須水擊三千里，努力擺脫地心引力，然後借助風力，搏扶搖直上九萬里，接著在天空飛行六個月不休息。

莊子描寫當大鳥從樹林飛過去的時候，地下有兩隻叫「蜩」和「鶯鳩」的小麻雀在笑，「蜩」跟「鶯鳩」說：「你看！牠幹麼這麼累？要準備那麼久而且一飛就飛六個月，我們這樣在巢裡跳來跳去，不是也很快樂嗎？」莊子就說：「小知不及大知，小年不及大年。」

在這邊要解釋一下，所謂的「小」和「大」也就是大鵬鳥的大，和小鳥的小，只是兩種存在的狀態，並沒有好壞的問題，你可以當大鵬鳥也可以是小鳥，但小鳥一定不會理解能到九萬里之外的天空去看看，是一個多麼了不起的自我極限挑戰，這也是我們後來常用的「燕雀安知鴻鵠之志？」來說明很多人的志向是不同的，不同的境界與格局，就會造就不同的人生境遇。

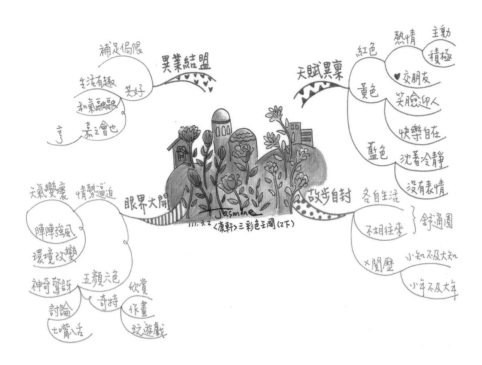

那麼什麼是「小年不及大年」？《莊子》引用了「朝菌」、「蟪蛄」、「冥靈」、「大椿」這四種生物來解釋。第一個是「朝菌」，早晨誕生，很快就死亡，「朝菌不知晦朔。」生命太短促了，短到無法經驗光線的明暗，晨昏的光影以及月亮每個月的圓缺變化。第二種生物「蟪蛄」，也就是「蟬」。夏天在樹林裡鳴叫幾天就會死去的生命，無法理解春天，也無法理解秋天。莊子說：「蟪蛄不知春秋」。當我們開心、沾沾自喜的認為我們人類都比「朝菌」、「蟪蛄」的生命還要長的時候，莊子就拿第三種「冥靈」與第四種「大椿」來提點我們。「冥靈」是海裡的大龜，漫長地活著，「五百歲為春，五百歲為秋」，一個春天是五百年，一個秋天是五百年；那麼「大椿」一種神木，「八千歲為春，八千歲為秋」。所以當我們以有限生命去看著宇宙浩瀚無窮盡時空的存在時，就如同朝菌不理解晦朔，夏蟬，無法理解春天和秋天。

所以當讀了經典給予我們智慧時，不曉得各位有沒有如同我的心情一樣，我害怕我有認知的天花板，我無法引領自己，甚至自己的孩子與學生。

所以回到這課的內容，當天氣變壞（情勢逼迫），陣陣強風把種子吹往各國，環境改變，會發生什麼事？此刻您是期待？還是恐懼？這真的可以跟現實

的自己做個對照！故事內容是眼界大開，大家驚喜萬分，原來突破框架、圍籬，可以遇見更好的世界。

《易經》元、亨、利、貞裡的「亨」，可以來為這一課做最後的註解。「亨」者，嘉之會也；嘉，美好也。怎麼樣才能補足每個人甚至是企業、團體的侷限性？唯有合作、共好，人人本著行善的心，便能感通天下，互相以善相待，就能事事亨通。

十三、琪拉的願望

「琪拉的願望」是南一出版社國小二年級閱讀列車裡的一篇故事，讓我聯想到沈復的〈兒時記趣〉。在物質缺乏的年代裡，人們才能真正好好享受經由五官的體驗，得到沉浸式的喜悅。沈復回憶起童年，看到微小的生物，必細察其紋理，所以才能擁有意想不到的樂趣，看到蚊子飛啊飛，想像一群野鶴在空中飛舞，把叢草想像為森林，蟲蟻幻想為獸物，在幼小的心靈裡，整座花臺就如天然的山丘谷壑，神遊其中，怡然自得，最有趣的描述，不外乎所謂的龐然大物拔山倒樹而來，竟然是一隻癩蝦蟆，因為興正濃的觀看二隻蟲在草蟲間相鬥，著實被癩蝦蟆舌一吐吞沒二蟲而呀然驚恐，彷彿是電影院「限制級」的影像出現，嚇壞了幼童，這充滿想像力的畫面，真的引人入勝，直到現在，我還歷歷在目，彷彿自身也曾在其中。很可惜的是，類似這類的文章，在現代孩童的創作裡，少之又少。

現代孩子容易沉迷於電視、電腦、手機等電子產品，而且花費大量的時間在看視頻或玩遊戲上，這些都抑制了他們的創造力和想像力；而考試領導教學的現實環境下，對於藝術、文學、哲學等無直接經濟效益的領域也缺乏關注，還有在都市叢林生長的孩子，本就缺乏探索和冒險的機會，這些林林總總加以來的因素都影響他們創造力和想像力的發展。

那我們該如何重啟孩子的右腦訓練呢？故事中的琪拉，正道出一個非常簡單，卻可以讓自己豐盛富足的作法，「萬里江山筆下生」，透過手指，畫下屬於她自己最美麗的風光。家庭生活裡，最常見類似的情景，不外乎在浴室、或是天候不佳的車內，家長們是否可以就地的引導孩子發揮其想像力，增添生活樂趣，也可以加上自然科學的知識，讓孩子理解什麼是水蒸氣「凝結」的現象，讓知識體現在生活上，學習起來會更加有樂趣。

簡單的幸福，唾手可得。

那麼如何培養孩子的創造想像力呢？為大家整理以下重點：

1. **可以提供多樣化的體驗**：讓孩子接觸不同的事物、場景和人物，擴展他們的視野和想像力，例如帶他們去不同的地方旅遊、參加各種活動和課程等。

2. **鼓勵孩子嘗試新事物**：讓他們不斷嘗試、創造和發現新的事物和方式。

3. **給孩子自由時間**：給足孩子自由時間和空間，讓他們自由地探索和發展。

4. **提供開放性的問題和挑戰**：鼓勵孩子思考和探索不同的解決方案，培養他們的創造性思維。

5. **鼓勵孩子閱讀**：閱讀各種類型的書籍，例如故事書、科學書、歷史書等。

6. **給孩子表現的機會**：例如在家庭聚會中表演、參加學校的舞臺劇或音樂會等。

三年級

一、小白兔牛仔褲

在物資不豐盛的 70 年代，家家戶戶應該都有一台裁縫機，縫縫補補是每個主婦都要會的絕活，反觀現今，東西壞了即丟，因為修理費會比買新的來的貴。這是文明進步的反差，愛物惜物的觀念漸漸式微，二手物資還必須透過市集活動，再度賦予新生命。

簡單的故事情節，則是非常適合讓孩子做簡單的邏輯歸納的練習。

第一個主幹可以把物品寫成關鍵字，它的由來寫在支幹，接著第二個主幹則把發生事情的經過當成支幹細項，用心情當成主幹去支撐，在支幹部份，我特別註記小朋友比較容易發生「垂直思考」的寫法，從牛仔褲膝蓋處破了是一件事，另一件事則是膝蓋處就像通風口，可以「水平思考」分開寫，請大家留意一下。

第三個主幹，其實就是這篇課文要教大家的，要愛惜物品，褲子破了的唯一下場不是丟掉也不是回收，發揮巧思，就可以化腐朽為神奇，變化出一條獨一無二，世上僅有最有溫度的牛仔褲。

這樣簡單的心智圖，您學會了嗎？

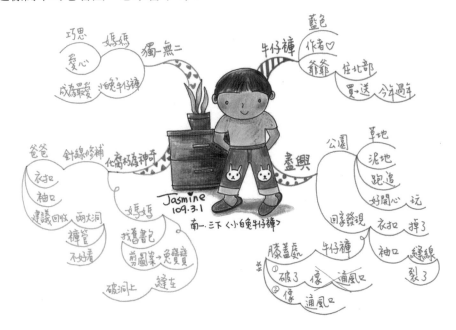

二、猴子的數學

小朋友寫心智圖都會發生有趣的狀況，尤其剛學習的孩子，很容易把最先看到的名詞當作關鍵字，接下來的支幹不管邏輯對不對，就寫上去；另外是有小朋友寫了關鍵字，結果後面支幹兜不攏，就卡在那裡寫不出來。

上述出現這些問題的小朋友們是因為他們沒有去理解段落在告訴他們什麼訊息，才會看到什麼寫什麼，或許不會？也會許不想動腦？然後草草了事！趕快寫完一張就好了。如果只是為了產出一張心智圖而隨便亂湊，就已經違背心智圖真正的用意了。

心智圖是自己的領悟筆記，透過自己消化、理解後，去寫出符合邏輯的歸納統整重點。

我曾經叫幾個孩子一起上台來「猴子的數學」寫重點，事後讓他們看看不同人抓的關鍵字與後面延伸的重點，是否符合邏輯還是發生有趣的現象？這真的就印證了「旁觀者清、當局者迷」的現象，看別人的一眼就看出哪裡怪，自己的看了老半天也覺得是對的。

像這故事的內容，起先就寫出猴爺和猴子之間的關係—猴爺喜歡猴子、看懂猴子的表情；猴子也聽懂猴爺的話。那關鍵字到底要寫猴爺？還是猴子？其實都不是呀！故事的描述不就是在說明他們平常溝通互動的狀態？所以把溝通互動當關鍵字不是很恰當嗎？當然，我知道這或許有難度，所以需要爸爸媽媽或專業老師長期的啟發，才能達到這樣的境地。

接著，雖然猴爺很喜歡猴子，但是縮衣節食下仍然養不起，因為他是養一群，不是養一隻，所以他怎麼了？就是遇到困難了，我們就把「遇到困難」當成關鍵字之後，再來接續描述狀況。

再來他決定與猴子商量來解決問題，他提了早上給三桶果子，晚上給四桶的方案，結果猴群跳起，亂抓亂叫，代表著溝通失敗，所以我決定寫上「事與願違」來當關鍵字，那接下來該怎麼辦呢？猴爺想一想改變說話的技巧，不然換成早上四桶水果，晚上三桶，這數字一對調，猴子們的腦筋就轉不過來，以為好處已先拿到手，則開心的不得了，當然就成交了！

如果我們以「日照於天」的角度來看這故事，猴爺的說話技巧一改變，就擄獲猴心；另一方面，猴子們貪得一時利益而被蒙蔽不自知。在我們的日常生活上是不是也常有類似的狀態出現呢？

總結這故事就是來自《莊子·齊物論》的寓言故事「朝三暮四」。後來「朝三暮四」就引喻為用詐術欺人或表示心意不定、反覆無常的意思。

這樣的整理重點，各位爸爸媽媽學會了嗎？

三、畫龍點睛

「畫龍點睛」一語，通常是用來比喻繪畫、作文時在最重要的地方加上一筆，使得全體更加生動傳神，然而這故事從哪來的呢？小學三年級的課本有很清楚地闡述這奇聞異事，來自晉代王嘉所編的《拾遺記》。

每每只要是故事性的記敘文，學生們看著看著，很容易進入情境，但是如果要抓重點，也很容易跟著故事的描述，寫得「脹脹長」，這時候閱讀理解後的「轉化」，就顯得非常重要了！

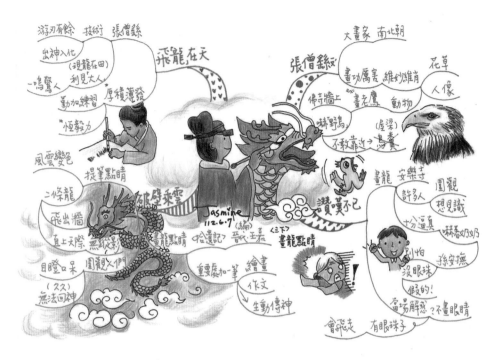

這個故事並不長，主要是在描述張僧繇技藝精湛，隨便一出手便是一幅壯麗的圖畫，或是栩栩如生的動物，每隻都十分傳神，甚至把老奶奶都給嚇壞了，而美中不足的部分就是都沒有眼睛，這引起圍觀者的好奇。張僧繇回覆的答案，並沒有取信到每一個人，有些人心存懷疑並要求點上眼睛，張僧繇無奈下，在其中兩條龍點睛後，雷電大作，龍具有了生命，破壁飛上天去。

這故事的心智圖抓取的重點有三部份，第一部份就是將傳說中的張僧繇畫功厲害在甚麼地方？第二個部分，就是眼見為憑，很多人想要看看到底如何厲害！當然從嚇到老奶奶的部份就可得知。第三部份，應觀眾要求，點上眼睛之後發生了什麼事？來證明張僧繇說的話是真的。

最後最重要的就是學習心得，張僧繇能把花草、人像、動物畫的唯妙唯肖，一定是憑藉著畫畫的天賦以及平常的勤加練習，才能在該表現的時候，一鳴驚人！這也是我們每一個人要時時刻刻提醒自己的智慧。

四、擁抱

小朋友你們身上有沒有刺啊？上課前讓小朋友們看一下刺蝟的圖片，小朋友們很大聲的說：「老師，是刺蝟耶～」是啊！那你們身上有沒有刺？沒有啊？「除非洗澡後頭髮濕濕，我可以抓出刺的形狀！」一位小男生開心的分享經驗。

於是我再問，當媽媽夾青菜給你們吃的時候，你們有沒有一口回絕說：「好難吃，我不想吃！」小朋友們遲疑一下，然後不好意思的點點頭。我接著說，你們知道這時候有一根刺，刺到媽媽的心，媽媽好痛啊……，這時，小朋友們恍然大悟，原來老師問的「刺」，不是表面實際的刺，而是形而上，那看不見，卻會不小心傷害人的刺。

閱讀理解、深度思考，一直是現在的教學目標，一個簡單的小刺蝟故事，當他學會擁抱後的快樂，是小朋友們最應該學習的議題，如何成為一個受歡迎的人？就是學會擁抱去包容一切，不管這跟「刺」長在哪裡，可以藉由換位思考去深刻理解，怎麼樣的表現才能受歡迎？我最後送給孩子的是星雲大師所說的「四給」，給人信心、給人希望、給人歡喜、給人方便。當你時時刻刻給人這四樣東西，你就會成為最受歡迎的人。

一個簡單的「擁抱」故事閱讀，小朋友們所整理的心智圖筆記，和有歷練的大人所整理的重點筆記，當然會不一樣。「刺」我們可以理解為既定的印象，例如這個人很專制霸氣、或者是很自大、不講理，這個人膽小懦弱、做事拖拉等，幫別人貼上標籤，讓當事人很受傷，這都是一種「刺」！所以怎麼才不容易刺傷人？提高覺察力，就能減少犯錯的機會。

每個人的人個特質本來就不一樣，有的待人非常的熱情，有的外表看似冷漠，其內心如火，只是慢熟，所以懂得觀看環境氛圍就能建立尊重與信賴的互動分寸，親疏遠近要有個心理界線，與人相處，要掌握時機與中庸之道，需要因人事物的不同，彈性地做修正調整，快樂擁抱一切，凡事往正面思考，即可達到最友善的互動與回應。

有時候說道理很容易，但確切要怎麼做呢？首先要縮小我執，我們常常以貌取人，用自己熟悉的思考脈絡，得到「既定」的認知，所以你怎麼想這個人，宇宙就會如實的給你看到你想看到的樣子，就是我們常說意識決定一切！當我們破除執念，用同理心去善待他人，你就會發現世間上每一個人事物都是如此美好，心念一轉，缺點馬上變成優點，柔軟心讓人與人之間的隔閡立刻消失。

當然世界上本就存在一些帶著刺、踽踽獨行的「刺蝟」，他們就像帶著刺的玫瑰，他們自我保護的意識很強，其實就想掩蓋內心的脆弱，害怕自己受傷，這些刺蝟都是用外表的堅強來保護自己不被攻擊，他們最真實的一面，只留給最熟悉的人，既渴望愛也害怕被愛。

在人生旅途上，會有不斷上下車的人，如何與之相處？就如同《易經》中泰卦所提到的「包荒」，只要我們光明正大地走正道，做事保有中庸的原則，用寬闊的胸襟，海納百川，去接納不同思想的人，然後有勇氣、決心、能力與魄力去做事，這樣就能走得遠，做起事來也比較能夠順利長久。

五、靈光一現

真的是一個創意致富的好例子。教書以來，真心覺得孩子們需要有大人們來引導他們看類似的故事，並延伸話題至日常生活中，腦子常有這樣的訓練路徑，一定比別人更靈光！

「靈光乍現」是什麼樣的感覺？讓我想到阿基米德（Archimedes）朝思暮想如何分辨純金皇冠，在洗澡水溢出時，驚喜得大喊「尤里卡（Eureka）」！「尤里卡（Eureka）」！應該就是這種連接「高我」的狀態！這樣的狀態，應該很少出現在 3C 氾濫的世代裡，不知道的東西，就問被譽為最聰明的狗「GOOGLE」，所以更不可能出現「無心插柳」的新發明，因為「思考」的時間與過程被「快速求解」科技智能給取代了……，那麼我們下一代到底要拿什麼比拚？著實令人擔憂！

這故事描述的是 1904 年在美國聖路易市所舉辦的世界博覽會，在眾多攤位中，一位敘利亞人漢威想靠著一種祖傳絕活屬於中東小吃「炸拉比」脆餅，大賺一筆。

但由於天氣炎熱，商品琳琅滿目，縱使人潮眾多，也不見得會看得到漢威的攤子，在逛街又累又渴的情況下，人們第一個一定會想要吃冰或喝涼水來降溫，所以隔壁攤賣冰淇淋的佛那丘，生意特別的好，由於當時還沒有免洗杯具，所以佛那丘應接不暇，來不及洗杯子而感到懊惱不已。

一旁生意不好的漢威，看著看著靈光乍現，把脆餅一捲，當成可吃的杯具，就是現今的甜筒，在當時可是口感新鮮，一下子就賣光光，就這個想法，讓漢威申請專利，開了公司，這就是世界上第一支甜筒的由來！

不拘泥形式，保有靈活創意腦袋，是致富的關鍵！在 AI 時代，唯有創新才能致富，真的可以好好的跟孩子們聊聊這個話題呀！

▍四年級

一、大海的旋律

「聽海」是張惠妹膾炙人口的一首動人的情歌。歲月總會令人成長,同樣的聽海,不同的人生歷練,就會譜出不同的旋律。而旋律總是不停歇的飛揚著,等著旅人來唱和。

故事中的作者描述當時才十歲的他,對大海的領悟是有旋律的,溫和、狂暴、高亢、低沉交織,一波接著一波,像是各式各樣的音符,就唯獨沒有休止符!所以針對「沒有休止符」,我們就可以知道作者想要闡述的重點就是大自然的規律是永恆的,日出日落,潮起潮落,不會因任何事件發生而停止運作,所以我把「永不停歇」寫成了關鍵字。

十歲孩子的想像力應該是豐富的,就像海水不被汙染時,會呈現出無窮層次的藍與綠,交疊出一張張令人驚豔與獨特的美麗圖畫。

作者想像著大海的旋律,如花爭相開放的聲音,白玫瑰與藍薔薇交織的旋律,百聽不厭;不僅如此,細膩的心靈還感受到夜晚月光下的海浪,沙沙作響,與迎面的海風呼呼,相互回應,更感受到海水溼溼、鹹鹹、柔柔的味道。

沉浸式的體驗，當然就要與海同游，才能更真切的演奏出饒富創意、不同凡響的樂章。於是作者和弟弟成了波浪間的兩條魚，打起一個個小小的漩渦，參與一小節的創作。

最後，作者用最喜歡的仰泳來描寫像被海擁抱著，可以恣意看天、看雲、看世界；被海水托著身體，隨浪花擺動，猶如在搖籃裡，聽著波動不止如媽媽一遍又一遍唱著的催眠曲。所以「海的擁抱」就可以包含這所有的情感。

海的智慧，從古至今，都一致推崇，所以我們也要將「海納百川」、「有容乃大」的包容精神與態度，繼續的傳遞給我們的下一代，讓我們美好的民族文化永遠流傳，讓世代子孫帶著這美德成為世界人類的楷模。

二、水中奇景

本篇課文作者一開場這樣寫著：「站在岸邊，看著清澈的海水，我心裡既興奮又期待。今天終於有機會和爸爸媽媽一起享受浮潛的樂趣。」透過浮潛，可以近距離的觀看海底世界，可是對於旱鴨子的我，只能觀看影片，無法身歷其境，而寫這個故事的作者，把所有的過程清楚的交代，讓我宛如跟著他一起經歷了一次水上活動。

這樣的開場寫作方式，值得小朋們學習，怎麼會這麼說呢？如果沒有特別練習寫作的學生，一開始一定會先把參與活動的主角寫在前面，就像：今天我和爸爸媽媽要去浮潛，我心裡好開心。（尤其語彙少的孩子，永遠都是用開心與快樂來描述心情）

要不要特別去學習作文，我覺得如果時間上比較難安排的話，倒不如好好仿寫每一課的課文，相信會有很大的進步。

那麼第一段我們該怎麼寫重點呢？當然作者的心情就是這一段的重點，所以大膽的寫下「興奮期待」關鍵字，接著興奮什麼？期待什麼？就依序的寫下就完成了。

這一課每一段的訴求的非常鮮明，所以第二個主幹就寫「淺水處」看到了什麼？有海膽、海豚、海星，又怎麼分別描述，就請大家寫在後面。

從淺水處出發後，一定會來到深水處，海底世界的奇觀就此展開，「數大便是美」的各式各樣珊瑚，絕對是第一個映入眼簾，接著電影「海底總動員」的魚類，就會一覽無遺的出現在你左右，例如熱帶魚、小丑魚（尼莫），而和小丑魚共生的海葵當然也會是筆下的主角。所以第三個主幹關鍵字就可以寫上「深水處」，一樣依序的把作者對各種生物描繪寫上。

美好的時光總是過得特別的快，在水底目不暇給的各式生物猶如萬花筒般，讓作者在專注體驗之餘，而忘了時間的流逝，是如此的快，快到來不及一一捕捉每一幕奇景。而作者用最後用「海浪一波波湧上」好像依依不捨的說「再見」，真的把離情依依，捨不得分離，不斷向前挽留的意境，描繪的太美了，小朋友們可以把它記下來，往後的寫作上都可以運用喔！所以整段我把吸引目光，讓作者忘卻時間的「海底萬花筒」當關鍵字，再依次用支幹細分每一個重點，這樣就完成一張心智圖了。

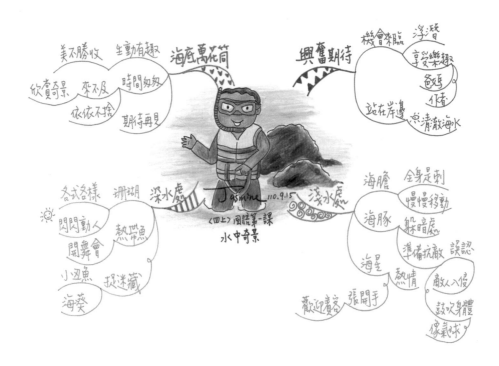

三、走過就知道

每個人都經歷「哄騙」的過程才能長大成人。耳熟能詳的：如果不睡覺，媽媽就會說虎姑婆要來咬小指頭了喔；如果愛哭，就會說虎姑婆要來咬你的小耳朵喔；農曆七月份晚上不能吹口哨，會引來「阿飄」喔；還有看到月如鐮時，不能用手指，會被割耳朵喔；再加上一些靈異電視劇那些似真似假令人毛骨悚然的靈異事件……就這樣，每個人的心理或多或少都有些陰影與恐懼，到了黑夜一不留神，好似就會被吞噬，消失在這世界一般。

作者**魏金財**寫的「走過就知道」這篇文章，裡面闡述了要經過一處墳場時，內心存在的恐懼再加上腦袋無邊際的幻想，已經把自己嚇得四肢不聽使喚只差沒屁股尿流，但他還是得克服一切，因為自己的疏忽，忘了帶水圳引水最需要的工具「鋤頭」，所有的聽覺、視覺摹寫，好不熱鬧的堆砌在這篇文章裡，小朋友可以仿寫練習一下，下次遇到有關「恐懼」的作文題目，就能派上用場了。

對於長文，孩子要抓到重點，然後統整歸納成為心智圖，是有些難度，需要通盤理解後，去拆解內容再想出關鍵字詞，有邏輯順序的寫出，都要大量練習才能快速產出。但是遇到難題，千萬別恐懼，恐懼全是自己想出來的，就如同這篇文章標題「走過就知道」，別光想，練習過就知道，沒有想像的難了。現在不妨就動筆畫畫看喔！

如何克服恐懼，以下提供參考：

1. **認識恐懼**：了解自己的恐懼是非常重要的。試著問問自己為什麼會感到害怕，是因為害怕失敗或被拒絕，或者是其他原因？當你認識了自己的恐懼，就能更容易地找到解決方法。

2. **設定小目標**：試著從小事做起，讓自己慢慢習慣面對恐懼。例如，如果你害怕在公眾場合發言，可以先找一些親近的人練習，然後逐漸擴大範圍，漸漸地提高你的自信心。

3. **學習放鬆**：當你感到恐懼時，身體會產生壓力反應，如心跳加速、出汗等。試著學習一些放鬆技巧，如深呼吸、瑜伽或冥想，幫助你減輕壓力。

4. **接受挑戰**：挑戰自己可以幫助你超越恐懼。例如，如果你害怕在公眾場合演講，可以主動去申請演講機會，並用心準備演講稿。即使你失敗了，也能從中學到一些經驗和教訓。

5. **尋求支持**：找到一些支持你的人可以幫助你度過難關。可以是家人、朋友、教練或心理輔導員。他們可以給你鼓勵和支持，幫助你克服恐懼。

6. **接受失敗**：失敗是成功的一部分。不要害怕失敗，而是學會從失敗中吸取教訓，讓自己變得更強大。

總之，跨出恐懼需要時間和勇氣。逐步面對恐懼，並持續練習，你會發現自己越來越有信心，最終能夠克服它。

四、從媒體學思考

從學生的課本裡面發現了「從媒體學思考」內容，讓我立馬化成心智圖想好好的跟小朋友們交流，因為這是多麼生活化的議題，人人都會碰到的問題。

課文中寫著小朋友很困惑便提問：最近媽媽的手機常收到一些朋友「好心」傳來的訊息，例如某種食品有毒、某商店正在舉辦新會員送好禮活動等。該如何辨別這些訊息的真假？生活上該如何應對這些五花八門的資訊？

現代的訊息更新速度越來越快，媒體形式也越來越發達，讓訊息變得隨手可得。從報刊、電視、廣播，到電腦與手機，人們隨時都能以各種管道，

接收到廣泛多元卻簡短的訊息。一個事件的背景和原由，很容易就被人們所忽視，最讓人擔心的是，來自網路上的訊息常真假難分呢！所以我們應該先透過查證與思考，再做出明智的判斷，因為媒體訊息在無形中影響著我們對事件的觀點。

課文的論述，我在第一個主幹寫上了「淺碟文化（Shallow）」就是如此誕生出來的。接著分別簡短的寫出目前人們會接觸到的媒介平台歷程一一說明；例如「網路」的發達原本是想拉近人與人的「距離」，沒想到變成孤單的在一起，換句話說就是大家自顧自的沉浸在網絡世界，沒有互動交流，那麼在一起也是很孤獨。

淺碟文化就是從以下的閱讀模式，漸漸養成不思考的習慣。在最原始是以文字為主的「批踢踢（PTT）」，在緊迫的時間裡快速閱讀、不思考，也深深被同溫層給影響。第二個平台則為圖加文來吸引點擊的「臉書（Facebook）」，不加以傳達文字內涵與深度意義。第三個則為Instagram，強調美圖，不注重事實與真相。第四個因為科技的進步跟人類社群閱讀的需求，影片更可以吸引消費者的眼球。加上簡單的修片、剪接，讓影片成為閱讀的主力與大宗，這就是現在超夯的「抖音（Tik Tok）」，用15秒來填補碎片的時間。大家就這樣的被餵養大量資訊、不知不覺中長出了「不思考」的毒瘤。

所以在第二個主幹我用了白居易的詩句「荷露雖團豈是珠」來強調思辨的重要性，也一一寫出課文要學生如何的去「思」考？這件事情為什麼會如此發生？它的前因後果是什麼？會產生哪些重要的影響？有什麼應變之道？接著是「辨」，鼓勵學生平日持續閱讀更多深入的報導、書刊或文章，常常和人分享談論，找到證據來回答問題，透過「思」「辨」就可以客觀而正確的判斷訊息。

那麼我還提出了該如何實際的改變？要跳脫同溫層，參加讀書會並學習深度閱讀，讓理解更為深刻，也從個人發揮影響力到全世界。

現在，我們不得不正視淺碟文化不思考，所帶來嚴重的對立與團體的「孤獨」感更加明顯化。

第三個主幹我寫到有關媒體識讀與媒體素養的「關鍵力」，那麼媒體識讀與媒體素養的差別在哪裡呢？媒體研究者吉安法蘭柯・波里西（Gianfranco Polizzi）接受《親子天下》專訪時曾指出，「媒體識讀（素養）」（Media Literacy）是指讓我們意識到網路的潛能和限制，以及評估網路內容與在媒體傳播的消息是否帶有偏見，或可信度高低的能力。

根據教育部「媒體素養教育政策白皮書」，媒體素養（Media Literacy）的定義是指能了解媒體訊息內容，思辨媒體再現與反思閱聽人的意義，分析媒體組織，影響與近用媒體等五大核心能力。

傳播學學者陳世敏曾為文比較「媒體識讀」與「媒體素養」在脈絡與教學上的相對性。

他指出「媒體識讀」教育帶給學生指認不當資訊的能力。當學生學習識讀的知識與技巧，就能善選資訊。這樣的教學背景，與媒體充斥色情、暴力等訊息的歷史預設有關；「媒體素養教育」的內涵則含括認知、情感、態度、觀念到行動等，特別強調產製媒體訊息，以及接近與運用媒體的能力。

就教學現場來看，媒體識讀也是 108 課綱的九大核心素養之一，即「科技資訊與媒體素養」。

國小階段，此核心素養指的是具備科技與資訊應用的基本素養，並理解各類媒體內容的意義與影響；國中階段為具備善用科技、資訊與媒體以增進學習素養，並能察覺、思辨人與科技、資訊媒體的互動關係；高中階段則期待學生具備適當運用科技、資訊與媒體的素養，並能進行各類媒體識讀與批判，反思科技、資訊與媒體倫理議題。當學生接觸愈來愈多樣化的媒體內容，媒體識讀就更顯重要。

最後一個主幹我以「學、思、才」關鍵詞來說明接下來 10 年內，預估全球將有 10 億份工作被科技或機器取代，面對快速變化的世界以及新型態工作的來臨，成為「T 型人才」並且善用五大核心能力將會是未來人才的生存關鍵，這部分的重點請參考心智圖。

五、陪綠精靈長大

都市的孩子對於田園生活相信一定非常嚮往，盡收眼底的從遠處的青山、白雲，至近處的炊煙、曠野，清新的空氣，自然的光影，徜徉其中猶如褪下所有的衣物包袱，輕鬆自如。

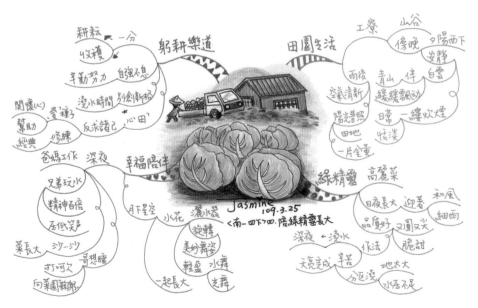

幼兒園以前的我，因為父親前往菲律賓從事稻米病蟲害相關研究與完成碩士學位，我也有這麼一段不長也不短的時光，在臺南佳里過著鄉村的生活，雖然對那時候的記憶並非清晰，但對那無憂無慮、打赤腳在鄉間遊玩的感受，一直還存在著。

所以看到作者的這篇文章，金色夕陽染紅天邊晚霞、一縷縷炊煙從家家戶戶竄起，成群的鳥兒從已漸昏暗的天色中結伴歸巢等如此的景象，清晰的映照在我的腦海裡，為人師的我，多希望每個孩子在這字裡行間，也能嗅到田園的芬芳氣息！

「高麗菜是我們這小山谷中綠色的精靈。它們一大片一大片的長在田裡，迎著和風，迎著細雨，日日夜夜的長大。」

作者用「綠精靈」來形容高麗菜，真的好特別我也好喜歡。以前我用水彩繪畫創作時，我好喜歡畫「精靈」為什麼？因為沒見過，所以對精靈就存在著一種神祕的感覺，或許牠們都是利用半夜我們熟睡時，悄然的過著多姿又多彩的生活，所以「綠精靈」也是日日夜夜、不知不覺中「偷偷」的長大，而「沙……沙……」是它們長大的聲音，我只能說一幅好生動的畫面，在我腦海飄蕩的，久久捨不得離去。

生活即工作，工作即生活，是最好的型態，至少我是這麼認為的，所以可以把看似很平常的工作內容與動作，幻化成美麗的畫面，如「灑水器揚出一圈圈白色的水花，在月光下，旋轉出一個又一個美妙的舞姿，是輕盈的水舞，也是光舞。」

如實鮮活的情境再剪輯成一頁頁的記憶，當音樂旋律一揚起，就能譜出一首首好聽難忘的生命的樂章。

「躬耕樂道」是很高的境界，有著「抱樸守真」的精神，「不耕穫、不菑畬，則利有攸往」則是《易經》二十五卦無妄卦給我們的提點，如何「善耕」？才是每一個人這輩子應該不斷省思的議題，一分耕耘，不見得會有一分的收穫；凡有不得者，皆反求諸己，經由不斷「觀復」－學習、努力、沉澱、思考，才能滋養每一塊心田，日益茁壯。

五年級

一、一池子的綠

只要用心看世界，處處是驚喜！

五年級的語文，寓意開始變深了，如何去看到隱而不見的哲理？來自於一到四年級廣泛的閱讀與是否有老師專業到位的引領，非常有關係！

作者到朋友家，看見天鵝型的淺玻璃裝著三朵水芙蓉，看到這兒，您腦海應該也有畫面？只是我不確定水芙蓉有多大？但感覺是擠了些，多了些，或許作者跟我的想法一樣，才會央求朋友割愛一朵；如獲至寶的水芙蓉被安置在花園裡如浴盆大的水池，偌大的池子，襯托起芙蓉，宛如像小船，飄啊飄，樣貌輕鬆愉快。這作者與芙蓉的偶遇，無意間像發現了壯志難伸的千里馬，而馬上伸出援手給予自由發揮空間的伯樂。

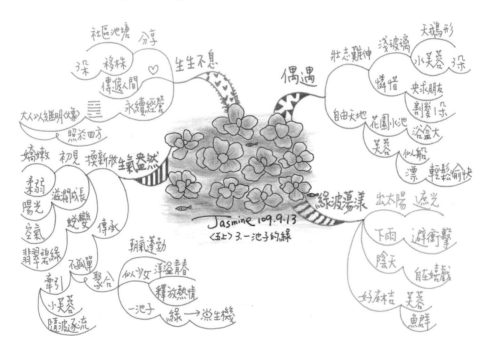

作者每天黃昏都會來觀看這片芙蓉，出太陽的時候，小魚兒會躲在底下遮蔽光線，下雨的時候，也會在芙蓉下躲避衝擊，唯有在陰天，芙蓉成為魚群的好朋友，在浮光蕩漾的綠波中追逐嬉戲；所以不管晴天、陰天或雨天，這池裡的小世界總是蕩漾著，所以我下了關鍵字「綠波蕩漾」。

其實，我非常喜歡作者所寫的這一篇文章，把一株植物的生命綻放的過程，很細膩的描繪出來，躍然紙上，我好像真的看到水芙蓉的朝氣、蛻變、聚合了青春與熱情，然後傳承給下一代，還不忘的牽引與指導，漸漸的從一朵、二朵、三朵成就了一池子非常有生機、活力的「綠」。

取之社會，用之於社會的概念，作者不藏私的分享美好的事物，拿了三朵水芙蓉，到社區另一個池塘，希望透由水芙蓉驚人的生命能量再傳遞出去，讓幸福的人們都能一飽眼福那碧綠的美。

最後我想到了《易經·離卦》大象傳辭的「大人以繼明照於四方」，經營人生如此、經營事業也是，如何一代傳一代，生生不息，必須靠能力，更要靠智慧，但是，最後是否能長久靠的是格局。您認同嗎？

二、橘色打掃龍

「橘色打掃龍」一篇稀鬆平常的課文內容，對於五年級的孩子應該不難理解，然而要確切的抓到重點，就不是每個孩子，都有的能力。

記得上課時，我問學生們，中心主題可以畫什麼？通常學生們就會開始從課本裡的圖片去找尋「比較好畫」的、很快就能完成的為第一選擇，身為老師的我，都能理解這樣的狀況，但是是否可以變通一下？關於中心主題要畫什麼？為何許多小朋友有困難？是因為第一、不愛動腦筋。第二、心無法定下來。第三、不愛畫畫。這三個困難，我們就來變通解決一下！

課堂上學生跟我說，老師我要畫那個清潔工旁的「垃圾桶」，這個簡單！老師我要畫那「光頭」的清潔工，因為好笑有特色！如果不那麼複雜，我們來思考一下課文名稱「橘色打掃龍」，曼陀羅思考法用上來，有龍、有打掃、有橘色，虛實互換可以得到什麼圖案嗎？小朋友們豁然開朗。

心智圖看似好像簡單，其實不簡單，看似好難，也沒有想像的難，其實問題的核心在於引領的人，如何帶孩子進入這個世界！

清潔工的社會階級不高，但實質的工作內容對社會卻非常的重要！如何塑造形象，作者引用了德國柏林城市清潔公司為範例，言簡意賅的道出清潔人員的辛苦與職業無貴賤的觀念，讓小學生們能夠更深一層認識各行各業的辛苦及重要性，養成對人和善、謙卑的態度，對日後的成長一定會更加順遂，套一句話就是「謙受益、滿招損」。

02／數學科應用

▌三年級

一、除法（題型一）

接著連續幾張心智圖是三年級數學的除法。除法對三年級的小朋友來說，相對是難的單元，因為除法的基礎要建構在乘法上，若九九乘法表都不熟悉的孩子，接下來的除法，簡直就是人間地獄。有關除法的題型有哪些？家中的寶貝們是否能夠整理出來？

這張心智圖的重點是先把除法的結構與運算規則搞懂，接著除法會考的題型一「買東西」。在引導小朋友數學的時候，最好帶入生活，這樣比較容易理解。

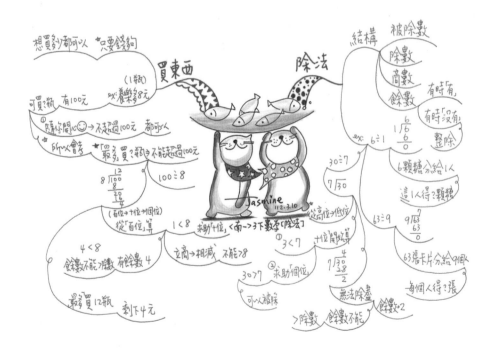

例如去超商買養樂多，養樂多一瓶 8 元，可以買多少瓶呢？這時候就可以問小朋友可以買多少瓶？答案是你想買多少就買多少，只要你有錢對吧？所以題目一定會給一個金額，例如 100 元。那 100 元可以買幾瓶呢？這時候也是要讓孩子去思考，不要毛病又犯了，拿起筆就開始演算 100 除 8，是這樣嗎？當然不是，要一步一步的去建構思考脈絡，可以買 1 瓶嗎？當然可以；2 瓶呢？也是可以！那買到幾瓶就不能買了？就是超過 100 元，錢不夠買了，所以題目會問「最多」買幾瓶？那麼考「最少」買幾瓶就比較沒意義了，因為前提要去「買」養樂多，所以最少一定會買 1 瓶啊……

透過一步一步的理解題目要考的觀念由來，小朋友的腦袋就會很清晰，不被文字與數字混淆了！

二、除法（題型二、題型三）

「除法題型二」星期與天數。重點就是要知道一星期有 7 天，然後題目會考是？星期又？天。
既然 1 星期有 7 天（代表固定除數是 7），考題一定會給你 1 個天數（就是被除數），整除的數字就是？個星期，餘數就是剩下不足 1 個禮拜的天數。
在這邊要特別注意的是不同月份，天數會不一樣！
「除法題型三」剪東西（剪緞帶、剪鐵絲、剪線）
一樣是除法概念，按照給的尺寸去剪（除數），緞帶、鐵絲、線則為被除數。

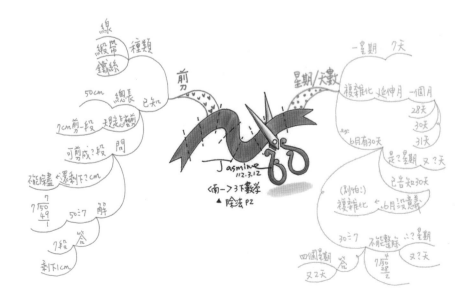

三、除法（題型四、題型五）

1.「除法題型四」集點

關於「集點」要給孩子一個觀念，一定要集滿才會給獎勵。

記得給生活上的例子喔！

〈概念一〉就是給 1 張紙卡，紙卡上有格子。常見的有 6 個格子、10 個格子、20 個格子，這時爸爸媽媽可以實際畫出來給孩子看到圖象，不要用想像的。

〈概念二〉格子上可以「蓋印章」或「貼貼紙」或「直接用筆寫上」。

〈概念三〉先釐清楚考題是要問：

（1）手上有的貼紙或章印，可以貼滿幾張卡？就是集滿了幾張卡的意思。

（2）還是可換？樣獎勵品？

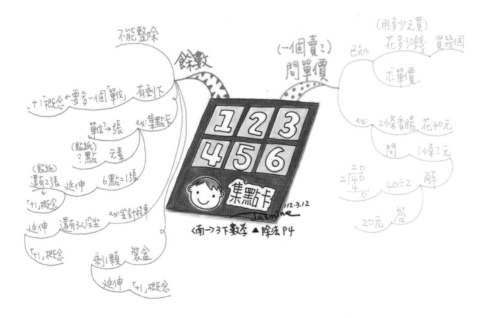

只要思考有步驟，小孩子就不會傻傻分不清楚了。爸爸媽媽也不要認為這樣簡單的想法，一定要講這麼詳細嗎？是的。除非您的孩子天資聰穎、理解力強，如果不是，真的要好好釐清每個步驟、每個觀念，說真的，有時候家長在引導孩子時，常會以自己目前的思維能力去思考孩子的腦力發展，所以常見高估孩子的狀態，這是需要注意的地方。

2.「除法題型五」搭乘

〈概念一〉搭乘問題最重要的觀念就是有餘數要加算一台車進去。

〈概念二〉承概念一，題目就會出現「至少」、「最少」要叫幾輛車？就
是最低標準要滿足所有人都可以上車的條件。

可以問孩子，是不是每個人都想要坐上車啊，所以即使只剩下
1 個人，還是要叫 1 台車讓他坐。

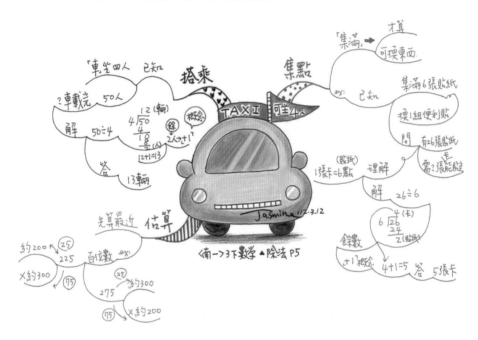

四、除法（題型六、題型七）

「除法題型六」平分

〈概念〉平分就是每個人「得一樣多」、「分一樣多」、「分擔付費一樣多」
特殊例題：沒有東西，要分給任何人，每個人得多少？當然什麼也沒得到。
所以被除數是零，要除以任何數字，結果都是零。

「除法題型七」分裝

〈概念〉盒子內容物一定要裝滿才行，題目會出現：那麼「最多」裝幾盒？
例如餅乾、水果、雞蛋要售出，一定要裝滿盒，所以不能整除時，剩下的
數字就是無法裝成一盒的數字。

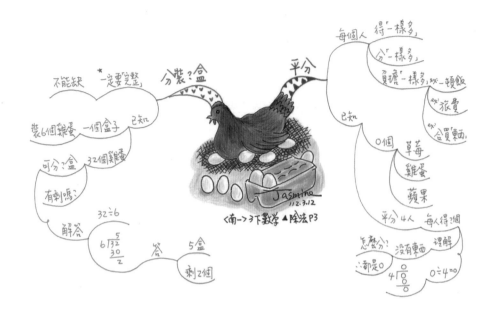

五、除法（題型八）

「除法題型八」問單價

〈概念〉花多少錢買（用多少元買）？個物品或食物，問一個是多少錢。

這題型很簡單，小朋友應該都會作答！

關於餘數：1. 不能整除 2. 有剩下，「+1」

例題一「集點卡」：

　　1 張集點卡有 6 個格子，所以要有 6 張貼紙才算貼滿一張，也就是手上需要有 1 張集點卡才可以貼貼紙上去；換句話說，如果有 8 張貼紙，就需要 2 張集點卡，但是第 2 張集點卡只貼了 2 張貼紙。

例題二「坐計程車」：

　　如果還有 3 個人沒有坐上車，即便 1 台計程車可坐 4 個人，還是得叫 1 台車讓 3 個人坐。

例題二「水果裝盒」：

　　如果一盒可裝 6 顆蘋果，剩下 1 顆蘋果，也得有 1 個盒子裝。

　　（可參考 P111、P113 兩張心智圖。）

六、除法（題型九）

「除法題型九」最多

〈概念〉若有餘數，不用理會，不用「+1」，因為會要求「裝滿」

〈除法題型九〉至少、最少，要「+1」因為剩下的人或物品，還是要有一個承載物。

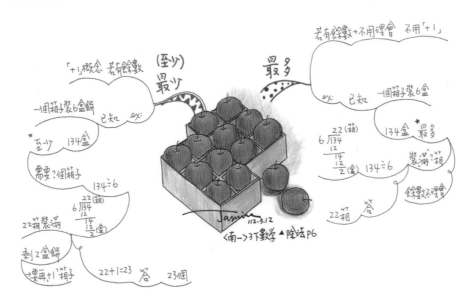

五年級

一、分數的乘法

這張心智圖的重點是記錄五年級分數的乘法，分為帶分數 × 整數以及分數 × 整數。

〈帶分數×整數〉運算方法：

1. 帶分數先化為假分數，再 × 整數
2. 整數 × 整數＋分數 × 整數
3. 能約分就先約分

〈整數×分數〉運算方法：

1.「真分數」代表著不到 1（倍）

例題：一盒有 12 顆蘋果，那麼 2／3 盒是？顆；心理就要想著 2／3 比 1 來的小，答案肯定少於 12 顆，把一盒分成 3 份，其中的 2 份是多少顆？

2. 帶分數一定超過 1（倍）

例題：一個 6 公斤，1 又 3／8 個是幾公斤？肯定超過 6 公斤，那麼計算帶分數則參考主幹一。

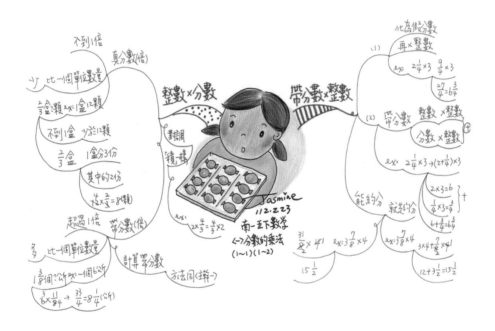

二、因數、質因數

關於數學如何統整心智圖？其實舉凡所有的理科也都可以整理成為心智圖的。

國小一二年級的數學偏重計算，所以可以先不用整理心智圖，然而年級越高，觀念性的題型變多了，這時就建議先把觀念整理清楚，再進行演算，如此一來，題目文字怎麼變化，都難不倒了，相對也不用一直刷題。

這張心智圖的重點是在理解什麼是因數？倍數？質數？相對概念是「整除」，只要好好的將知識，透過自己正確理解的邏輯寫下，不僅是節省時間，效果比刷題更有效喔！

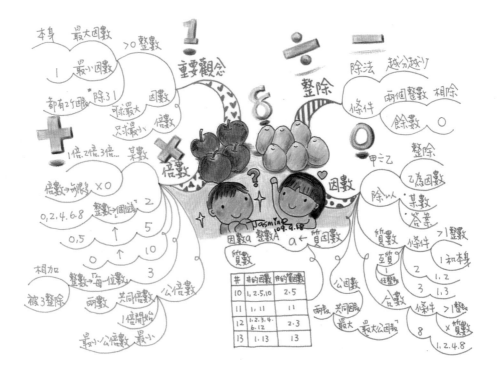

03
／
社會科應用

三年級
一、家庭的組織

進入了國小三年級，就會多了社會與自然這兩項學科，開始拓展孩子的視野，也藉由自身與家庭的關係開始，再延伸至整個社會的人文與環境的認知。

第一章從自我介紹開始，然後了解每個家庭的組織，因多元社會的關係，家庭的組成分子會有所不同，那麼在引導小朋友閱讀課文時能更快理解，建議用自身家庭或周遭朋友的例子做說明，不但有事半功倍的效果，也會讓剛進入社會領域的學童，感到親切不陌生，可以提高學習的興趣。附上家庭組成重點心智圖供大家參考。

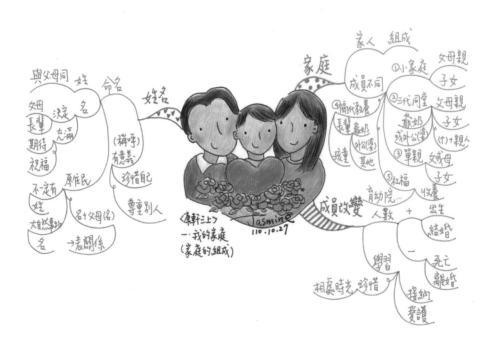

二、親人的來往

每年過農曆年時，面對親戚們大夥兒齊聚一堂，有時候還要拜訪隔代遠親，要怎麼稱呼？真的是「霧嘎嘎」！對於小朋友們彼此的認識，是「堂」還是「表」的關係，也時常弄不清楚，所以社會課就有一個章節是在教「稱呼」，當大家最弄不清楚的稱呼，當然就是考試最愛考的題目。

三、地方問題找一找

社會科這一章節要讓小朋友找一找居住的地方會出現什麼生活問題？當然就要讓孩子「用心」生活─善用眼睛觀察、發現問題，然後付出行動去關心與解決。

四、家鄉的特產

這一章節講到了家鄉特產。每一個地方會因為地形環境、氣候的不同，也會發展出不一樣的人文風貌與特色產品，另外小朋友可以動手去查閱網站資料，透過國家的經濟部去理解初步的產業分級，讓學習更生活化喔！

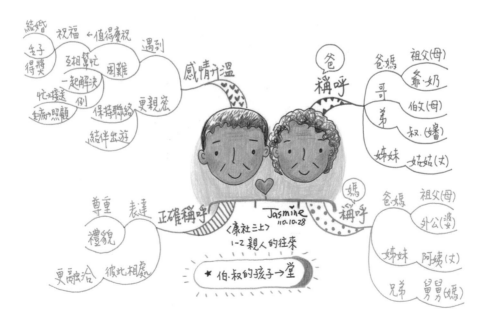

四年級

一、家鄉的自然環境

四年級的社會開始探討到家鄉的自然環境。不同的自然環境造就不同的生活樣貌，所以一打開課本，幾張圖示，就說明了家鄉有哪些不一樣自然環境。

接著介紹家鄉有豐富多變的自然環境，人們在不同的地形上生活，適應氣候的變化，並珍惜使用水資源，讓我們的家鄉生活更舒適。

規劃的學習內容單元，像是「家鄉在哪裡」、「家鄉的地形」、「氣候、水資源與生活」。

「家鄉在哪裡」又細分「從地圖看家鄉」、「家鄉與地圖」、「地圖的要素」等四大小單元，這樣我們該如何的去統整成為一張心智圖呢？答案很簡單，就是細細品味，再去推敲文意，再轉化，讓知識簡單、易懂、一目了然。

二、家鄉的人口

人口分布跟自然環境、交通設施、經濟發展和土地開發與交通建設密不可分，也導致城鄉差距越來越大的主要原因。這個章節要讓小朋友們了解家鄉的人口分布與組成，而這些資料可以從哪裡得知。

那麼「生死」與「移動」的變遷，會產生什麼問題與影響呢？

高年級

一、臺灣的地理位置（共二張心智圖）

到了五年級屬於高年級了，為了跟二年後國中課程連結，社會科的內容就開始偏向歷史導向。

臺灣是孩子必須先認識的島嶼，因為是自己居住的地方，自己的根，當然就要來個尋根之旅，知道我們的「母親」從何而來？如何從荒蕪到繁華，幾代先人的努力扎根，以致於我們現在才能持續的往上發展。

在教學的經驗當中，如果以往的讀書習慣不好，片段式的學習，或者是應付考試，囫圇吞棗的將知識吞下，到了五年級進入「大」系統的歷史長河，就會非常的吃力，因為過往的歷史，再也不像四年級以前，可以透過生活經驗與體驗去理解，而是要有整體概括的認知，再提綱挈領的把重點內容記下，再靈活運用知識，在考試中才能獲得好成績。

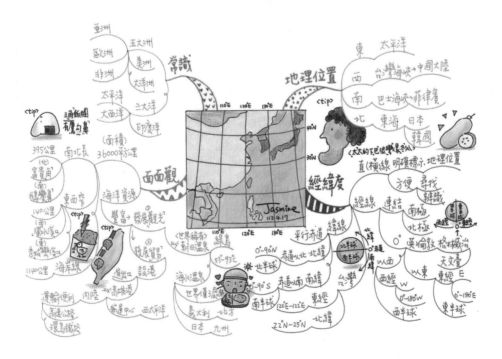

其實讀書不難，只是孩子不願意靜下來思考，這是現代孩子的通病，我們必須徹底的改變學習模式，長時間的去建立好習慣，才可以幫助孩子建立信心，啟發孩子閱讀的興趣。

如何找到臺灣？網際網路的年代，孩子們要遇到不同國家的人，是稀鬆平常的事，所以開宗明義我們就教孩子如何精確的陳述地理位置，「經度」、「緯度」就是要學習的重點。然後周邊的環境是什麼？幾大洲？幾大洋？大抵認識之後，就繼續的了解臺灣土地上的人、事、物。

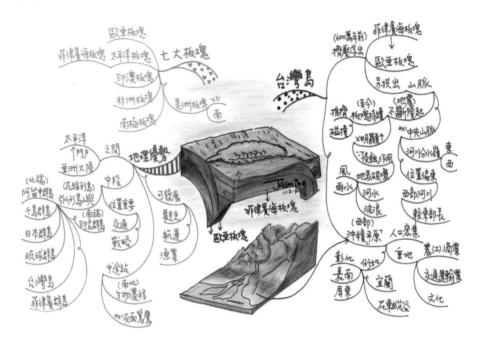

二、臺灣的河川

臺灣的地形、氣候、河川與日常生活息息相關，也因為這些因素，才會產生不同的地方文化（四年級以前學過），所以此時就開始讓孩子更深入了解什麼是「地形」？山地、丘陵、臺地、平原和盆地該如何區分？差異在哪裡？；至於「氣候」就談到了季風、雨量、氣溫以及特殊的天氣現象；接著「河川」就會介紹主要的河川、有河川就會有水庫蓄水，其功能是什麼？在生活裡一刻都不能缺少水的狀況下，又要如何愛惜水資源？就會再度用「環保」概念來強化孩子要節約用水。

三、大航海時代的臺灣

我們說史地不分家，要了解臺灣歷史，也就必須先了解地理位置、地形特色等等，接著就進入史學的部分。

「史前」文化、「歷史」文化是文字的分野，有了文字後的記載，一切都有所本，對我們理解文明的來龍去脈，就更加容易。

沒有文字的「史前」時代，我們又依據使用「器具」的不同，而分為「舊石器時代」、「新石器時代」、「金屬器時代」，這細部的劃分，在國中社會科才會再延伸出去，所以小學高年級就直接讓孩子了解「長濱文化」、「圓山文化」、「卑南文化」、「十三行文化」的年代，分布的地理位置、使用的器具、如何維生的方法。

原住民也是臺灣重要的資產文化，從早期分為「平埔族」和「高山族」到現在已經統稱為「原住民族」，他們如何的遵循先祖的生活經驗與智慧？以及如何敬畏自然，與自然和諧相處？也是課本內容想要傳達讓孩子們知道，慎終追遠的重要！

文明若要往前進，一定要敞開心胸與大門，與外界交流對話。緊接著就是臺灣繁榮的開端——大航海時代。亦商、亦盜、亦官的鄭芝龍偕同顏思齊，是漢人的開發先鋒，與外國人開始貿易往來，接著是荷蘭人、西班牙人與歐洲人經由探險、買賣，讓整個產業活絡起來。

荷蘭人看好臺灣的地理優勢便攻打占領了臺灣，也讓臺灣注入西洋的文化，為了溝通與傳教，創造了「新港文」，引進了耕牛（黃牛）、荷蘭豆與土芒果，所有的建築，遺留到現在的都跟「紅毛」有關，在當時臺灣的米、糖、鹿皮的足跡，已遍及全世界。

有了這麼好康的貿易地理優勢可以發展，任誰都想分杯羹，荷蘭人你占領臺灣南部，我西班牙人就占北部好了，於是在臺灣的臺北、淡水、宜蘭居住了下來，開採硫磺、輸出鹿皮等。不過荷蘭也不是省油的燈，臺灣是我一個人的，於是狠狠的把西班牙人驅逐出境。

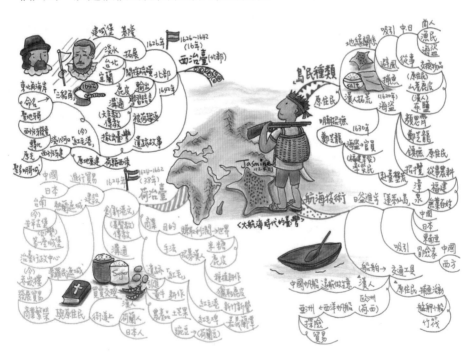

四、明鄭時期的臺灣

鄭芝龍的經濟腦袋與手腕讓他輕鬆的在臺海遊走，過世後由兒子鄭成功接棒，為了反清復明，鄭成功想以臺灣為基地，於是先攻打普羅民遮城（Provintia）再包圍熱蘭遮城（Zeelandia），荷蘭人在西元 1662 年不得不投降。

鄭成功在臺灣，做出了非常大的貢獻，軍隊們必須解決糧食，於是開墾、耕地；為了造就人才興建學校，宣揚儒家傳統文化，舉辦考試，並組織以漢人為主的社會型態。另外在陳永華的輔佐下，進行海外貿易，輸出蔗糖與鹿皮，買入武器、布匹，促進經濟進步與政治穩定。

接著來到鄭克塽時期，清廷派施琅進攻臺灣，在澎湖失守，於西元 1684 年將臺灣納入清廷版圖。

五、清朝時期的渡臺政策

原本居住在臺灣的原住民，生活方式大多農耕、狩獵和捕魚。自從 17 世紀後半，廣東、福建因地緣關係離臺灣很近，來臺的漢人就越來越多，清廷怕臺灣再度淪為反清復明的基地，於是就開出了許多限制。其中在當時比較有名的墾戶有宜蘭的吳沙和新竹的姜秀鑾。由於開墾面積越來越大，原本就有劃分漢人和原住民各自居住的地域，卻因為漢人越多，遷往山區，使得原住民的生計受到影響，造成很多的衝突。不過很多事情都是禍福相倚，為了拓墾農業，在當時北中南也都積極建設水圳，不僅提高了稻米生產量，人口聚集，也造就了市街的繁榮。

六、臺灣傳統社會與文化

在五年級上學期社會最後就會提到臺灣傳統社會和文化的形成發展，包括宗教信仰與生命禮俗，這跟現代生活息息相關，可以說是日常所見所聞，小朋友們對這章節就比較有感覺，剛好學期結束就會遇到農曆過年，知識與生活結合，是很棒的體驗！

七、牡丹事件與臺灣建省

接著跟大家分享的是 1871 年發生牡丹社事件，臺灣受到外力的衝擊，清朝派沈葆楨來統籌治理以及 1884 年爆發戰爭後，劉銘傳來臺灣擔任首任巡撫及其建設的重點心智圖。

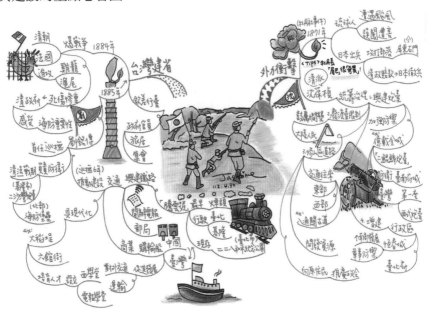

國中歷史

一、晚清的變局

升上國中後社會科的歷史，內容豐富，要記憶的人物、事件、年代相對多出很多，抓重點統整成為心智圖筆記，再利用方法記憶，就成了中學生必要的技能之一，我整理了晚清變局的三張心智圖重點，若家中有國中生的爸爸媽媽就可以讓孩子們參考。

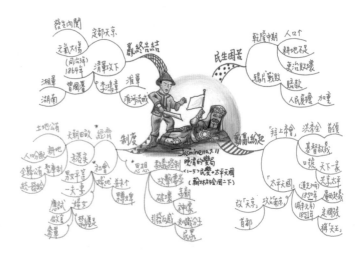

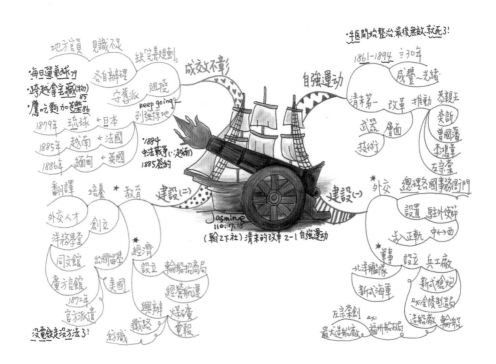

(翰2下社) 清末的改革 2-1 自強運動

二、明朝史

明朝史

04
／
自然科應用

▌阿基米德

如何帶領大家進入自然這科領域？我第一個想到的人選是曾經在洗澡時，大聲喊著「尤里卡！尤里卡！」的阿基米德。

洗澡是讓人最放鬆的時刻，蓮蓬頭使勁的「衝」出小水柱，彷彿給足了你宣洩怒氣的助力，沖著沖著，三千煩惱絲柔順了、人也整個輕盈起來，這時的思考應該會轉為正向積極，腦筋也不打結。

馬雲在西點軍校演講時說，作為領導者必須自律，過去 20 年裡，他強迫自己每天思考 6 小時。洗澡、上廁所、睡覺時都在思考，努力確保自己能夠放眼未來。

馬雲認為，一個人的領導力是由其使命決定的。大部分人因為看見，所以相信；領導力是因為相信，所以看見。領導力意味著看到別人看不到的事情。領導者需要做很多事，同時還要有大智慧。

所以將知識與新思想融會貫通，或許就會有新的發明與創建。

正所謂孔子說的：「學而不思則罔，思而不學則殆」學思要並重。

在自然學科裡面有許多實驗，等著同學透過實作，去理解知識的來由，這是驗證法則，但是當你獲取自然科學中現有的知識，是否可以激發你再用不同的方法去探索、舉證、剖析出不一樣、令人驚豔的新發現呢？這樣的科學實驗精神是否還存在於 3C 充斥的世代裡呢？洗澡、上廁所甚至連睡覺可能都不情願地把手機放下，更遑論把腦袋空下好好的去思考所學的知識。

教學中，更能深刻體會 3C 使用重度者的年齡，逐漸下降，真是令人感到憂心。

如何去創造良好的學習環境？爸爸媽媽們要好好的「思考」，如同阿基米德苦思著怎麼去證明皇冠不是純金，日也想、夜也想，終於在洗澡的時候演繹出「浮力定律」。

世界上有很多追根究柢的例子，爸爸媽媽如果有空的話，不妨可以找一找這些偉人故事激勵小朋友的鬥志。

最後要跟大家分享一個「醞釀效應」。其實我們日常所謂的靈光乍現，其實並不是真的靠直覺突發或是有個天才的腦袋，而是把難題放一邊，讓潛意識然悄悄地運作，然後善用五官去熱愛生活，有一天僵化的思路將被融化，思維之花突然綻放，你會像阿基米德恍然大悟地大叫「尤里卡！尤里卡！」

▎水的變化

接著要介紹的重點心智圖，是「水的變化」，由於社會和自然都是知識類，所以要加強的是如何抓出重點再加以規納與統整的能力。因為全部是重點整理，就不贅述其內容。

▎凝結

這是一張九宮格，透過曼陀羅思考法，把水蒸氣「凝結」變成水的現象畫下來，並畫一個主幹式心智圖，讓自己更加清楚「凝結」的定義。

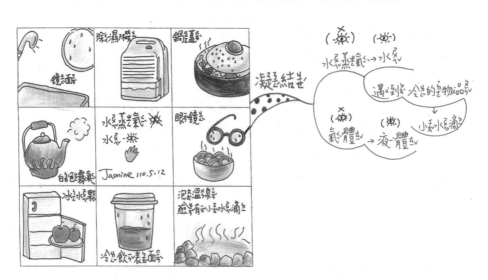

蒸發

透過曼陀羅思考法把水「蒸發」變成水蒸氣的原理畫下來，並畫一個主幹式心智圖，讓自己清楚空氣流動快（有風）、溫度高或者與空氣接觸面積大等三個條件，都會讓蒸發的速度變快。

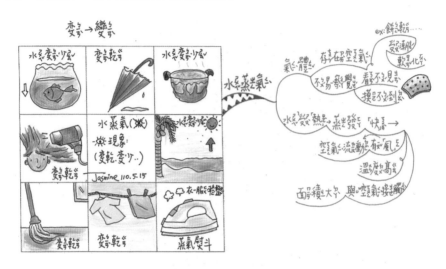

水的三態

利用可愛圖示與簡單文字，清楚的畫出水的三態心智圖，是不是賞心悅目且不知覺當中，就已經內化所有的知識了呢？

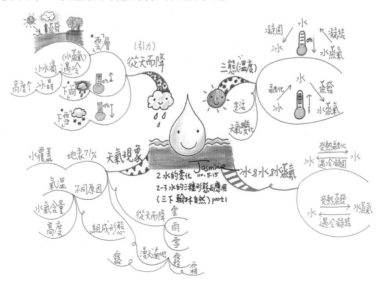

水的生活應用

水的三種型態與生活應用，全在這張心智圖上，大家可以畫點小圖示，讓
印象更鮮明喔！

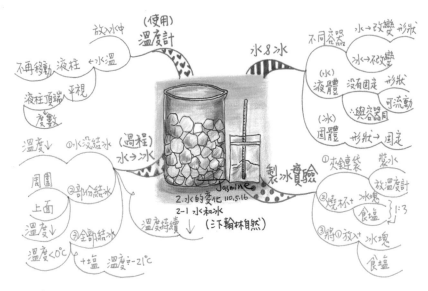

天氣與生活

天氣與生活，這章節的重點是如何看溫度計以及雨量的測量。

熱對物質的影響

〈熱對物質的影響〉這單元的重點著重在食物受熱後是否會改變「性質」？
哪些會改變？哪些不會？另外熱脹冷縮的原理以及如何運用在生活上？

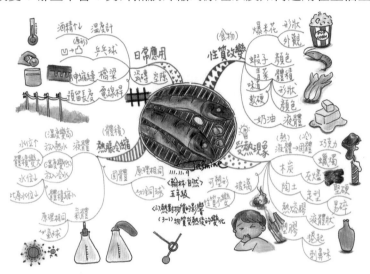

保溫與散熱

「保溫與散熱」保溫瓶與保溫袋是利用什麼原理達到保溫效果？日常生活
中哪些物品具有散熱的功能？先在溫室效應、全球暖化日益嚴重，如何學
以致用讓住屋更涼爽舒適，減少碳排量？

▌植物的身體

植物的身體（根、莖、葉、花、果實）。

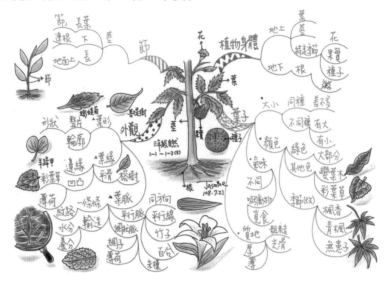

▌植物的葉

植物葉子的主要功能、葉序以及排列。非常重要的章節，尤其不同植物葉
子的排序，要牢記。（請配合記憶方法）

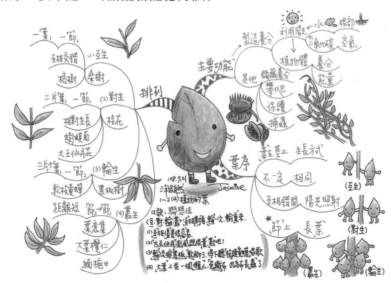

▍植物的莖

植物莖的功能與外型表皮特徵，另外木本莖與草本莖要如何區別？要如何
觀察與紀錄，重點全記錄在心智圖。

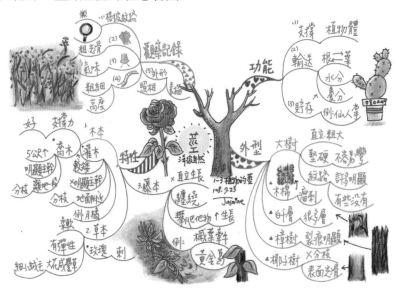

▍植物的根

軸根與鬚根分別在哪些植物上可以看到？

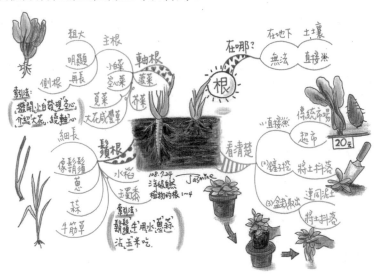

▌植物的花、果實、種子

植物的花、果實、種子。首先要了解一朵完整的花有哪些構造？如何分辨花、果實的不同？

這章節最重要的考題是絲瓜。絲瓜是雌雄同株，但是雌雄異花，所以它不能夠自花授粉，要靠外界的昆蟲或者人工授粉。小朋友可以另外畫小插圖讓自己更能夠分辨絲瓜的雄花與雌花喔！

▌星座

星星的世界單元裡要帶領小朋友從觀天象開始，然後告訴你星座的由來。由於中西方有著不同的文明，所以命名與劃分不盡相同，小朋友要徹底地搞清楚。有關星象文學最著名的就是杜甫的〈贈衛八處士〉：「人生不相見，動如參與商」，這蘊含什麼自然現象呢？以西方命名的「獵戶座」與「天蠍座」在中國又是哪幾個星宿所組成的呢？從中國的北斗七星要怎麼與西方的大熊座做連結呢？

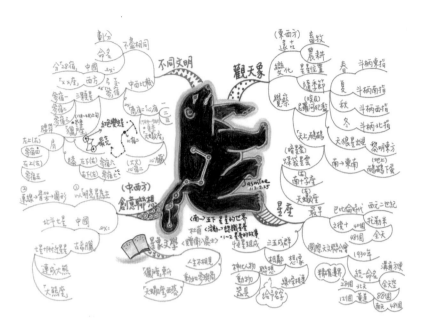

▌磁浮列車

在磁鐵單元裡面，課文內容還是傾向比較簡單的去介紹磁鐵與鐵製品的關係以及磁極的特性。這部分我會以更上層樓的方式去理解目前最先進的高速磁浮列車是如何利用電磁原理去發明互斥型懸浮系統，讓我們的生活更加便利。

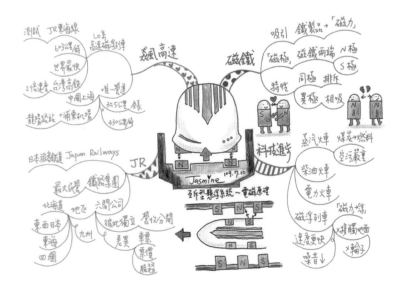

磁浮列車（幼兒版）

同上一張心智圖探討的磁浮列車內容，針對比較幼小的小朋友，我們可以利用簡單圖示來說明原理與重點，並完成一張心智圖。爸爸媽媽們可以參考喔！

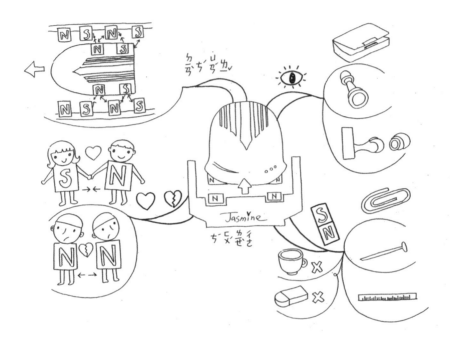

溼地

心智圖的應用，除了可以整理課內知識之外，對於課外的讀物，不妨也可以利用心智圖筆記去建構、分析與統整知識，讓自己對於新知理解的更透徹喔！

這張心智圖是針對溼地、周圍的植物、河口潟湖的豐富漁產以及人類文明的進展介紹，都分別把重點寫在四個主幹，爸爸媽媽可以帶著小朋友一起參閱心智圖喔！

▎溼地（幼兒版）

這張是有關溼地主題的幼兒心智圖，只抓取觀念性的重點呈現在四個主幹上，爸爸媽媽在引導家中小寶貝時，也可以這樣試試看喔！

05／繪本運用

家長們都怎麼陪伴孩子閱讀繪本？「就請小朋友唸一次」、「唸給孩子聽」、「孩子有提問才回答」、「不懂的名詞，做解釋」……，以上都是家長給我的回答。其實不管答案如何，如果爸媽沒有「備課」，都達不到真正陪伴、有效閱讀的功能！閱讀最重要的，就是能讀懂作者背後創意的巧思、故事的智慧啟發以及讀者日後如何能身體力行於日常生活中。

閱讀繪本有幾個步驟，當然首先「選擇」是第一要務。繪者的美學素養一覽無遺的表現在封面、文字編排，這是屬於繪本的靈魂，透由圖畫的繪製方法、材質選擇、構圖的方式、顏色的表達，都能牢牢吸引讀者的目光，提升美學鑑賞力並且身歷其境感受故事情節的起伏跌宕，擴增張力，讓人意猶未盡，反覆思索領悟與享受；再來是選擇富含「意義、哲理」的內容，可以啟發生命力，發揮教化的功能！

其次，要提升親子共學的品質；專心一致的去討論與分享，前提就是身為父母親，要做足功課，才能正確傳遞意義與情感，提升閱讀素養力！

第三、營造輕鬆愉悅的閱讀環境；讓孩子在一個沒有壓力的心情下，不為「讀」而「讀」，盡情享受親子共處時光，體現身教與境教的價值！讓孩子感受到家的溫暖與閱讀的樂趣，進而培養良好的閱讀習慣！

▍一吋蟲

弱肉強食、物競天擇，是自然法則！誰也無法避免與逃脫！也因此，生活中到處充滿壓力。但，我們總是忘了、忽略了，只要善加利用天賦與智慧，帶著使命勇往直前，將會開創出屬於自己的康莊大道與立足之地。

常常聽到不得志的人說：「我就是笨啊！」、「我就不會嘛！」、「我就是不如人啊！」、「我就是沒出息啊！」如果這也是你的口頭禪，建議你來讀一讀「一吋蟲」，讓你不再示弱，勇敢活出燦爛的人生！

對一隻一吋蟲來說，每個天敵都是龐然大物，它倒是可以自怨自艾，博取同情，一輩子就當個弱者、靠著乞憐來活著！可是故事中的一吋蟲，面對天敵，安然自若，技巧性的轉移被吞食的困境，適時的展露它獨特的優勢，讓自己成為專業的丈量師，在舞台上占有一席之地。

孔子說：「不知命，無以為君子。」當我們每個人呱呱墜地，來到這世界上時，最重要的一件事情就是找到自己來到這世界上的意義與價值，接著朝著自我實現的目標邁進，然而這前提是要先認識自己、了解自己、發現自己與眾不同的獨特性，將這先天優勢經由操練發揮到極致，就能成為一個對社會能發揮良善並具有影響力的人。

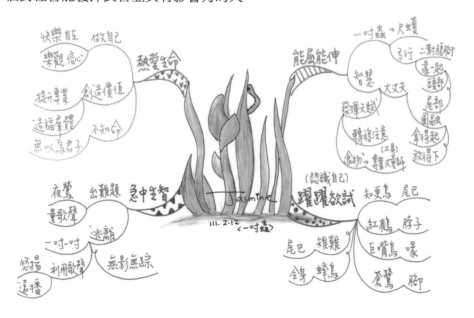

當我們閱讀完「一吋蟲」繪本，可以將大意咀嚼消化後，在故事跌宕起伏裡找到關鍵轉折處，並將其重點關鍵字建立出主幹，接著運用水平與垂直思考進行相關邏輯性的連結，當然最重要的就是要建立自己閱讀後的觀點，這也是參加任何考試，主考官最想要得知的論述表達，只要掌握精髓，得高分如探囊取物般的簡單。

不要害怕面對未來，與其害怕不如去創造與調整，提升專業才能造福人群，只要本著「利他」的大愛精神行事，人能感天，天從人願！

小王子

『所有大人當初都是孩子，不過，很少人還記得這一點。』

這是「小王子」給我的一句很震撼的話！我時刻提醒我自己。我們都忘了當我們年紀小時，最討厭的「大人模樣」是什麼！？而當我們長大成人了卻也都活成了最討厭的那個大人的「模樣」！

當孩子富饒的想像創造力在我們面前展現時，我們卻忙於調配油、米、柴、鹽、醬、醋、茶，毫無耐心的去品味最純真的「味道」。

故事中小王子離開自己的行星之後，陸續造訪了編號 325、326、327、328、329、330 等六個星球，分別住著國王、虛榮的人、酒鬼、商人、點燈人和地理學家，聖修伯里透過小王子天真純潔的心靈，讓讀者看見了幾種象徵人性弱點的人物，我們是否在閱讀的同時，去檢視檢討自己？一些習以為常的社會化行徑或潛移默化形成的價值觀需要不斷的重新思索，才不至於活在自我、本我，根深柢固，無法與人交流溝通，我想這才是閱讀的意義！

當孩子迫不及待地介紹好朋友給我們認識時，我們打開話匣子，談論的是，收入多少？家住哪區？是自己的房子嗎？孩子若在國高中階段，就問他的爸爸媽媽什麼職務？年收入大約多少？家有幾輛車？有多少棟房子？我們在意的是外顯的價值，林林總總的問題都與朋友本身的個性、品德、興趣、才華無關！再也沒有耐心去傾聽一個人的生命故事。關心的就如「商人」一般，每天數著我有多少星星？我可以用多少星星？再去換更多的星星？機關算盡……

接著多重身分角色轉換時，仍忘不了「國王」的權威，永遠想發號司令、支配一切，從中感覺自己存在的重要性，獲取安全感！

只想聽「想聽、好聽的話」，其他的充耳不聞！則是活在自己的感受認知，十足像個愛慕虛榮的人！至於酒鬼則是冥頑不靈的人。

除此之外，小王子與玫瑰花的關係，從認知的不足，以為自己擁有了世上獨一無二的事物，到後來得知，擁有的一點都不特別時的訝異，落寞到狐狸開示後的知足，每一種關係，只要我們花時間、花心力在上面，就足以形成不一樣的份量，這份不一樣的關係就屬於你和他世上的獨一無二，互相理解、互相包容、互相成就彼此。

故事來到了最後，最重要的啟發就是，凡事要用心體會，用心才會看到一切！「世事洞明皆學問，人情練達即文章。」

人生有味是清歡！

你有多久沒有好好的生活？有多久不曾抬頭望望天邊的彩霞，是多麼金光璨璨動人？有多久沒有好好呼吸，感受芬多精的洗禮，汲取大自然給予的養

分？有多久沒有好好聽聽風聲雨聲及花開的聲音？又有多久沒有好好望著星空，回憶小時候課堂裡老師曾經說過的美麗傳說？好像活在快速輪轉的所有人，都已經忘記了，如果身為家長的我們也都忘記，那麼又要如何地讓我們的孩子懂得打開五官去好好享受生命？領悟生命的意義和價值呢？與大家共勉啊……

▌小鷹與老鷹

行駛在 88 快速道路往屏東墾丁方向時，總能驚瞥老鷹從空中倏忽地掠過！

老鷹那炯炯有神的目光總是精準盯著獵物，俯衝直下，再度鼓動翅膀升起翱翔時，嘴上已經叼著牠的戰利品，這肉食性的猛禽，彎曲銳利的嘴巴、如鈎的爪、精銳的視力與快狠準的行動力，總讓我既害怕又崇拜。

從小生長在城市的我，對「老鷹」的意象僅停留在兒時和玩伴玩「老鷹抓小雞」遊戲時與那熙攘歡樂追逐聲的情感連結，或在故事書本中看到老鷹的模樣，抑或是跟家人爬山時，仰頭瞥見在空中形單影隻高飛的樣子。

而今看到了「小鷹與老鷹」這本繪本，透過小男孩「小鷹」簡單幾句話，陳述老鷹生存危機的事實：森林因濫墾使得棲息地日益縮小、吃了被農藥毒死的老鼠屍體，小鷹期待老鷹能開口告訴自己答案，關於很多不知道且很重要的事。最後「小鷹」說出「老鷹」的希望：跟人類一樣，自由自在、快樂的生活。

繪本總是用最少的文字、豐富的圖案，淺顯易懂去表達訴求，所以爸爸媽媽在引導的時候，除了聲調、語氣要跟著情節走之外，還要放慢腳步，慢慢的引導繪本上的圖畫，「看到了什麼？」「代表了什麼意思？」像這本書最重要要喚醒人們的部份不外乎挖土機開挖森林、吃了毒藥躺在路邊的老鼠、老鷹拋接玩耍著紙片、塑膠袋。這些都是人為的破壞，導致老鷹無法「自由自在、快樂的生活」。

當大自然承受不了時的反撲，終究會回歸到我們的身上，讓我們得到了「懲罰」，疫情期間「隔離」的不方便，就是還給了大地物種重生的機會。

這本書的作者，是因為看了 2015 年由梁皆得導演所執導的紀錄片《老鷹想飛》有感而發，想藉自身的力量，讓更多人知道，所以才會有這本繪本的產生。

因此，我也搜尋了相關資料，得知這是以「老鷹先生」沈振中先生花了 23 年的時間記錄老鷹生態的歷程為影片的核心，用時間換取空間留下許多無可取代的影像紀錄，也唯有如此，才能讓更多人重視老鷹的生存，了解老鷹的困境，從老鷹的問題看見臺灣所面臨的食安問題，如此臺灣的老鷹才有希望，我們也因此才能和所有的生物一起平安的活下去。

如果大家有興趣去關心這個議題，不妨跟孩子去租借這部影片、繪本，深度得去探討後將汲取的重點與心得畫成一張心智圖，相信這會是一場非常有意義的親子共學時光。

我畫了二張心智圖，一張是用來引導小朋友的重點筆記，另一張則加了理解「老鷹想飛」的錄製背景所抓取的心智圖。

最後「如何讓世界保有繽紛的色彩？」做總結。我以《易經・節卦》彖傳所提供的智慧跟大家分享：「節亨，剛柔分而剛得中」、「天地節而四時成」。意思可以解釋成，我們做任何事情都要有節制，凡事應適可而止，才能處於亨通之道。天地運行有其自然的節奏，剛柔交錯，寒來暑往，春夏秋冬迴圈不盡。而我們人應該法地、地法天、天法道、道法自然，一切按照時節過生活、訂立各種制度，都要合理以調節供需，如此一來，大地萬物就會良善循環而永不止息。

▋不喜歡下雨天

「不喜歡下雨天」這是本繪本故事。那你呢？你喜歡下雨還是晴天呢？

記得 2019 年在引導學生讀這本繪本時，有好一陣子也接連是下雨天，「才不喜歡下雨天！因為不能出去打球」、「對呀！下課只能在教室發呆」「最討厭下雨了，穿雨衣上學，鞋子、衣服還是會溼答答……」對於國小的學生，大部份的回答都是不喜歡下雨天，因為可愛的陽光帶給他們無比的朝氣和活力！

這本故事是在講天天和樂樂兩隻貓咪計畫星期六要到公園野餐、騎腳踏車。帥氣的天天想要把自己打扮成陽光型貓，在衣櫥間搭配了好久，只為了約會時，能有最好的表現，很快的來到了星期五晚上，天天外出去買麵包和零食。

看到這裡，大家看出來要怎麼抓重點了嗎？我抓了「甜蜜約會」當關鍵詞。

經過池塘時，聽到青蛙「嘓！嘓！嘓」高興的聊著，明天會下雨，可以辦一場演唱會！聽在天天的耳裡，如果下雨，計畫不就泡湯，那真的是太掃興、太倒楣了。走著走著，經過好朋友花小貓的家，牠探頭進去，看見花小貓因為靴子穿不下而鬧脾氣。媽媽安慰牠、開導牠往好處想，靴子穿不下代表長大了，可以再買新靴子，這時花小貓頓時開心了起來。

這段話是讓整個計畫出現了改變，但對心裡還沒有準備的天天，簡直是「晴天霹靂」，所以這就是老師我想的第二個關鍵詞。

這一幕讓天天有了領悟，牠想著雨中漫步很浪漫啊；有樂樂在，雨滴都變成彩色的；還有如果不小心淋成落湯雞，自己看起來也可以瘦一點；買的新雨衣放在家裡好久，都沒機會穿，這下也可派上用場……想著想著，大家是不是覺得天天「轉念了」。

故事最後，預計和樂樂來個雨中約會，一出門竟然雨過天晴，天邊還掛著
一道彩虹………

我覺得這本繪本寓意真的很好，尤其小學生們對於不是預期的事，不能接
受之餘還會有情緒上的大反應，哭啊、鬧啊、耍脾氣……等等，所以爸爸
媽媽如果在引導這故事時，可以告訴他們「境由心生、心隨境轉」，好心
情是可以自己去創作出來喔！

▎六隻天鵝

統整繪本故事內容，成為一張心智圖的好處，就是讓孩子知道，閱讀需要投
入心思，而不是囫圇吞棗。必須理解貫穿故事的主軸是什麼？哪裡是鋪陳？
哪裡是高潮轉折處？結果是什麼？得到什麼啟發？

心智圖就是思考看得見的一個產物，如果上述的問題回答的出來，就可以
透過邏輯把故事重點依序寫出，寫完後就再看著這張心智圖，把故事很完
整的表達出來跟他人分享，這就是一個有效學習的過程。

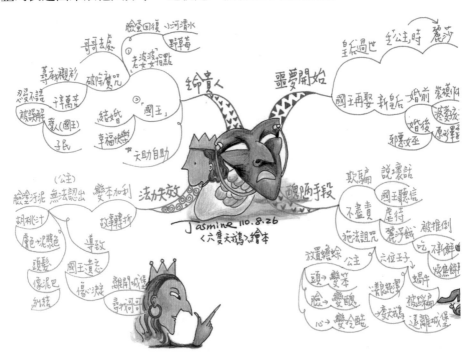

例如六隻天鵝的故事，皇后因為難產，留下公主麗莎後就過世了，國王再娶新皇后，婚前裝模作樣疼愛孩子的模樣，婚後原形畢露為邪惡女巫。這是故事前段的重點，我按照邏輯寫出，然而這樣的轉變，我們要用什麼關鍵詞來概括？我想出來的是「噩夢開始」。關鍵詞有一定的難度，大家可以透過練習來提升能力。

接著第二個主幹的「醜陋手段」，第三個主幹的「法力失效」以及最後一個主幹的「生命貴人」，都是要通透理解文章段落的大意所擷取出來的，那麼就請參考這張心智圖，從我抓出來的重點去理解故事大意。

人生路上，如果您和您的孩子都能成為生命中彼此的貴人，是最好不過的事了。透過共讀共學，一定可以達成。

▌世界上最孤單的鯨魚

「有唱應須和」是多棒的互動交流狀態！原因是第一・在乎、不敷衍，禮尚往來。第二、同頻共振，所謂知音間的默契，是無與倫比的美好。

這句詞來自蘇軾〈點絳唇・閒倚胡床〉：「閒倚胡床，庾公樓外峰千朵。與誰同坐？明月清風我。別乘一來，有唱應須和。還知麼。自從添個。風月平分破。」

在上片詞句中，蘇軾寫著自己遊山玩水的寂靜心態。「與誰同坐？明月清風我」，跟李白〈月下獨酌〉：「舉杯邀明月，對影成三人」有著同等的心緒。

其實我們都知道，文人的感情多半細膩多情，又因為飽讀詩書，能跟這樣出色的文人做朋友且聊得來，懂對方心思的，真的少之又少，所以清風、明月變成了他們傾訴的對象。

詞的下片，寫著因為和袁公濟暢遊湖山，打破了蘇軾孤寂的沉悶世界，兩情相悅、相得甚歡、唱和詩詞。「還知麼，自從添個，風月平分破」，是跟上片對應，道出與袁公濟同遊，彼此獲得了情感上和語言上的共鳴，也一起平分享受清風、明月，這不也說明唯有同頻共振，才能理解清風與明月的「美好」進而願意分享。

現代人有了臉書、抖音等社群網站，反而更加害怕孤單，所以不停的累積朋友數量，但是朋友愈多，你就會愈快樂愈幸福嗎？答案是不一定！因為「有唱」不一定「和」，這裡指的不是不回應，而是是否能同頻？能夠聊的來，懂彼此。

「世界上最孤單的鯨魚」，這是一個真實的故事，1989 年科學家在美國西海岸收集的鯨魚歌聲中，發現一隻鯨魚的聲音頻率與其他鯨魚不太一樣，這隻鯨魚的頻率太高，科學家認為，其他的鯨魚都聽不到牠的聲音，牠也聽不到別的鯨魚的聲音，牠被稱作「52 赫茲鯨魚」，也有「世界上最孤獨的鯨魚」的封號。

關於 52 赫茲的文章有非常多，一直到 2018 年都還有很多相關報導或文章，其中最引人注意的是，竟然有人發現另外一群鯨魚也發出 52 赫茲，甚或有其他的海洋生物也發出 52 赫茲的頻率，所以，我們一直以為是最孤獨寂寞的 52 赫茲，似乎不再孤單寂寞了。

故事中寫到「我們不知道他是不是真的感覺很孤單；我們也一樣不知道鯨魚對自己的生活有什麼想法。因此，我們講述的每一個動物故事，其實說的都是我們自己的故事。」這其實就是心理學說的自我投射，也許這個孤獨寂寞的感覺，正是我們人類這種群居動物對落單的生物所投射出的孤獨感吧。

如同莊子跟惠施的談話，莊子說：「鯈魚自在地游水，這就是魚的快樂啊！」惠子說：「你不是魚，如何知道魚的快樂？」莊子說：「你不是我，如何知道我不知道魚的快樂？」

「孤獨」或「快樂」都無法用顯見的具象來臆測，不是有句話說「孤獨」是一個人的狂歡；「狂歡」是一群人的孤獨。如果你在「高處不勝寒」的境地卻感到自在、享受，那即便一個人，又怎樣？世上的你才是最珍貴，珍視自己的感覺，不是「合群」才是好樣、團結，因為要跟什麼的群體「合」，請傾聽你自己內在的聲音。

這張心智圖最後一個主幹，我採用了《易經・井卦》井養之道來做結論：「改邑不改井」可以說是善用吸引力法則，吸引同頻率的人來到你身旁，這是什麼意思？自古只有人跟著水源而居，沒有水源跟著人走的。因此只有遷移村莊以就井，沒有遷移水井以就村莊的。這是比喻君子如果有德、有才、有賢，自然會得人心，讓眾人追隨於他。這也是我們每個人應該努力的方向。

當你有所成就時，就必須要達到「井收勿幕」的精神，也就是貢獻所長，盡可能的「財佈施」「法佈施」來幫助他人，你的人生才能完滿。

▎我的心裡破了一個洞

一看到這本繪本，就給人耳目一新的感受，封面鏤空一個洞，符合了書名，破了一個洞，如果跟孩子一起共讀時，不妨讓孩子用他的小手指，穿越觸摸一下，開啟閱讀的興趣。

接著映入眼簾的是繪者，運用瓦楞紙紙感，剪、拚貼出圖案的方式，營造出許多不同空間、層次的感覺，整個視覺隨著繪者的構圖而牽引，那天旋地轉的那一頁，整個腦袋也真的暈了起來，好有趣呀！我想，光看圖不看字，就可以陶醉其中，盡情揮灑在想像的世界裡。

心破了一個「洞」，是每個人或多或少有過的經驗，作者用最簡單的文字內容，卻帶給讀者深刻的寓意。故事中的小女孩跟一般人一樣平凡，幸福且快樂的生活著。然而我們常說計畫趕不上變化，突然間老天爺給她一個大考驗，她擁有的一切，全部都消失了，只剩下一個大洞，而且還是超級大洞，冷風會颼颼吹過，還會長出可怕的怪物，甚至會吸進一堆東西。

　　繪本迷人之處，就是讀者可以無限想像，與自己對話，或在引導孩子時，也可以針對「洞」加以詮釋。至於如何帶領孩子理解想像？所謂的一「陰」一「陽」之謂「道」，就可以從「實」與「虛」去分析。大人有煩惱，小孩也是，或許在孩子身上的洞，就是同學對她身材的嘲諷、臉蛋長相的批評，也或許是人際關係的不良、學習競爭力的落後、還有跟父母親相處上出現的問題等等，那麼透過共讀及正確引導，或許就能打開千千結，重拾孩子往日燦爛的笑容，當然家長在閱讀時，或許心有戚戚焉也說不定，讀完後或許也就海闊天空，感謝現在所擁有的一切事物。

　　人們失落時，一定會自我否定，負面能量提升且無限擴張，陷入無止境的迴圈裡，但如何擺脫困境？來補滿心中的洞？每個人的解脫的方式不盡相同，但這些方法並不是一個正確的作法。例如故事中提到的有些讓人感到很溫暖，或許是一些傾訴的對象給予支持的力量或從豢養寵物成為陪伴的對象而得到撫慰；有些讓人感到危險，繪者畫了個棒棒糖，可以解讀為裹著糖衣的毒藥等等，意味充斥在我們身旁「虛擬網路」所帶來的傷害，書中有好多好多可以讓讀者發想的方法，然而最終還是無法填滿，讓小女孩備感挫折，放聲大哭！哭完之後，心靜如水，這時，才出現了關鍵答案。「別再向外求了！」哇⋯⋯多令人警醒的一句話！

「佛在靈山莫遠求，靈山只在汝心頭，人人有座靈山塔，好向靈山塔下修」，這就是真諦！所以說繪本，不是只有給小孩子閱讀，當您也能從中悟出人間智慧來，往後一定會手不釋卷！內在豐盛，外在一定富足！當小女孩開始往內求時，黑暗的世界頓時彩色了起來，找到如何和自己獨處的方式，也知道如何用正確的方法和外在做連結，小女孩長大了……

貪心小青蛙

出書是我從三十而立之後，一直很想做的事。包括繪本故事、育兒漫畫以及長篇小說。唯有長篇小說寫了八萬字，後來因為生命轉了個彎，也就這樣放著。

說到繪本故事之所以沒有開始是因為我覺得要構思的內容，除了要有寓意及啟發性之外，主角、配角的設定也要有其脈絡可循，像是科學依據或者物種特性、行為等等，例如就像這張「貪心小青蛙」的心智圖，中心主題畫的就是故事主角青蛙，從青蛙是水陸兩棲動物這個特性去做發想，並連

結到「貪心」的心態與行為，總之要有一定的知識背景再去編造。故事劇情，看似簡單其實並不太容易。

所以第一個主幹我抓了「三心二意」關鍵詞，來表明小青蛙賽跑、游泳兩樣技能都想參加，拿不定主意，最後兩項都報名了。這裡的重點，我們可以引導小朋友，把兩棲動物的特性寫出來。

第二個關鍵詞我抓了「森林活動」來記錄森林之王獅子爺爺把大家集合起來，宣告秋季運動會即將展開，並說明有哪些比賽項目。

最後誰得冠軍呢？當然就是專心致志的人獲勝，袋鼠獲得了賽跑冠軍，海狗獲得了游泳冠軍。而小青蛙一會兒賽跑，一會兒又跑去游泳，讓牠累壞了，而且什麼都沒有做好。

所以這故事可以帶給小朋友們什麼啟發？爸爸媽媽就可以引導小朋友寫在最後一個主幹喔！

Part 5

心智圖的運用分享

（成人篇）

▎2023 杭州亞運
令人驚豔的 AI 智能運動會

杭州亞運柔道女子組 57 公斤級金牌得主——中華隊連珍羚感謝柔道男子組
60 公斤級金牌得主中華隊楊勇緯，因為看到前一晚他得到金牌，從中得到
力量激勵了她。而我也要感謝楊勇緯，因為他為中華隊贏得亞運第 100 面
金牌，所以我關注了這場盛事。

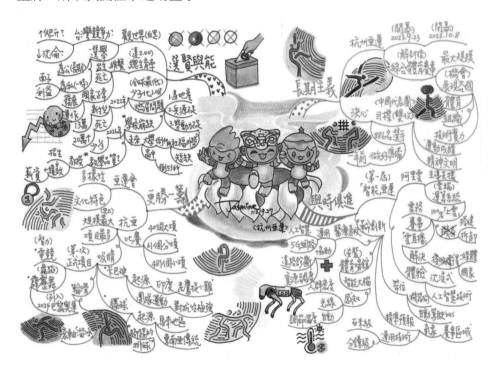

因為新冠疫情全球大流行而延期一年，杭州亞運會在 2023 年 9 月 23 日開幕。
總共是 15 天的賽事，不但是亞洲體育文化的一次盛會，也是後疫情時代，
各個國家在經濟上都還以緩慢的腳步前進時，而此時正是中國可以向外展
現實力的最好時機，他們稱是歷史上最好的一屆亞運會。

中國國家體育總局局長高志丹表示，中國代表團在這次杭亞的目標是「取
得運動成績和精神文明雙豐收」。這一次，中國派出了 886 名運動員，僅
次於 2010 年的廣州亞運。中國亞奧理事會的代理主席辛哈更表示，他們早
在比賽前一年已經準備好了，大家可以拭目以待。

看到了這些報導，我領悟了「嚴謹的態度」。

對比此時此刻，我們為了2024年的總統大選，口水戰不知道何時才會停止？媒體風向球總是關注哪個顏色的黨派會當選？哪個顏色配什麼顏色才能下架執政黨？所討論的話題，其實跟老百姓心中的祈願有很大的距離，坦白說，哪個顏色？哪個政黨？對一般民眾都沒有直接的關係，因為我們只在乎能和平穩定的生活、經濟不虞匱乏、教育多元發展能與國際競爭、完善的醫療體系與健全的老年照護制度……，就是很務實的安康與富足。

因為少子化延伸的問題很多，從事教育的我，偶爾也會關心臺灣每年大約會出生多少個新生兒？根據內政部統計，臺灣2022年人口統計數據，已經連續3年的負成長，總人口數是2326萬4640人。其中新生兒的數目來到了歷史上的最低紀錄，只有13萬8986人，同時，相對的死亡人數，卻是創歷史新高，超過20萬人。

這樣相比較下，我們每天平均少了大約303人，從數據上看到一個令人憂心的現象，就是出生的人口比死亡的人口數量還要低，更嚇人的是我們臺灣的出生率，竟然是全世界最低的，難道我們臺灣人特別不愛生育嗎？其實年輕朋友們不生小孩的原因，眾所皆知，像是物價頻頻上漲，就是薪水不漲，所以買不起房子、養不起孩子，經濟壓力過大。

那麼大家都不生孩子，事態嚴重嗎？答案是肯定的。因為生育率是一個經濟發展水平的重要參考依據，從一個國家的社福，人民的稅收以及教育等面向就可一窺究竟，甚至人口的結構，是老化或是高齡化等，在在都跟一個國家的經濟體有很大的關連性。所以我們臺灣目前狀況就是老齡化的社會現象，是不是值得大家認真去關注此事。

粗估少子化帶來有四大燃眉的問題：首先是房地產需要，會日益減少；或許大家還沒有感受到，因為房價還是居高不下，其實這是一個美麗的錯誤，因為生在少子化世代的孩子，目前還在唸國高中、大學，還沒到買房子的年齡。

第二、學校一間間的關閉。有學者提出「2026年學校或系所至少會少掉大約1／3的論點」，更有有媒體報導「預估未來大學、高中會倒閉40所以上」。這意味粥多僧少，所以現在有很多老師教書之餘，還得擔負招生的

工作，甚至把招生績效用來決定是否被續聘，所以對很多老師和教授來說，自身難保下，還會管得上教學的品質嗎？再者，因少子化的原因，很多家長變得很寵溺小孩，這也間接影響到老師教育上的挫敗，在言行管教上，不敢要求，使得尊師重道的倫理漸漸式微。

第三個兵源問題以及最後一個是勞動力不足，這兩年疫情的因素，使得國內外勞青黃不接，產業界和社福單位都在搶人（例如長照人力），因為產業外勞的薪資比較豐厚，而常常要勞心勞力，細心照料病人的的社福外勞，相對招募不到人員，加上社會快速的老人化，照顧人力明顯的短缺。

老子曾提點我們：「知人者智，自知者明。」我們確實要好好靜下來思考，未來我們應該要走的方向，我沒有黨派的束縛，只想選賢與能，只想選對的人，為我們人民謀福祉。

我們再來看一看這次杭亞與時俱進的成果，就如中國主辦單位所說的，真的讓我們深刻的體會到先進的「智能亞運」，每項設施都是沉浸式的體驗，像賽事運算系統、售票服務、成績資訊等，全部百分百的「上雲」，而且還提供「雲直播」，解決了以往不能接收到衛星的媒體、國家報導、觀賞的不方便問題；智能機器狗負責帶位和擔任巡邏任務；提供自動駕駛巴士服務；還有對於龐大流動量的觀眾來說，緊急醫療這件事是不容忽視的，所以運用人工智慧和 5G 網路為協助遠途的診斷與資源的調度，做足了準備；還有運用「百米級」「分鐘級」技術，精準預報賽事區域的氣象；各大體育場館都安裝了智能大腦，能感知人群密度與光線，自動調節溫度，讓參加賽事的人，都能處在一個恆溫的舒適狀態，不管是比賽或者是觀賽的人，都享有高規格的待遇。

雖然亞運沒有奧運參加的人數及國家等的大規模，但亞運會所強調的多樣性和文化特色更勝一籌。這次杭州亞運比賽有 40 大項、61 個分項及 481 個小項，堪稱是歷史上規模最大、項目最多的一次。

其中最吸睛的項目在智力項目裡是「電子競技」及在舞蹈項目裡的「霹靂舞（Breaking）」都是第一次納入正式獎項的項目，值得一提的是，「霹靂舞」更是已經列入 2024 巴黎奧運的比賽項目之一；另外「卡巴迪（Kabaddi）」是一種源於印度的「老鷹捉小雞」，是一種對抗性極強的團隊運動；「藤

球（Sepak takraw）」則是起源於馬來地區，東南亞傳統的用「腳」踢的「排球」等等，這些有著傳統文化的運動，都為賽事增添不少的亮點。

當我深入了解後，越發有興趣想去觀賞每一種運動項目所展現的力與美，團隊合作無我的精神表現，當然也期望能看到我們中華健兒的好成績！希望大家都能共襄盛舉，為每位在場上拚搏的運動選手們加油！

▍ 歌唱參賽者，肩負一切，扭轉人生
　與家人的凝聚向心力，值得觀賞學習

來自湖北武漢的貝貝，肩負一切，帶著家庭成員每一個人的希望與夢想，來到中國好聲音這個大舞台，大展身手，準備拚搏，扭轉一生。

每一個找到天賦的人，內心一定渴望能夠精益求精、更上層樓，站上最高的殿堂來證明自己的努力與實力，進而去找到人生的意義與價值；隨時做好準備就是為了日後的某一個時機來臨了，就能勢如破竹，去展現自己，讓「大人」看見！

貝貝一上台的自信從容與恰如其分的掌握節奏氛圍，明眼人一定都知道，這一定是經過無數次的「淘洗」過程，就像劉禹錫「浪淘沙」其八裡面陳述的「千淘萬漉雖辛苦，吹盡狂沙始到金。」這塊金閃亮亮的在我們面前，心理素質的強大，都是經年累月用淚水、汗水堆積而來的。

曾經是樂手的父親，經過一場大病，摘除聲帶跟部分氣管，這無疑是人生中的大磨難，在貝貝的心裡一定如刀割，如何撫平父親的心情以及完成爸爸的夢想，唯有把握當下即刻去追尋與努力，才能找回昔日家庭的甜蜜與快樂！綻放如花火般的燦爛！

在等待機會的同時，為了生活、減輕父母親的負擔，從貝貝口中得知，工作項目有專車服務、婚慶表演、超市促銷的駐唱等等，這是非常有彈性的作法，因為《易經》的需卦也曾提點我們，會有密雲不雨時，在艱困的時期，只要我們守正待時，明瞭自己的天賦，鍥而不捨去實現自己的夢想，終有一天金石可鏤！

這是一個非常好的家庭教育示範影片，從中我們可以教導孩子目中要有人，要把父母親、兄弟姊妹、師長擺在心中，時時給予愛與關懷；心中要有光，要給別人方便、信心、希望與歡喜，懂得分享，這樣生活一定能夠左右逢源，處處有「貴人」。

吾少也賤，故多能鄙事
現代李白靠著自習，立足華語流行樂壇

擁有一副老派靈魂，人稱現代李白，是我們大家熟知，華語樂壇最擅長用文字來說故事的方文山，他的人生故事真的足以讓現在還找不到目標與方向的孩子或年輕人做參考，從高職畢業之後，就如同他自己引用孔子形容自己的話語來形容自己「吾少也賤，故多能鄙事」，做過廉價勞工、送過報紙、發送廣告傳單、服務生、作業員等等，舉凡大家想得到辛苦的工作，但為了生活，他必須努力不懈，然而他心裡知道，這些都不是他要的，他的人生好像應該不只是這樣。

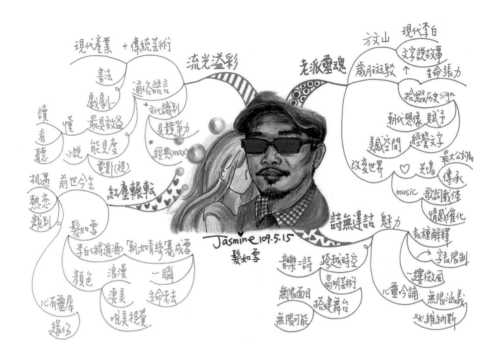

於是喜歡寫寫感受、文字的方文山，在工作之餘，讀透所有的古詩詞，讓自己的文學造詣更上層樓，也因此才能用優美華麗的文字將內心意境流利的表達出來，所以受訪時，被問到如何能夠達到成為頂尖的華語流行歌曲歌詞創作人時，他語重心長的表示，除了需要一些些機運、天分，更重要的是要下很多的功夫。他說自己是用功型的作詞者，如果沒有好好的體會古詩詞的韻味與意境，作者所要表達的故事、背景、文化等，相對就無法將現在的每首歌加入中華文化的意境美而發揮到淋漓盡致的地步；也因此他的日常寫作讓他累積創作了一本歌詞大全，並一一的向唱片公司自我推薦，後來得到吳宗憲的賞識，簽進了公司，也從此翻轉了他的命運。

他與周杰倫當時在同公司，所以一個會譜曲、一個會寫詞，就成了最佳拍檔。或許這是上天最好的安排，周杰倫也曾如此描述自己的曲和方文山的詞：「我的曲如果沒有方文山的詞不會中（「中」是受歡迎之意），方文山的詞如果沒有我的曲，也不會中。」，就這樣形成了非常強的品牌識別度。

通常寫曲寫詞的人，感情心思都極為細膩，當然方文山也不例外，從閱讀古代文學中，他擅長用他敏銳的視角去撿拾一些歷史符號，然後給予無限的想

像，在利用文字去幻化編織美感與空間，營造出和聽眾能產生極大的共情，再將這份濃厚文化情感因為共鳴而繼續的傳承下去。

我寫這張心智圖時，特別播放這首百聽不厭，令人心醉神迷的歌。

「天青色等煙雨，而我在等你；炊煙裊裊升起，隔江千萬里，
在瓶底書漢隸仿前朝的飄逸，就當我為遇見妳伏筆……」

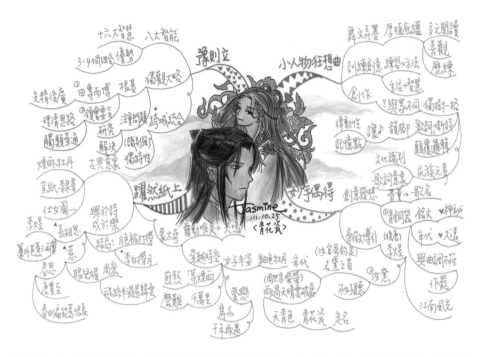

這是方文山為周杰倫《青花瓷》填寫的歌詞，有著一種含蓄溫柔的古典韻味，畫面感十足，在當時的華語流行樂壇，這類的詞風也是獨樹一格。

這讓我想到很多小朋友在開始寫短文時，不是寫不出隻字片語，要不就是寫流水帳，搞的家長們到處尋找作文班，要來提升孩子的寫作能力。然而我們來看一看方文山，他從沒有接受過任何正規的修辭寫作訓練，他所有創作的養分，也不是來自體制內的教育，而是來自日積月累的「閱讀」。

所以成功者都是閱讀者，不管是哪一層領域的人，記得晚清大臣曾國藩也留下他對閱讀的看法，他說人的氣質本是天生，不容易改變，但唯有讀書，才能扭轉，可見閱讀真的是一件重要的事。

至於要閱讀什麼樣的書籍？也是許多家長們會提到的問題，我們以方文山為例，他涉獵的範圍很廣，像詩詞歌賦、散文、遊記、文化歷史還有國際社會上的時事評論等，統稱為「雜食性閱讀」。除了文本的閱讀，他也喜愛「影像閱讀」也就是看電影。他認為，閱讀（無論是書籍或電影）就是和創作者一起凝聚觀點的過程。舉凡閱讀的種類越多元越豐富，在創作時就越能信手拈來、旁徵博引、遊刃有餘，也比較不容易陷入自己狹隘的偏頗觀念與想法。

機會總是留給準備好的人，這句話用在方文山身上真是最好的印證。如果不是他多年來苦心的大量閱讀並不斷的去創作所積累的文學造詣，即使千載難逢碰上了巨星周杰倫，也是枉然。

回首來時路，方文山看現在的年輕一代，有種欣羨之情，覺得能生在多元的世代，不愁沒有平台可以發揮，試想在一、兩百年前，萬般皆下品，唯有讀書高的朝代，不會寫八股文、沒有參加科舉考試，沒有人看得起你！但是現在不一樣了，只要你有一項專長，都有機會成為人人尊敬的達人或專家。

所以當我們出生在一個算是「幸運」的年代，就要努力去學習，可是學習如果沒有熱情支撐，或完全不知道為何而學，那會變成一件很痛苦的事。但是要怎麼做，才能找到屬於自己天命的領域呢？方文山給大家一個建議，就是「閱讀」。透過閱讀，你可以迅速打開眼界，存在這個世界上可以有哪些選擇？再從中篩選自己有強烈動機想要去試試看的領域。

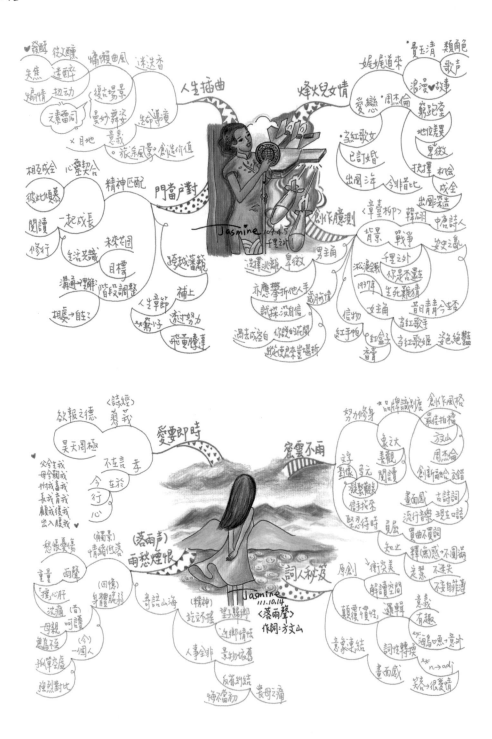

除了閱讀，方文山還提供了一個可以激勵自己努力不怠惰的方法，就是找一個偶像去仿效。例如他很欣賞知名導演李安。覺得李安之於電影是非常專注並勇於創新，創作題材也非常多元廣泛，有表現東西文化差異的《喜宴》、《推手》；江湖俠士爭搶名利、地位與情愛宿命糾結的《臥虎藏龍》；還有反差極大的《綠巨人浩克》與《理性與感性》等的破框去挑戰自己的思維極限，從不會怕沒有票房，而死守在固定領域。

所以找一個自己喜歡的標竿人物，就等於設定一個具體的學習對象與目標。在模仿的過程中，一定會遭遇很多挫敗，甚至走到後來才發現好像也不適合自己，但是努力過後的你，一定已經超越現在的自己，就算錯了，也必然有收穫。

▌以當紅歌者為例──看選秀與成功之道
　素履之往，獨行願也

每個人都是獨立經營自己的人生公司，這間公司要怎麼經營？才能成功並長長久久？或許你會說，老師，人生有涯，若能有機會創建為百年老店算很幸運了，哪能什麼長長久久？是啊，生命是有限的，然而我們要傳承打造的當然是自己無限的精神、文化、理念和價值觀。如果我們的起心動念、人生使命、願景和價值觀都合道，按照道的規律和原則運行，就能走出一條成功的康莊大道。

但遺憾的是，生命是自己的，我們卻往往最不認識自己、不了解自己，從小聽父母親的安排來學習，長大考試就按照分數級別選擇人們口中比較有出息的科系，這樣將來比較容易賺到錢，我們往往向外求而求之不得時，覺得幸運之神總是離自己好遠，其實所有的阻礙不是缺乏能力和機會，而是我們忘記自己原本具足的天賦，所以此刻自己的人生公司經營不順的朋友，不妨停下來，聽聽自己內在的聲音，好好挖掘一下自己，您或許會心一笑，原來「春在枝頭已十分」，春景無邊啊！多美好的人生卻被自己晾在一邊！這時趕快撿起，重整旗鼓吧！

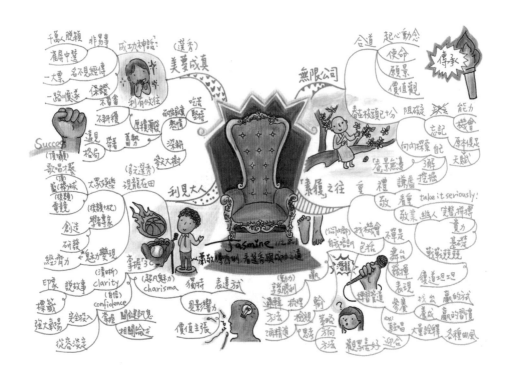

以蕭敬騰為例來看選秀與成功之道，確實可以讓時下的年輕朋友們好好省思的課題！2007年，中視推出《超級星光大道》，這個節目聚集了許多躊躇滿志的年輕朋友們，從中找到希望，或者藉由觀看節目，也激發起嚮往之情，這選秀節目讓年輕人集體為之瘋狂。誰不知道「星光幫」？誰不知道有著深情嘹亮嗓音的楊宗緯？誰不知道來踢館就造成轟動，有著一副高亢好歌喉的蕭敬騰？去參賽的人，個個胸有成竹的展現最好的一面並暫時的去享受陶醉一下，巨星被偶像包圍時的高光時刻；而台下及電視機前的觀眾，隨著比賽的緊張氣氛、評審的點評建議和自己的情緒雜揉在一起，讓整個節目氛圍達到最高點，為了炒熱節目收視，經過製剪輯出精彩片段，人心沸騰的表情與話題，一再再的刷新流量、一再再的圈粉，圈起了更多年輕人想躍躍欲試的鬥志，想一戰成名！

但「素人」談何容易？可是明知道困難就不去嘗試嗎？或許比起念書，很多人會以為歌唱、才藝、運動學起來比較容易？！真是那樣嗎？窺探韓國還沒有推出道的練習生生活，應可略知一二，其實真是不容易！《易經》第十卦「履卦」就有提到「素履之往」，在這裡我們可以理解為「素人」，

沒有任何背景的練習生或實習生，首重的的就是「禮」，也就是對人做事要有禮貌、謙卑的態度，另外就是「敬」，在這裡我將解釋為二，一是看重，也就是 take it seriously 把它當一回事，是一種嚴謹的態度；二是敬業，在潛龍階段的「幽人」要保有實力與基礎才能整全的拚搏，在戰戰兢兢的態度下，事事才能較平坦順遂！除了精神態度重要之外，素人也要不斷的向外找機會，但不單是找可以發揮表現的舞台，還包括各種的自我培訓，例如在公司單位，就強迫自己參加訓練與競賽，贏的話，可以享受勝利的動能外，還可以梳理成功的邏輯與方法；倘若輸的話，就檢視自己哪裡需要再精進？並思考調整戰略、方向與方法。再者對外可以尋找練習管道，去參加各式比賽，找出贏的方式並養成贏的習慣。像蕭敬騰能一踢館就成名，絕非運氣，而是由於他每星期 50 小時以上的駐唱，大量詮釋各種曲風來迎合觀眾喜好的積累，時機到來時，才能一鳴驚人！

當潛龍一段時間並累積不錯的實力時，當然就得「見龍在田」，因為要利見大人，才能將魅力變現，轉化為經濟力。目前全世界都存在「多元」選秀，比較能受大眾喜愛的就偏屬娛樂運動類，像歌唱才藝、籃球、棒球、電競等

等，也有屬於較靜態的培育學者專家的創造與研發等，像奧林匹克(亞)國際競賽、諾貝爾等……；如果今天以歌唱才藝來說，如何在很短的時間能吸引評審者的目光，給予極高的評價，就需要掌握「3C」祕訣，第一個 C 就是 "Clarity"（清晰），要邏輯清楚的說出自己的故事，因為一個吸引人的故事，是會馬上得到好的印象分數，故事內容則會為你個人本身貼上標籤，所以不得不好好的表達敘述！第二個 C 是 "Confidence"（自信），一個充滿自信的人就是完全投入當下，有著強大的氣場，時時掌握關鍵訊息並字字珠璣的論述相關議題，從容淡定，充滿智慧！第 3 個 C 就是 "Charisma"（超凡魅力），在舞台上用獨特的方式表達並具有影響力的展現自我價值主張，以上如能在短時間好好掌握要點，必定能更勝一籌！

我們常說有夢最美、希望相隨，選秀對準備好的人或許有它立竿見影的效果，但若異想天開，很可能變成成功的「神話」！因為要在千萬人之中脫穎而出並非易事，名不見經傳的人一大票，雀屏中選也不見得。《易經》二十五卦〈無妄卦〉提醒我們要不菑畬、不耕穫才能利有攸往，在深耕時要耐得住吃苦與堅持的寂寞，要保有熱情，像大鵬鳥一樣，蓄勢、借勢，帶著未來的眼光看現在的磨練，帶著寬廣的格局去接納一切變局，不爭辯、游外物，專心致志，總有一天厚積薄發，完成那心中已久的夢想。

▋ 水花消失術，美人魚的化身

小學一年級的時候，你們都在玩什麼遊戲呢？1970 年前後出生的人，除了看卡通影片，大部份的時間就是在戶外玩遊戲，即使很簡單的遊戲，也能玩得汗流浹背，相當盡興，天黑了還捨不得回家。其中印象很深刻的就是有一種「踢盒子」的遊戲，我們會取一款當時很常見好吃的糖果圓形空盒（鐵盒上印上水果圖案），裝滿泥沙之後密封好。遊戲時將盒子放在地上，我們必須單腳站立，然後以跳躍的方式用力地將盒子踢出去。哈哈，還記得嗎？如果記得，那您肯定跟我是同年代的！

那麼在中國鄉村，七歲的跳水小將全紅嬋，在小學一年級的時候，也是跟同學玩「跳房子」（跟「踢盒子」很相像，只是不用踢盒子！）但，她跟我們卻有著不一樣的命運，學校的運動教練陳華明慧眼能識英雄，看見跳躍

的全紅嬋，身手矯健，便把她叫來跳遠，結果不得了，跳得比同學都好都遠，得了第一名，就這樣生命中的第一個貴人，把她引薦到湛江市體育運動學校就讀，開始她的跳水訓練生涯，2018 年便加入了廣東省隊。

接受訓練的期間，由於母親車禍受傷，留有的後遺症因為沒錢，所以無法治癒，孝順的全紅嬋便專心致志的訓練，努力奪牌積分，提高薪資與獎金，為的就是讓媽媽治病。

2020 東京奧運，因為疫情所以延後比賽，對全紅嬋來說，無疑是天大的機會，因為 2021 年她滿 14 歲，剛好達到奧運比賽最小的年齡限制，這也讓全紅嬋必須利用短短幾個月的時間，把奧運跳水必須學會的五個動作練起來，就著樣順水推舟的站上了國際舞台，獲得了最高榮譽個人跳水金牌。在比賽的期間，裁判與觀眾驚呼連連，簡直是個人跳水秀，「水花消失術」技壓全場，打破了奧運紀錄，在第二跳和第四跳的比賽中，七位裁判給了 10 分滿分的成績，第五跳六位裁判則給了滿分，三跳加總成績，破了奧運紀錄，得了 466.2 分，這是年紀最小的全紅嬋，第一次的國際賽就表現如此亮眼，從此她的「水花消失術」就是觀眾最期待的表演！在高難度的轉身抱膝跳躍入水，要壓低水花，是相當不容易的事情，沒做好就成了「炸魚」現場，她是如何訓練的呢？在訪談中得知，她每天大約要練習相關跳水動作 420 次，還有各項的體能訓練，這魔鬼般的訓練，幼小的身軀與心靈要多麼堅強，才能度過每一天。

皇天不負苦心人，讓全紅嬋一戰成名，小時候無法去遊樂園或動物園玩的心願，都有企業免費提供，還有最喜歡的零食辣條，也因為她的成名，廠商一卡車的運送到鄉村，讓所有人一起分享全紅嬋得到金牌的喜悅！今非昔比，原本躲避與他們家來往的遠房親戚都跑出來相認，應驗了一句俗諺：「窮人鬧市無人問，富人深山有遠親。」

人生本就不可能一路順遂，對於一鳴驚人的全紅嬋也不例外，在 2021 年全運會奪冠之後，跌入了職業低谷，每次表現總是差一點，不夠完美，總是敗給了她的好搭檔陳芋汐，於是人紅是非就多，遭到網友惡意攻擊，針對她是否因為名利雙收開始飄了？還有一些外界揣測，都讓全紅嬋有些難以招架不住，再加上正值發育的她，有時候狀態不太穩定，像是 2022 年的世錦賽以及 2023 年上海全國跳水，都在 207C 動作上，發生失誤，錯失得金牌機

會；這207C動作是向後翻騰三周半抱膝，難度相當高，站在10公尺跳台上，每一跳都是挑戰，最殘酷的關鍵影響都跟身材與體重有關，所以只要正值發育的運動員，教練都要給予動作上不斷的做調整，才能發揮應有的水準，所以全紅嬋在盛名的巨大壓力下，也非常自律的戒掉吃零食的習慣，保持一定的體態。

很多人都說全紅嬋是個天才，可是她的教練何威儀並不喜歡人們這樣說她，因為他認為全紅嬋的成功，是天賦加上刻苦訓練來的，而且他也認為全紅嬋本質上就是一個不服輸的強者，在分數落後下，她會很有自信的把分數追回來，在2023杭州亞運一掃陰霾的戰勝銀牌的陳芋汐，得到個人及雙人組女子跳水雙料金牌，她也表示了她的企圖心，將在2024年巴黎奧運會要榮登最高頒獎台。

我很喜歡全紅嬋，看她年紀輕輕就能憑藉自身的努力，躍居國際第一的位置，但在恭喜她之餘，也希望有朝一日能看到她口語表達的進步，或許年紀小，又加上大部份時間都拿去練習技術，導致文學造詣比較薄弱，如果肚子沒有墨水，在表達上就會比較吃力，孔子說：「質勝文則野，文勝質則

史，文質彬彬，然後君子。」如果能夠內外雙修，對於往後的生涯規劃會更順遂突出，例如能獲得廠商代言的青睞，或者以後往國家教練隊發展都是需要口才流利的人來擔任，以上這是我個人的小小建議，不知道各位家長和我的看法是否一致？

從別人的故事看看自己或孩子，應該就能抓到培養的方法和重點。

每一次的大型運動盛事，如果家長能和孩子們一起觀看，從中都可以學習到一些智慧，例如這次滑輪的 0.01 秒取勝，就是要堅持到最後一秒才能決勝負的好教材；另外看到運動員在比賽場上的拚搏，讓孩子更加去體會什麼是努力不懈與堅持的態度。

這次寫了幾篇杭州亞運的範例，希望能喚起大家的興趣，讓孩子參與訓練時，不妨先跟他們談談願景，能不能達標是一回事，至少有個方向，就不容易迷茫。

▍如何走出逆境的關鍵心態
　傳媒鉅子表示要保有慚愧、慈悲及感恩心

郭台銘的新書《郭爸爸寫給年輕人的 30 則備忘錄》，書中表示，成功者找方法，他這輩子都沒想過困難是什麼，因此當他要去做一件事情的時候，就本著執著和冒險犯難的精神，他永遠相信，方法永遠比困難多，天下沒有完美的辦法，但絕對會有更好的方法。他也以美國前總統羅斯福玩牌的故事來勉勵年輕人，就算拿到壞牌，還是要繼續玩下去，盡全力，就會得到最好的結果，「若老是捭牌，已經輸一半；一副好牌，不靜下心來打，也不一定會贏；一副爛牌，只要沉著地打，不見得會輸」。

至於我們該如何走出逆境？孔子說：「君子三畏，畏天命、畏大人、畏聖人之言」。我們都是帶著一生的計畫來到這人世間，會遇到什麼人事物，劇本已經寫好的了，今生會遇到的磨難，是這趟來到人間的功課，如果能夠修行圓滿，我們的靈魂就會更加昇華，若是再來人世一趟，也不會再糾葛。然而真的有來世嗎？這是很多人心裡的疑問，在這裡我的回答也是不知道，但一想到孔子說的「君子畏聖人之言」，使得我也開始思索，雖然或許我

們在三維空間看不到的東西，不見得就不存在，所以我們還是乖乖地聽從信之，對我們也無害。

如此，既然會遇到的人事物都是註定的，那麼遇到逆境時，就是上天對我們的考驗，但在逆境時，人往往容易挫敗喪志、不知道該如何突破。好巧看到了商業週刊創始人金惟純，寫了有關如何走出逆境這篇文章，立刻拜讀並記錄重點。

金先生可以說是我們兩岸三地華人圈傳媒鉅子，有著好幾十年的人生閱歷，雖然還稱不上聖人，但能帶領企業又悟性高強，他所說的言論，也值得我們後生晚輩作為借鏡並學習。

金先生也不例外的會遇到人生逆境，但走過之後，才發覺，逆境越大，突破就越大。上天對我們的平常考，多半是考我的見識是否廣大或者目前的能力是否足以應付簡單日常的挑戰，但在大考的時候，絕對不是找找方法和資源或者講講道理就能夠快速解決的，就好像孟子跟我們提到的，上天要我們更強大時，就會先讓我們心志受苦……，動心忍性，增加我們不曾有的過人能量，而金先生體悟是上天要考驗的是我們是否學會去轉化心性，學會了，往後就受用無窮。

金先生認為只有三種「心」能轉化心性。世間你所碰到發生的事，一定是「因」、「緣」具足，「緣」是在外頭，「因」是在我們的內心，如果一發生事情，習慣性的向外界去尋找方法或到道理，大部分的時候，仍然走不出迴圈，這時候金先生建議我們要滿懷著「慚愧心」、「慈悲心」、「感恩心」三種心，才能回到「內在」的「因」，找到生命的出口。這讓我想到孟子所說的仁、義、禮、智四端，好似有異曲同工之處，講究的是要有惻隱、羞惡、慈讓、是非之心。

「慚愧心」就是讓我們要學會「反求諸己」，舉凡會發生的事情，就是有些地方做的不夠，就要學會縮小並檢討自己，這樣才會有突破的動力；「慈悲心」讓人體悟到，要有共情的心情，他人和自己也是一同受苦的，這樣就會放下心中的執念，不在得理不饒人，自己就會從苦中解脫。我們唯有常保「慚愧心」、「慈悲心」才能得到救贖，從逆境中走出來。

那麼在從逆境中可以學到什麼智慧呢？就是保有一顆感恩的心。唯有感恩，才能轉化心境，把逆境變成「逆增上緣」，把帶來逆境的人，變成「逆境菩薩」！因此我們的靈魂就會進化一些，跳脫所有的紛擾。

至於怎麼遠離痛苦？常聽到三種境界「見山是山」、「見山不是山」、「見山還是山」可以和文中金先生所說的「心隨境轉」、「心不隨境轉」、「心能轉境」相呼印。這說明一切都是因為如半畝方塘的這顆心所致，所以我們才常說修心很重要。若不跟隨境轉，就是修出了慚愧心或慈悲心；如果想要心想事成，當然就是由心去主宰一切，也代表著心能轉境。那麼如修成這三種心，如何落實在日常？就是把「對不起」、「我愛你」、「謝謝你」掛在嘴邊。

話說回來，除了常常保有這三顆心之外，我們遇到逆境的時候，也可以看看古代在仕途上不如意的官宦人家，都怎麼度過，也可以藉此來寬慰自己。說到這裡，在我們心中鼎鼎大名的大文豪蘇軾，可以說是最勵志的好榜樣。

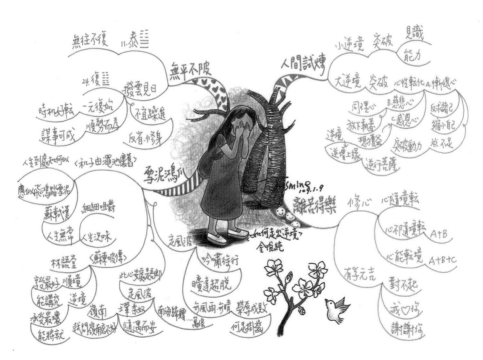

蘇軾二十歲中進士，可謂少年得志，中年以後，從北到南，卻是接連被貶，最遙遠的還去了海南島。這跌宕起伏，四海飄零的一生，卻被蘇軾過得有模有樣，有滋有味。身處順境，他能享受最好的，身處逆境，他能承受最壞的，把清歡當成最有味道的，如當時廉價的豬肉，經過心的調製，也變成流傳至今赫赫有名的「東坡肉」；歷經風霜修養沉澱後的淡定與豁達，除了讓自己到達文學造詣的登峰造極之外，其精神也代代流傳，讓我們這些後人讚嘆不已。

說真的，大人內心的苦，只能自己求解方，而唯一的解方，說難不難，說簡單不簡單，處理的範圍也不大，卻也有著翻天覆地的本事，那就是我們的「方寸之心」，所有的一切攪擾，源頭就在於心不安。所以常言，心的強大才是真正的強大，怎麼讓心強大？其實就是好好的安頓安放，安了，真的就是無風無雨也無晴。

北宋王鞏被流放蠻荒五年的時間，放返回鄉後，他的黑髮如漆、面色如紅玉，讓蘇軾非常驚異，他問跟王鞏身邊的侍妾柔奴，難道嶺南的生活不艱苦嗎？柔奴淡然地笑說：「此心安處是吾鄉。」蘇軾大為歡賞，於是就寫下了〈定風波・南海歸贈王定國侍人寓娘〉：「常羨人間琢玉郎，天應乞與點酥娘。盡道清歌傳皓齒，風起，雪飛炎海變清涼。萬里歸來顏愈少，微笑，笑時猶帶嶺梅香。試問嶺南應不好？卻道此心安處是吾鄉。」

那麼王鞏到底有什麼保養的祕方嗎？難道蠻荒之地有著不為人知的好水源嗎？當然不是，在給蘇軾的信中，王鞏確實也有說到他奉行道家的養生之術，《黃帝內經・素問第一》言：「精神內守，病安從來？」古代養生家認為，如何能百毒不侵？唯有調養好的精神與保持好的心態。這不就說明了修行人所必要做的功課？王鞏不怨天尤人，對患難安之若素，劫後餘生才能青春煥發，神完氣足。

《易經》第十一卦泰卦，就提點我們人生無平不陂，無往不復，如何撥雲見日？《易經》第二十四卦復卦，也告訴我們只要順勢而為，謀事可成，不宜躁進，在反省、修身中等待時機好轉，一切都可以重新開始。

▌把自己狠狠推一把的美學生活藝術家

洋洋灑灑寫下包括歲數，江振誠的經歷：21 歲西華飯店副主廚、25 歲法國米其林三星餐廳執行主廚，管理集團下 8 家海外分店、31～33 歲《時代雜誌》兩度報導「印度洋上最偉大的廚師」、35 歲創立 Restaurant ANDER 餐廳，紐約時報「到新加坡四十四個理由～最值得搭飛機來品嘗的十大餐廳」、亞州十大青年主廚等，無疑要告訴所有的年輕人，只要有目標，不斷努力與充實，常常觀照自己內心的想法，不隨波逐流，終將能闖出一片屬於自己的天空，恣意遨遊飛翔！

這鼎鼎大名、榮獲好多殊榮的大廚師，標題我怎用了這麼平凡簡單的「美學生活藝術家」來稱呼？看似簡單，其實一點都不簡單！因為生活離不開工作，工作也是生活的一部分，所以對大部份人來說，都想追求工作與生活能達到「平衡」的狀態。但是如果以時間來劃分「上班」與「下班」兩區塊，這一分為二，就平衡了嗎？就快樂不疲憊了嗎？如果不是，探究原因就知道這「平衡」是存乎於對工作的喜好程度而定！如果工作即是生活，無時無刻浸潤在挑戰、創造、驚喜的歡愉中，那麼你著實就成為一個道道地地、不折不扣的生活藝術家。生活是一種在「道」裡找到自己的心的過程，每一天都是一種發現與修練，當你悟「道」了，心中的踏實感、幸福感油然而生，你會陶醉其中，迴圈式的去投入。

23 歲帶著 15 萬去法國學做菜，在江振誠的認知裡覺得「要學好法國菜，一定要去法國跟最好的廚師學。」這樣的觀念，在講求速食的年代，慢慢的式微了……「找老師，就距離家近一點、學費便宜就好，接送是一件既麻煩且累的事！」但是反觀大家在購買美食，不論地點怎麼遙遠、隊伍排怎麼長，總會想方設法去完成任務，有時我會想，孰輕孰重？

我們常說名師出高徒，一定有其道理，因為名師教的不只是專業本科，還包括所有的態度、規矩、認知、思維等等，既然能成為名師，肯定是不凡，而金錢本身就是價值的交換，拉高孩子的境界，路才能既寬且廣。

江振誠就他一路走來的心路歷程，提出三個中肯建議，這也是我們必須要好好省思我們自己或孩子做事的態度：第一、"take time"，第二、"take risk"，第三、"take it seriously"。

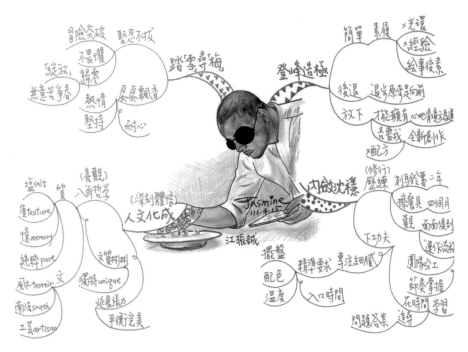

在我的教學裡，常常有家長反饋我說：「老師，我的孩子中心主題就畫了一個小時耶……」我就會反問：「那又如何呢？」如果您的孩子能專注坐一個小時，您不該感到開心嗎？現在孩子能動不能靜，可能坐不到十分鐘，隨便畫一畫，然後說畫好了，這種潦草應付的態度，絕對不會成功，我們不也常說，魔鬼藏在細節裡嗎？願意花時間去咀嚼，消化、沉澱、反芻，絕對是得「道」的必要過程，也就是宋代理學家朱熹所強調的「格物致知」。

第二是敢冒險，如何鼓勵孩子跨出舒適圈，如何克服恐懼？這些在日常中，都可以透過練習，一步一步往前進。所有的恐懼，都是自己羅織的幻想！江振誠當初要前往法國學廚藝時，不曾想過不會法語怎麼辦？身上只有十五萬元，該住哪裡等等，他把自己推一把，推到不可臆測未來的國度，他知道唯有破金沉舟，才能激發個人最大潛能。永遠記得，辦法總比困難多！

第三點，把它當作一回事！就是嚴肅的看待這件事，不能玩世不恭，也可以說是一種「儀式感」的慎重、認真。小時候，一位姨婆跟我說的話，我現在還牢記在心，「你看姨婆掃地，輕輕掃，既可以掃的很乾淨又不塵土飛揚！」所以只要保有恭敬的心，注意細節，以良好的態度學習或做事，肯定達到頂級的水準。

親子共學的重要就是互相交流心得並透過學習逐步成長，擴大認知邊界。當時已經晉升為主廚的江振誠為何願意褪下光環，從零開始，也不管最現實的語言不通及金錢匱乏層面問題？是為了追逐夢想，勇敢前行。

如果您身為家長，您放心讓孩子就這樣出國闖蕩嗎？您會成為他的絆腳石？還是鼓勵者呢？而到法國，前四個月不是削馬鈴薯就是擦餐具，完全沒資格摸到食材，這樣的磨練，您自己撐得下去嗎？抑或您也會心疼孩子，或考慮時間金錢成本等等，便早早勸他打道回府呢？

在初期，主廚訓練他們用感官做學習，學習怎麼看團隊運作？每個人的功能角色是什麼？這就是所謂的「旁觀者清、當局者迷」的道理，因為當您置身其中，就沒有時間觀察，也就無法跟隨團隊節奏，在有效時間內掌握所有能贏得青睞的「創作饗宴」。

2006 年是江振誠離開法國的第三年，在各地已經得到非常多榮耀的他，選擇放下一切，前往東非很小很小的賽席爾島（Seychelles），全部重頭開始，這有別於常人的做法，其實就是他成功的關鍵特質。布袋和尚的〈插秧偈〉寫到：「手把青秧插滿田，低頭便見水中天。身心清淨方為道，退後原來是向前。」當擁有很多很多時，唯有不斷的歸零，讓新的能量與靈感注入，才能激發更好的創作。

另外值得一提的是，當我們看到江振誠的菜單，是一種期待，他堅持用當令食材，結合獨創料理八大哲學，也就是八大元素，每一個元素就是一個想法，沒有一道菜是配角，彼此是重要的陪襯，都有它的必要，在這樣的理念下，每一道菜餚就是一種驚喜、一種意念、一種文化的傳遞，想必就如同《易經》賁卦象傳所提的「觀乎人文，以化成天下」的精神所在。

▌觀念決定行為，書中自有顏如玉
——閱讀點亮了前程

困境造賢才，這句話用在吳寶春的身上，從不違和。原生家裡共有八個小孩，排行么么的吳寶春在 12 歲時，看見父親過世後，母親在鳳梨田採收鳳梨，用那堅毅的靈魂養著一家九口的身影，深受影響並疼惜母親的辛勞，

於是國中畢業的時候，就決定到臺北當學徒，讓媽媽不那麼辛苦。然而一直是「放牛班」的孩子，國中畢業後認得的字不到五百個，也不會注音符號，到臺北當學徒的第一天，就發現不認識字，是一個相當大的挫折。

上班第一天，師傅叫吳寶春秤一百兩砂糖，他根本不知道一斤是十六兩，不會秤，所以就一格一格算，結果算到一半亂掉又重新算。以前的師徒制，師傅都很兇，一緊張常常燙傷手，沒錢租房子，只能屈就住在工廠隔壁，睡覺時候都會有蟑螂、老鼠從身上爬過去。但只要一想到媽媽，他就告訴自己，不要再哭，也不要再掉眼淚，為了媽媽要勇敢、堅強。

吳寶春到臺北之前，以為當個麵包師傅就能成功了；可是後來發現，不讀書、不認識字是不可能成功的。

後來去當兵的吳寶春，結識了一位啟發他世界的貴人，開啟了吳寶春學習的欲望。他感覺腦袋被封存了二十年，在軍中結識的同袍，看見吳寶春的求知欲，就開始教他識字、學習注音符號，爾後的每一個晚上，吳寶春都沉浸在閱讀的喜悅當中，他發現讀了書以後，自己的想法跟以前截然不同！

退伍之後，吳寶春看了一本書，是奇美實業的創辦人許文龍先生的《觀念：許文龍和他的奇美王國》，內容寫到他以前也是很貧困，到最後成就了奇美王國。在看這本書的時候，很多麵包師傅嘲諷吳寶春－那是別人的成功模式，你看了也學不起來！但吳寶春確信自己要學習的重點，是當許文龍遇到問題的時候，如何去面對、如何解決、如何思考、決策以及決策之後、成敗之後，心態是什麼？

吳寶春將書中字句奉為圭臬，因此給了他很多的啟發，並給自己設定一個目標，未來他要跟許文龍一樣，成為一個企業家。

從前的麵包師傅是很保守、很封閉的，每天就是擀麵粉、做麵包，沒有任何社交活動，當時吳寶春就想盡辦法跨出那個狹隘的領域，去多認識一些人。他認為，要做一位優秀的麵包師傅，應該需要更多面向的學習，不是只有學習麵包而已。

觀念決定行為，行為決定結果。2008 年他用在地食材——臺南東山鄉的古法煙燻桂圓乾、混合老麵與紅酒，創作出懷念母親在冬至時所作的桂圓糯米糕味道的「酒釀桂圓」麵包，獲得世界盃麵包亞軍。2010 年用了荔枝乾、埔里有機玫瑰、荔枝酒等食材創作出法式麵包「荔枝玫瑰」，打敗各國菁英奪得世界麵包大師賽的冠軍。吳寶春用麵粉、水和在地食材的組合，融入了臺灣家鄉的人情味，讓大家吃出麵包背後的濃情滋味，品嚐的每一口麥香，都隱藏著的快樂與感動。

吳寶春，一位來自屏東內埔鄉大武山下的臺灣純樸孩子，成功後還是不忘初衷，用純真謙卑的態度，不斷的跨領域再學習，這也是他成功的關鍵，海風吹拂，面對著臺灣海峽，不僅遙念著母親，也繼承她堅毅的精神，並將其融入自己所製作的麵包裡，賦予它們獨特的靈魂。

▎應天順時、超越自己、創造巔峰

有一個小故事真的很勵志，一位漁夫要出海捕魚，他不知道今天會遇到什麼風浪？也不知道今天出海會不會有收穫？但他依然前行！因為他知道不耕獲，不菑畬，則利有攸往。

這讓我聯想到華語流行樂壇的天王巨星周杰倫。

在 2023 年 3 月，才剛獲得了 IFPI（國際唱片協會，International Federation of the Phouographic Industry）發佈的 2022 年全球暢銷專輯榜，憑藉專輯《最偉大的作品》獲全球暢銷專輯榜冠軍，打敗國際天團 BTS（防彈少年團）、流行天后泰勒絲（Taylor Swift）！也因為這份榮耀讓他登上世界流行樂壇，群星璀璨最高層級的殿堂寶座，成為家喻戶曉的國際知名巨星！

這耀眼的明星，回憶起小時候，其實和大部份人小時候的境遇沒有多大的差別！四歲的時候，媽媽葉惠美就觀察到他是個有音樂天賦的孩子，所以就開始拜師學藝學鋼琴。說到這裡，你是不是也曾經學過鋼琴？那後來呢？其實我們為什麼沒有辦法像周杰倫這樣的出色？大致的原因有三：第一、音樂不是你的先天優勢，只是在探尋天賦時的一個學習選項而已，所以很快就中斷學習！第二、即使音樂是你的強項，但因為練習不夠努力，只能成為尋常的音樂人，雖在音樂領域工作，但始終是個 "nobody"！第三、音樂是強項，缺乏伯樂抑或者沒有抓準時機「利見大人」，以致無法嶄露頭角！

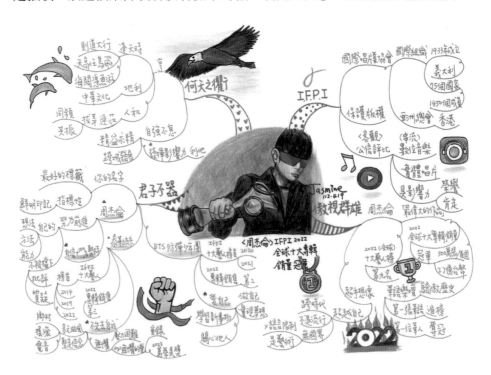

所以關於「功成名就」對應的「天時」、「地利」、「人和」這三部份真的
是缺一不可！當時如果沒有遇到楊峻榮的賞識，就沒有今天的周杰倫；如果
當時不是吹「中國風」的國際情勢，也不會有周杰倫的誕生，更甚是如果
沒有現代詞人方文山的搭檔，周杰倫的事業可能無法到達如日中天的盛況！

從開花結果看來，確實是好甜美！可是時光回到當時年紀才四歲的小周杰
倫，誰知道他後來的造化？

在訪談中，他說練琴的過程是辛苦的，看到其他孩子在玩耍，他卻要練琴，
這種感覺就像是肚子很餓，然後你聞到雞腿飯的味道，卻吃不到的那種難
受！學古典鋼琴最讓小朋友最為厭煩的就是練指頭的鋼琴教本《哈農》
（Hanon），一次又一次的練習，說不上枯燥但也談不上好玩有趣，若要練
習到出神入化、渾然忘我的境地，那可能要沒日沒夜的練習，有過人的意
志力與耐力，堅信自己的目標，毫不遲疑，才有可能巔峰造極，成為奇葩！

從周杰倫成長故事就可得知，他是一位自知之明的人，他知道在音樂領域比
他早出道、比他優秀的人很多，如何能夠與眾不同被看見，當然就是要發揮
他的創造力，拿手的古典樂加上 R&B、Hip-Hop、Jazz、Country 等曲風再

搭配他「咬字不太清晰」的唱腔，形塑了一個屬於「周杰倫」風格的周杰倫，他非常知道自己才是自己的競爭對手，愛面子、好勝心，也成為他堅持到底的原因。

他的鋼琴老師憶起小周杰倫，總是那麼地神采飛揚！第一次上鋼琴課就把它「當一回事」，慎重其事的穿西裝，非常有儀式感。肯吃苦、榮譽心強是老師給的讚賞，一路上風雨無阻，十年的學習從不間斷，媽媽更像是一位家庭教師，陪在旁邊做比筆記，好回家後提點小周杰倫，這樣的親力親為，真的值得我們好好效法與學習。

周杰倫說嚴師出高徒，在媽媽和老師的嚴厲敦促引導下，長大的杰倫，自制力就非常強大，每次的演唱會要讓大家看到他的進步，勤練、創新是超越自己的不二法門，所以記者問他，音樂像什麼？他說像喝水一樣自然重要，可見每天大量練習多麼重要，也才能熬出頭的重要因素！

什麼才能養成「自律」的好習慣？把努力當習慣你就自律了！真是好「經典」的銓釋啊！自古明訓：「自天佑之，吉無不利」世界上能幫你的人，就只有你自己了！

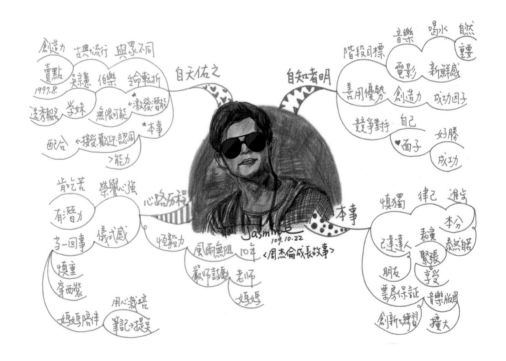

接著，在他人生故事裡出現了互為「貴人」的方文山，一個是天才型的作曲家，另一個是用功型的作詞者，互相搭配、相互加乘，創造一個跨越時空、世代的多元曲風，將非主流導向主流，這樣高識別的「品牌」，也成為引領風潮的時代聲音代表。

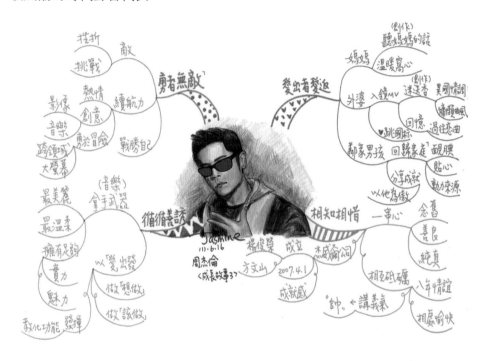

然而每個人就像是自己人生的攀登者，紮營休息是一時，如何再攀越更高的山嶺？開創不僅是年輕族群的聽眾，若能再吸納不一樣的老年、中年族群，勢必能夠再造巔峰！於是整合資源是擴張勢力版圖的重要手段，所以我們看到了他與歌壇長青樹費玉清合作演出。

孤軍奮鬥已經不符合現代的社會發展模式，我們從許多的商業模式都可窺知一二，尤其音樂發行的發展從黑膠唱片、錄音帶、CD 到現今的串流媒體（Streaming media），再不斷更迭中，若跟隨前人的腳步，只會陷入「蹇蹇」的狀態，如何保有「履霜堅冰至」的敏銳觀察力，如何將音樂的餅做大，讓人產生共鳴，進而一起共好，才能唱出最美麗的和聲。

當初楊峻榮要將周杰倫推出時，對於他大學沒考上以及單親這件事並不避諱，決定把他攤在陽光下，因為周杰倫他確確實實做好一件事情，那就是音

樂！所以從出道以來，眾所皆知他跟媽媽和外婆的感情非常的好。大家琅琅上口的「聽媽媽的話」一曲，就道盡他對媽媽無盡的感恩，沒有媽媽從小的陪伴與栽培，不會有今天的成就；另外專輯裡的「迷迭香」，她也請她媽媽和外婆入境，原因是這首歌是周杰倫外婆在新專輯中最喜歡的歌曲，事實上83歲的周杰倫外婆每天早上都會去公園跳社交舞，周杰倫就想讓外婆可以隨這首歌起舞，所以才有了在 MV 裡跳「倫巴」的想法。周杰倫外婆還笑談自己年輕的時候就會跳國際標準舞了，十年前，周媽媽也在杰倫外婆的影響下，開始學起國標舞，而且一學就迷上，每個禮拜都還會定時向老師報到。

像鄰家男孩的周杰倫，家庭永遠是他的動力來源，家人也以他為傲，真的是所謂的愛出者愛返。好的人際關係源自自己和自己以及自己和家人的關係是否處理得當！

從周杰倫獨處時所爆發的想像創造力，就知道他很會和自己相處，至於和家人的關係也相當融洽，所以周杰倫和楊峻榮、方文山所成立杰威爾公司，公司同仁，上上下下都稱讚杰倫是一個念舊、善良、純真的好老闆，總是相互的砥礪，大家說他最帥的地方就是非常的講義氣！這樣的好人緣，沒有架子，在演藝圈是難得的表率！

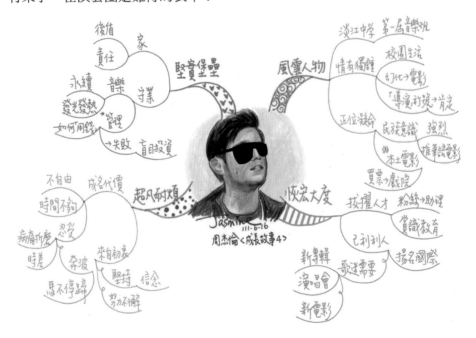

而當他成功之際，也不忘要提攜後輩，用他最美麗、最溫柔、最拿手的音樂武器，以愛出發，發揮最大的教化功能！

不管在任何領域裡，都是無平不陂，達標過關後還會有下一關的挫折與挑戰等著我們再突破！周杰倫用他對音樂、影像創意的熱情以及勇於跨領域冒險精神，持續著戰勝自己，他的成就永遠是未完待續。

▌來自天籟的聲音

來自貴州貴陽的周深，其貌不揚且身高只有 161 公分，如果用世俗的眼光、標準和框架來評斷這個人，可以說是舞台的絕緣體。第一次聽他的歌聲，是 2014 年 7 月他參加浙江衛視「中國好聲音」（第三季）盲選時，演唱齊豫「歡顏」這首歌，他那清澈空靈、潔淨無瑕、聲線百轉千迴，一遍又一遍的聆聽後，那晚我失眠了，餘音繞樑。

一位男生介於童聲、少年音和女聲之間的音色，沒有看到人，真的會讓人以為是女生，聲音乾淨到沒有任何雜質，有如天籟之音，然而這樣的美聲，在轉大人的青春期就顯得相當尷尬，以致在初中三年時間內都不敢在同學面前唱歌。外型和身高都不討好，再加上像女生的聲音，讓周深吃足了苦頭，完全沒有自信，直到升上高中不久的一場校園歌唱大賽，周深奪得冠軍，才使得他在校園裡漸漸有了名氣，更因此有學長主動邀請他演唱自己的原創歌曲「雨後你不見了」，才讓他重新找回唱歌的自信。在 2014 年初，有一位好聲音導演連續找了周深三個月，努力說服了他參加「好聲音」，也才被你我看見。

不論在歌聲演繹或外表形象未經琢磨下，2014 年的周深呈現出來的就是「璞玉」，之後參加各式各樣的比賽、演出，才從生澀慢慢釋放出自己的味道，直到 2019 年透過造型師的幫忙再加上歷練，將自己的潛能嶄露無遺，徹底的脫胎換骨，綻放出明星的光芒。

周深之所以不同凡響，表現出他掌握了技中之道，神凝氣聚，神息相依，輕靈的只存在於呼吸，心中無物，更像嬰兒般的專氣致柔，到達一個徇耳目內通，心齋的境界，整個人融化在舞台裡，我看見的是靈魂在飛舞。

要如何面對自己的缺點，先天的弱項？這是我們每一個人都要學習的項目。我們要學習愛養道中之心，用幽默來化解尷尬，用謙遜低調的態度與人相處，用高頻的「愛」來尊重同理他人，如此一來，我們所修練的「技」、「道」、「心」也會不斷晉升，達到無往不利的狀態！

▋ 令人怦然心動的會歌，
在五味雜陳的氛圍中傳至全世界

2022 杭州亞運舉辦時，我正在著手寫這本書，當時中華隊已斬獲 16 金，如此令人振奮的成績，可想而知每一個金牌得主背後都有著血淚辛酸、令人動容的奮鬥故事，非常激勵人心。

這次要來記錄的是拳擊女子組 57 公斤級金牌得主林郁婷。

把心智圖法活用在生活上，才算是真正的高手，因為「法」就是生活，只是大部份的人沒有這樣的習慣。亞運期間看了許多自己以前不曾關注的選手，像是圍棋金牌得主許皓鋐的淡定、平衡木銅牌得主——「體操精靈」丁華恬

的甜美，都讓我眼睛為之一亮，但我所記錄的選手，一定是讓我產生了共鳴與共情。

因緣下，我看到了林郁婷站在頒獎台上準備受領金牌的影片，眉宇間看得出她內心的澎湃與沸騰，即將奪框而出的眼淚，那五味雜陳的味道瀰漫在空氣中，卻又得屏氣凝神專注於當下的榮耀，得來是多麼不易！而這份榮譽驕傲在中華奧委會會歌響起時，從林郁婷的嘴裡傳送給了全世界，當下我潸然淚下，感動至極，因為好久好久，沒再看過選手在典禮上開口唱會歌了。

依稀記得小時候，只要國歌或國旗歌旋律飛揚時，除了眼睛會注視外，還會自然而然將五指併攏並放於右眉間旁，那是一份尊敬，也是一份歸屬感。每每在大型運動競技場上，當會旗伴隨著音樂緩緩升起，心中油然就會出現一個聲音，「我也好想要站在最高頒獎台上，把這份殊榮送給栽培我的國家並傳送到世界每個角落」，只是這願望再也無法達成了，只好寄望在別人身上，所以我特別喜歡看頒獎典禮。

不斷的求進步，是現代人應該要有的生活態度，我想到了《易經》革卦上六〈象傳〉提到的「君子豹變，其文蔚也」當成我第一個主幹的關鍵字，拳擊除了要像豹獵物一樣的有神的眼光之外，動作也要相當敏捷，這次林郁婷會擊敗哈薩克的伊布拉吉莫娃（karina lbragimova）也是幾次抓準秒差空檔給對方當面痛擊，才獲得勝利，這樣的身手矯捷，背後一定有著苦幹實幹的積累。

從小由於父親長期家暴母親，讓排行老么的林郁婷深感無力卻也想藉助自己的力量保護媽媽，於是加入學校田徑隊的訓練，但表現成績並不突出。直到上了國中才發現，學校居然有拳擊社團，這也讓她想到小時候跟哥哥捧讀的漫畫《第一神拳》，故事主角也是出身單親家庭的柔弱少年，藉由學拳改變了命運，就在剎那，林郁婷也想讓自己變強並改變命運的念頭，回家第一個就是要說服媽媽。

在純樸的鶯歌小鎮，女孩子就應該要文靜端莊，哪能容下小女生去學拳擊，那不都是壞小孩的打架招式，暴力十足！在林郁婷耐心的講解因而說服媽媽之後，出現了第二個質疑聲音，就是當時的教練曾自強。當時的她才140公分，纖細體弱根本不是學拳的料，更不用說在隊上根本沒有幾個女生；

在一次訓練，沒做好防守動作的她被教練斥責並轟出場外，並沒有打垮她想要學拳的決心，等了一個多小時，看見教練出來再三懇求教練給她機會，這種不服輸的特質打動了曾自強，往後林郁婷也將這樣的韌性發揚極致，因而獲得不少獎項。

進了拳擊名校鶯歌工商後，林郁婷必須付出雙倍的努力來克服與男同學練習，先天生理差異造成的速度與力氣的差距，常常受傷流血也不畏懼，只是不想讓母親擔憂，回到家後，趁母親忙碌時趕快躲進房門換上藥布及長褲；努力不懈下，在 2013 年世界青年錦標賽獲得金牌贏來四萬元獎金，全獻給辛苦獨力撫養他們四個孩子的媽媽。寫到這裡，我又淚如雨下，這麼乖巧的孩子，應該好好介紹給學生們，讓他們學會體諒與同理，身為家中一份子也能盡自己的力量去幫助或創造，讓幸福感加分。

上天要幫助一位奇才，一定會送上「磨難」當最好的禮物，因為是要來成就你的！從 2014 年仁川亞運到 2016 年奧運資格賽選拔及世界大學錦標賽，讓林郁婷淺嚐「一輪遊」後即可收拾行囊回故里，這樣的挫敗讓林郁婷開始懷疑起人生，拳擊是她的人生軌道嗎？為了不辜負教練手把手的教導且

送她到美國接受科學訓練的栽培，她不敢放棄但生命呈現出消沉及糾結的狀態，家人和教練商量後，建議她到北京體育大學當交換學生轉換心情，於是她人生的轉機來了，遇到了泰森拳王，泰森看好她的實力，要她踏實的做好每個動作並為她改善了防守能力，猶如脫胎換骨，林郁婷在 2017 年亞洲金標賽及 2018 年世錦賽都拿到金牌、2018 年雅加達亞運獲得銅牌，也讓她再度感受到興發上揚的好兆頭。可惜考驗並沒有結束，2023 年世錦賽摘銅後卻因性別生化指數異常爭議被撤除，莫名其妙的指控，在體育署最後證實一切合規，她才能繼續參加這一次的杭州亞運及明年的巴黎奧運賽。林郁婷把握每一次征戰，她努力拚搏就是為了用實力洗刷質疑聲浪！

心的力量之大足以完成你的夢想！當教練曾自強帶著當時就讀國三的林郁婷來到北京鳥巢體育館，便喚醒了她的夢想，「她想在這個大場地夾雜著此起彼落的加油聲比賽，並奪冠！」

這次杭州亞運是林郁婷勝利的一擊，她擊倒的是性別框架與家庭暴力的坎坷命運，為自己創造出勝利的喜悅生命。她實現著她座右銘上「寧願台下流血，也不要台上流淚」的壯志，也讓我們看到一位敢為自己爭取擦亮生命，發光發熱的機會，愛無懼的拳擊勇士，太棒了，絕對是值得大家學習的好榜樣！

希望這篇記錄也能激盪您那塵封已久的心。

▌「林來瘋」再度喚醒每一個熱愛籃球的臺灣球迷

林書豪是一位曾經在 NBA 有所成就的成員，擁有很高的籃球天賦和豐富的比賽經驗，他 2023 年回來臺灣，確定加入高雄鋼鐵人隊，對於氣勢低迷的鋼鐵人隊，無疑是一個非常重要的收穫和優勢。

一位傳奇的 NBA 籃球明星，來到了高雄，也喚起了我也曾經和他一起走過的「林來瘋（Linsanity）」階段。

從紐約尼克深度板凳球員出發，每一場比賽，充滿不確定性，今天是否上場？都是未知數，但身為一個想要在籃球殿堂裡闖出名堂的華裔球員，身心靈健康的完備，才能支撐他繼續完成此生大業。2011 ～ 2012 年賽季，因

為主力球員全部掛病號，比賽如果要繼續，教練不得不做出選擇──一位不管身高、體重等先天外在條件都不理想的林書豪，必須硬著頭皮打完此戰，最起碼完成最基本的運動家精神。誰料？奇蹟出現，臨危受命的林書豪打出好成績，帶領球隊奪下四連勝並在當週獲得東區最佳球員，全世界為之瘋狂，「林來瘋」頓時成為體壇一個熱門的討論話題，只要「林來瘋」出現，就是一場神乎其技籃球藝術表演，轉身、急停、跳投，游刃有餘……此起彼落的驚呼聲，不絕於耳。

在當時「林書豪」也是熱搜排行榜第一名，從報導中我們知道他有一個非常溫暖的家庭，從小熱愛籃球的父親扮演起「啟蒙」的角色，三兄弟課餘的活動，就是打籃球，而母親則為他們組成一個家庭式的籃球組織，時時給予精神補給，陪伴四處征戰。虔誠的基督教家庭，心中都是「上帝」，滿滿的經文正能量，至此，林書豪每一戰出發前的心理建設就是「為上帝打球」，回歸到初衷，才能擁有最純淨的心，最快樂的戰鬥力，持續熱愛專注的打球。

「COMING OUT FROM NO WHERE ？」在「競技場」上若再扯上種族歧視心態，東方人總是徹底地被瞧不起！競技場拚的是身體強度素質還包括了「力、速、敏、柔、耐、能」全方位的運動能力，當颳起「林來瘋」狂潮時，大家不禁疑惑，這小子是從那裡冒出來的？是驚訝？還時嘲諷？是震撼？還是看衰？「自知者明」一切都在林書豪的掌控之中，「潛龍」階段的他，從舉重、跨腿、垂直起跳、橫向運動、肌耐力、核心肌群訓練等等，再加上有飲食的節制，讓他在先天不足的條件下，也能有跟人比拚的爆發力，而智商、球商高的他，懂得「閱讀」情境，保有謙卑、團隊合作的精神，以球隊贏球為唯一目標，製造空檔讓隊友得分，而個人得分則為次要，在場場都講數據的 NBA，這樣的態度，著實不易！而他那純真如鄰家男孩的模樣，更贏得許多球迷的愛戴與喝采。他接近「道」貼近「法」，熱愛生命、享受美食，更不忘擁有一顆「赤子」之心。

當林書豪會來到臺灣並加入「高雄鋼鐵人」，是許多從小看著他打籃球長大的人，難以置信的事。尤其第一場在高雄鳳山開打，盛況空前，從長長的排隊人潮、開打時的澎湃熱情加油聲，給足了林書豪滿滿愛與鼓勵，或許在林書豪心中是五味雜陳，一位曾征戰過籃球殿堂 NBA，輾轉到中國打球，

一心又想回到 NBA 而不可得，最終回到了他的故鄉臺灣，如果他心中沒有信仰，如果他沒有臣服自己，如果他沒有放下，活在當下，隨時調整心態，並以「愛」為出發點，繼續做慈善回饋社會並傳承籃球文化，他一定不會快樂！

人生從光明到衰敗再重啟，是淬鍊的過程，一切的一切，都是養分的澆灌，只要努力不懈，迎接所有的體驗，到人生終點時，你才會感謝自己，不枉此生！

從大過卦觀看電影「臥虎藏龍」
——學習乾元用九的智慧

《易經》大過卦的過有「經過」、「過分」之意。劇中俞秀蓮有個未婚夫叫孟思昭，他是李慕白的拜把兄弟，在一次打鬥中為了保護李慕白，受傷而亡。在往後的日子裡，俞秀蓮和李慕白兩人彼此欣賞、心生愛慕之意，卻因為禮教約束，誰也不敢開口。

在劇中從貝勒爺的口中，我們就可以明白，他們兩個的感情是被社會認可的，一個是鏢局的執行長，一個是武當掌門，他們是匹配的，所以貝勒爺看在眼裡，在一次俞秀蓮送青冥劍到貝勒爺家，貝勒爺就跟她提點說：「李慕白突然要交出青冥劍，又退出了江湖，莫非他想向妳暗示些什麼？你們的感情太小心翼翼，總是不敢向對方承認這份感情，白白的浪費多年的光陰……。」從這個劇情，我用「尾生抱柱」的典故來說明，很多禮教都是人因當時的社會風氣、民情而定立的，因為是人制定的，所以可以因時制宜去做調整，如果不知變通，就會白白浪費了一生與青春，俞秀蓮曾經跟玉嬌龍說：「無論妳最後做什麼選擇，都要真誠的對待自己」這無非在說明她自己內心的想法、渴望與領悟。

接著跟大家來談一談「碧眼狐狸」，狐狸個性本就是奸詐狡猾，所以我引用了「五毒」來描述所有做「超過」的地方。首先是「貪」，為了想要得到武當玄牝劍法秘笈，不惜將她的愛人也是她的師父殺害，所謂的「鬼迷心竅」在此嶄露無遺。其次是「瞋」，她瞋恨這個江湖，她認為江湖沒有道義，充斥恩恩怨怨，不是你死就是我活，而她無法領悟武當秘訣，沒有自行檢討原因理由，卻怪罪玉嬌龍隱藏秘訣，稱她就是一個「毒」，並種下殺機。接著是「癡」，由愛生恨，碧眼狐狸一直在找尋她理想中的江湖夢，並藉此想要來提升自己的社會地位，可是當時是重男輕女的年代，所以不可得，因而終生忿忿不平；另外她愛玉嬌龍就像愛自己一樣，因為她覺得玉嬌龍跟自己很像，聰明、老成、叛逆，可是命運卻如此的不同，一個是名門千金、身世顯赫，而她自己卻是出身低微，目不識丁，所以把自己的期望全寄託在玉嬌龍身上，教她武功並告訴她江湖世事。後來因為玉嬌龍武藝超越了她，並隱藏著，所以難消她心中之恨，想找機會除掉她。「慢」的部分，由於碧眼狐狸並沒有接受到一個正統的教育，所學都是邪門歪道，例如毒針、暗器，陷阱等等，她卻利用這些把江南鶴、李慕白和陝甘捕頭擒拿到手並致他們於死，這也使得她傲慢的遊走在江湖上。「疑」由於她長期受到男權欺壓、用真心卻換了絕情，再加上命運的坎坷與悲慘的經歷，蓄養她狡猾毒辣的內心世界。以上的「五毒」都是太用力太超過的去看待，才造了她今生的業障。

再來我們來談談玉嬌龍，這位凡事眼裡只有自己，沒有別人的驕縱狂妄九門提督千金，從劇中一開始跟土匪羅小虎在大漠大展武藝身手，完全沒有顧及

父母擔憂及自己的千金形象，恣意妄為，實屬超過，而當她盜取青冥劍後，自認武功蓋世，就連李慕白也是她手下敗將，輕蔑江湖道義、規矩和信用，大鬧福星樓還高唱著「我乃是瀟灑人間一劍仙，青冥寶劍勝龍泉，任憑李俞江南鶴，都要低頭求我憐！」這種自滿、桀驁不馴、霸道橫行的態度，都是她今生必修的功課。

大過卦的智慧在提示我們，凡事要恰到好處，做到中庸原則，要懂得「乾元用九」，用慧眼去洞察與權變，正所謂的「君子之於天下，無適也，無莫也，義之與比。」帶著一顆仁愛之心走在正道上，一切都會無往不利！

「友情」：君子之交淡如水；「親情」：記得要給對方「需要」的，而不是自己一廂情願的給自己「想給」的，而「愛情」保鮮的不二法門則是給彼此獨處的時間跟空間，如此的和人相處，既輕鬆也不會讓對方感到壓力，一舉數得喔！

▍邁向成功必須要有的七個好習慣

天下文化所出版的《漫畫讀通柯維成功學》，是一本值得大家花少少的時間就可以獲益良多的書籍，如果您或者您的孩子不喜歡閱讀太多文字的書，就很適合閱讀此書；重點搭配漫畫故事情節，很容易理解。

史蒂芬・柯維（Stephen Covey）誕生於西元 1932 年美國猶他州鹽湖城，父親經營飯店有聲有色，家境富裕，是一個虔誠的基督教大家庭。活潑開朗的個性，讓他熱愛運動，曾經的夢想是想當一位網球選手，不料在 12 至 13 歲間，得了難治之症「股骨頭生長板滑脫症」，將近有三年半的時間必須拄著拐杖，才能行動。然而命運給他的一擊，並沒有擊垮他，帶著積極樂觀的信念，讓他從成為「運動員」的夢想轉為努力學習求學問，也因此 16 歲就跳級考上猶他州立大學，20 歲畢業，接著以教會使節身份，到英國傳教並認識了現在的妻子珊德拉，回國後仍孜孜不倦、勤奮努力，到哈佛大學企業研究所攻讀碩士學位。

印度哲學家拉瑪克里斯納（Ramakrishna）曾說：「每一個人都在尋找神，其實神就在我們每一個人的心中，只要找到神就能點燃自信的火把，照亮前程。」沒錯，這就是要我們傾聽內在的聲音，找到自己獨一無二的天賦。

史帝芬柯維知道父親希望他繼承家裡的飯店企業，但是他著迷於講師在台上指引學生的魅力，三番兩次拒絕父親，父親也欣然接受並支持他的夢想，於是他先在母校猶他州立大學擔任管理學科的教授，並在楊百翰大學（Brigham Young University）授課且取得該校「宗教教育」博士學位。於 1989 年成立了以原則為中心的柯維領導中心，期間就是不斷的寫作與到處去企業演講授課，其中《與成功有約》就是在這時候出版，令他感到驕傲的是他曾經到白宮著名的橢圓形辦公室為小布希總統講述有關「人生的計畫與救贖」課題。

中庸開篇就說，天命之謂性，率性之謂道，修道之謂教。史蒂芬・柯維依循著自己的天賦，將自己獨一無二的潛能發展到極致，出書、講學、推廣理念，每一步都是循序漸進，走的踏實穩健，他用他成功的信念與原則，影響著每一個人，也悄悄的改變整個世界。

邁向成功前須要養成的七個好習慣，首先要讓自己成為成熟的「大人」。「大人」在《易經》上指的就是君子，那要如何成為君子，孔子在論語中有揭示「質勝文則野，文勝質則史，文質彬彬，然後君子。」也就是要我們內外要雙修，才能展現出豐盛富足的人生。

至於如何修練？首先他要我們改變思維，如果沒有先改變自己的想法，是很難再提高境界；另外就是要每天循序漸進的進步，如流水般，沒有把坑洞補滿是不可能再往前進，在《原子習慣》（Atomic Habits）這本書也有提到，每天只要進步 1%，一年就可以進步 37 倍以上；接著要善於觀察，人在觀察時，比較常停留在自己的角度想事情，這樣難免不客觀，我們要看看別人，再看看自己，接著就是法國哲學家羅曼‧羅蘭（Romain Rolland）所講、我奉為圭臬就是所有的「閱讀」，包括文本、影片、人物，我們都要反求諸己，也就是透由主角故事來反思，是在「讀」自己、去「發現」自己、去「檢查」自己，這樣才是有效的閱讀，也才能提高自己的境界跟格局。

習慣一、二、三的養成，是在培養個人的成功。一個人如果能夠獨立，就已經是一件不簡單的成功。 習慣一：主動積極，我們要有覺察的能力，要

明白必須對自己的人生負責，再藉由影響力去影響周遭的人並對說出去的承諾要兌現。習慣二：以終為始，要教會我們的是要設定目標夢想，不忘初衷的去實現，在這裡我另外一個解讀是《易經》最後一卦第六十四卦的「未濟卦」來說明，即使已經達成目標，都是階段性的目標，人生就是一連串的「貞下啟元」，一個結束就是另一個開始，不是句點。在努力的過程中，最重要的就是要找到自己的軌道（天賦），全力以赴去創造無限的可能，在遇到瓶頸時就想想自己內心的信念和原則，這樣就不至於迷惘。

在習慣二中，科維希望我們把目標寫下來，他指的就是當成一種宣示、宣言，讓你周遭的人都知道，用凝聚一切力量來協助你完成目標與夢想。

習慣三：強調的是時間與行為的搭配是否合宜？柯維說我們不能控制時間的流逝，但我們可以掌握事情的順序，輕重緩急怎麼界定？就是要依照你在這事件上所扮演的角色是什麼？當時又以什麼為重心？若無法分身卻又想要兩全其美，那麼只好「授權」讓其他人來幫助你完成，所以要學會正確的時間做正確的事，是柯維認為要成為成功人士要養成的第三個好習慣。

接著作者談到的是要培養如何跟夥伴合作，達成公眾的成功的好習慣。第四個習慣就是雙贏思維，凡是都以誠信與人交往，並時時保有勇氣與關懷去付出給予並愛護對方，以利人利己的角度去構思方向與策略，這樣肯定是大吉大利。

習慣五：解彼知己，就是善於同理與傾聽，相視而笑、莫逆於心，在和顏悅色的溝通下，你想要推展的策略一定可以受到支持，沒有人會去杯葛。

習慣六：統合綜效，存異求同，接納並尊重彼此的不同，在不是壓制與妥協之下，去開創有利於彼此的第三方案。然而關於這一點，我有一些小小的看法，要能開創第三方案，彼此的企業體要有很大的空間與彈性才能做到，所以這邊我把它加在習慣七裡的重點，習慣七要求我們要不斷的提升磨練自己的生理、心靈、心智及社會情感，才能像豹的皮紋色澤，永保鮮麗，內心強大且充滿安全感，另一層的意義，我將它延伸事業也處在規模龐大、輝煌巔峰期，也才能與對方激發不一樣的火花，共創燦爛美好未來。

最後第八個習慣，是要傾聽內在的聲音，去找尋自己人生的意義；這是史帝芬・科維透過工作經驗的積累與人生實際的體驗所感悟出來的習慣。從

個人成功到公眾成功就是從堅持、實踐、學習去獲得成長、變化與改善這樣的正向循環所走出來的成功之路。

然而如何找到人生意義也就是馬斯洛（Abraham Maslow）需求理論的終極目標自我實現？就是時時刻刻修練自己好這七個習慣，傾聽內在找到天賦，帶著使命去幫助需要幫助的人。人生如旅，若能活成一道光，給人指引給人溫暖，終將達到「止於至善」的境界，找到此趟旅行的意義與價值，也就是能成就別人、來完善自己。

盛名之累的領悟──「歸零」修復的再出發

每一個人的生命裡總有一首張惠妹；生命的長河總有起伏跌宕，不是順境就是逆境，然而不管處在什麼境地，永遠有一首屬於你和張惠妹合拍的旋律與節奏，帶著你徜徉在大千世界，療癒你的心。

1994 年阿妹獲得「五燈之星歌唱擂台」五度五關優勝，1995 年擔任 Relax 樂團主唱，接著生命奇幻之旅在 pub 裡吹起號角，遇見了最懂她聲音的製

作人張雨生，用很短的時間內，以卑南山林天籟之聲，解放了所有人對音樂的熱情。

開演唱會是當了歌手的張惠妹唯一的目標。其實這樣的心願，在小時候的心中早已萌芽，號召小朋友拿著手電筒，營造燈光效果，她則在台上高歌，張惠妹只知道她自己喜歡唱歌，但她完全沒想到她小時候的單純、好玩的辦家家簡單小舞台，會變成今日撼動每個活動現場的地板，如大軍壓境的氣勢，震懾每個人心。

在第一張專輯「姊妹」發行短短一年又 28 天後，竟然圓夢了，「妹力四射巡迴演唱會」啟航。阿妹滿懷感恩，她想都沒有想過，才剛出第二張就可以開演唱會，可是它就真的發生了。

每一個閃亮之星，其背後的努力與堅持，是無法言喻的，阿妹也不例外。

在多方面向，自我要求甚高，例如收錄歌曲一定要自己有感覺的、說得出詞彙感受，當然更要有清晰的畫面；每一次的新專輯一定要有突破、要有新的表現，在這樣自我期許的高壓下，導致內分泌失調，暴肥體態的背後，是取法乎上的堅持。

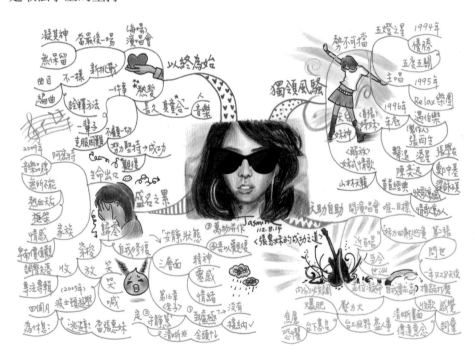

盛名之累讓張惠妹喘不過氣，即便有著超人的毅力和標準，但終究是人，也需要有個出口，讓她能沉澱後再出發，家人和族人的支持，給她莫大的力量，另外藉由「阿密特」的分身，讓她可以開心自在做自己，她不想再被「張惠妹」綁架，她要當一個真實的熱血歌后，沒有標準、框架與定調。

我們說生命的勇者往往可以看見並接納自己的不完美，然後說給別人聽，等於接受了事實。張惠妹從不知道怎麼面對自己激情澎湃演唱會後的落寞調適，用最簡單的笑、哭、喊甚至一個人「落跑」至波士頓，不知道是不想當「張惠妹」？還是真的想休息？

將近三十年的歷練，她懂了，這自我修復是一個必經且正常的歷程，她告訴自己必須要歸零，回到安靜的狀態去修復精神、情緒與靈感。這讓我想到老子曾說的「至虛無、守靜篤、萬物並行、吾以觀復。」在虛無的狀態下，才能再接納、包容、承載一切，在寂靜中才可以清楚看見念頭的起伏，然後篤定的去下判斷，在這樣的歷程中，萬物都是並行運作的，所以最重要的是藉由善觀去領悟一切事物的規律，這樣才能淡定的看待人生每階段的過程。

如果今天是最後一天，你要怎麼過？同樣的對於張惠妹而言，每場演場會都當成是最後一次的演出，所以毫無保留，凝聚所有的精、氣、神融入當下。張惠妹說只有人和音樂能合一，才長久，這未嘗不是說明不管在哪個領域，只要合道，必定能成功。

所以一輩子只熱愛一件事，並且持續做這件事，反覆打磨其規律，意志堅定做下去，成功在即。

▎慎終追遠，傳承中華文化的重要性──清明節

中國四大節日之一的「清明」，剛好是二十四節氣裡的第五個節氣「清明」，也就是春分後第十五天，因為每四年（閏年制度）會有一次，二月會多了一天，所以清明節在國曆的日期上，就會有所變動；大約會坐落在四月四日、五日、六日。

清明節剛好會碰上兒童節，再加上會遇到星期假日，所以又會組成一個連假，所以大家過完農曆新年後的另一個引頸期盼的長假就是清明連假。小朋友們開心放連假，但身為爸爸媽媽的責任，還是得引導孩子，知道「清明」掃墓的由來，以及慎終追遠的敬重態度。

我們這本書裡面有針對「中秋節」去做深度學習，一樣是中國三大節日之一，在孩子的腦海裡，知道了什麼典故？詩詞？還是只存在吃月餅、柚子、放煙火、嫦娥奔月、吳剛伐木等淺薄的概念？現在您可以試試，用我們所教的曼陀羅思考法，讓孩子寫寫看，您就可以知道孩子是否只是死讀書，不求甚解。

長期的教學過程中，看見中華文化的式微，深感憂心，因為「傳承」很重要，如果我們這一代不在文化方面多著墨，恐怕我們的下一代、下下一代會完全不知道「根」在哪裡？對於一個國家的立足，是非常危險的。

小時放學後，父母親還是上班時間，所以我和姐姐總是會到菜市場裡做食品冷凍批發與零售小賣的外婆家等待。寫完功課閒暇之餘，總會站在店門口，觀看市街上，來來往往的人們採買東西以及跟老闆討價還價要點蔥、薑、蒜等樣態；其中最特別的是右斜前方賣潤餅皮的一家人，大大小小一起做潤餅皮，有的人的工作是將麵粉攪拌成濃稠糊狀，有的人則在熱平面鍋上，輕輕的抹上麵糊，不到一分鐘的時間，麵糊的餅皮周圍就會先掀起來，再過一會兒，一張餅皮就做好了，會放置在旁晾乾。我觀察到每個人的臂力、腕力都被訓練得很好，真的是一溜煙的功夫，從抓起麵糊到抹麵糊，不需要幾秒鐘，整張麵糊在熱鍋上是平整的，只有少許需要再多一沾黏的動作去補缺洞，而在空中翻轉麵團的姿勢，真的猶如特技表演，總是讓我目不轉睛的看著，也成了我做完功課的餘興節目！

看著大家爭搶著餅皮，揮汗如雨的老闆一家子，也常因為忙碌，脾氣不好而大發雷霆，這時正義人士就會冒出，自動的維持起秩序，要大家耐心等候，這是菜市場關於清明來臨前的一隅氛圍，也是我關於清明的記憶，可能比你多的一層情感。

買餅皮當然就是用來包各式青菜、肉絲與花生粉和糖粉，我們俗稱的「潤餅」，這是「上山」祭拜用的祭品之一，在我們的年代，掃墓幾乎就是得到遙遠的山坡上，和現在到鄰近的納骨塔位去祭拜，是有一定難度的區別。

會走過雜草叢生的墓地旁，也會走過已經好像有人提早來祭拜過，所留下用石頭壓著黃墓紙的墓地。說到這種習俗是有傳說的，相傳是古代有位高官長久在朝廷任職，十幾年後回鄉掃墓時，發現父母的墓跟其他的墳墓埋沒在雜草中，無從找起。這時大官抓出幾片紙拋向空中，希望上天能幫他找到父母的墳墓。上天應了大官的祈求，那幾片紙被風帶到一座墓碑上定住不動，大官到墓碑前仔細一看，果然是自己父母的墳墓。後來壓墓紙的習俗就這樣傳了下來。

所以就民俗學來看，壓墓紙可以清楚地表示自家墳墓是有子孫祭奠的，不是無人管理的孤墳，這樣可以避免別人來破壞。另一方面，民間相信有壓墓紙可讓祖先不會被鄰邊鬼魂奚落或欺負。

依稀記得祭拜後等待的時間，我們孫子輩的就爭相要一起完成壓墓紙的儀式，完成後看著突起的墳塚上，點綴著黃色墓紙，錯落在各個地方，感覺熱鬧許多，也多了份心安。

祭拜完成後，我們也會再陪伴祖先們一會兒的時間，大人們藉由掃墓再次凝聚情感話家常，小孩子們則吃著早上祭拜後的潤餅，墊墊飢腸轆轆的肚子。

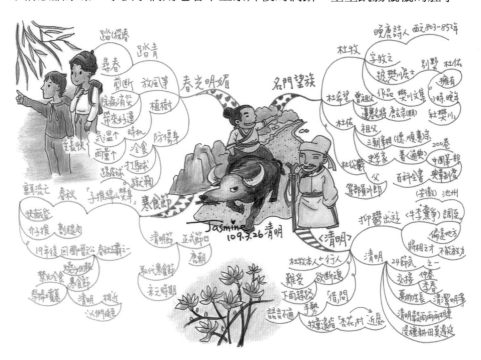

而那時的我，只會吃著水煮蛋，因為潤餅裡有包著我討厭的芹菜；但是回到家後，我會自己拿起餅皮，包一個屬於自己特製的「春捲」，首先鋪上一層又多又厚的白色糖粉，接著第二層也一樣是又厚又多的花生粉，接著高麗菜、蛋絲、肉片，就這樣，媽媽總是笑著說，我簡直是在吃「春捲糖」！呵呵，這是我記憶深刻的清明。

除了清明活動之外，父親也會引導我們要複習一下有關清明的唐詩，他會先起個頭「清明時節雨紛紛……」，之後就要我們這幾個小毛頭接著唸，所以琅琅上口是沒問題的！這首「清明」，爸爸媽媽是不是也很熟悉了？不要忘了要引導孩子喔。

這首〈清明〉是晚唐詩人杜牧所寫的。說到晚唐，政局動盪不安，宦官專政、藩鎮割據、牛李黨爭，生在這年代的杜牧，享受著曾祖父、祖父、父親那朝氣蓬勃的輝煌年代所遺留下的富貴，是幸運的，但不幸的是他在名門世家所培養出來的才華卻難以施展，真的是「生不逢時」的機運。

杜牧小時候家境富裕，喜歡到長安城裡去聽曲看劇，不過他十多歲時，不擅理財的父親杜從郁過世後，家境變得貧困，多次搬遷，吃野菜，甚至夜晚睡覺沒有燭火；養育弟妹生計大責，就旁落在杜牧身上，他努力奮發向上，26歲時已是進士及第，可是他為了賺取更多的薪資，放棄朝廷當官的機會，跑去當沈傳師的幕僚，由於杜牧是前唐宰相杜佑的孫子，沈傳師年少的時候，深得杜佑器重。所以兩家關係非常不錯。

爾後他也擔任過監察御史、刺史、吏部員外郎等職，史書記載杜牧，瀟灑倜儻，為人豪邁、不拘小節，加上他才高氣傲，這和當時的封建官場理念不合，因而常常遇到排擠，仕途並不順遂。

依據史書記載，〈清明〉一詩是杜牧擔任池州刺史時的作品。安史之亂，北方經濟受到嚴重破壞，出現了「荒草千里」的蕭條景象。詩中的「路上行人欲斷魂」，是反映了北方農村農耕荒蕪的現象；而「行人」也不是指路上的行人，當時外派到到他國考察、拜訪的人員，都稱為「行人」，所以那年的杜牧，經過金陵（南京）杏花村，在細雨濛濛的清明節，想找個休憩落腳的酒店休息，四處無人問，幸好遇到牧童，才得以找到村落。

這首詩不僅道盡了杜牧當時的落寞情懷，同時也寫出了晚唐北方農村，過著苦難的生活縮影。

詩詞的創作，有時候是因為看到了什麼，而有所感的即興作品，跟當時社會的背景局勢，密不可分。所以我們說閱讀詩詞，能更真切的去感受當代所發生的情況。杜牧想到自己仕途的不順心，又看到清明時節的蕭條景緻，激起了他對家國天下的憂愁，所以寫下了這首至今我們還能琅琅上口的詩句。

說到清明節，其實古代並沒有清明節，而是寒食節或上巳節。上巳節與寒食節，如今已成為文獻上的名詞，清明節則視為掃墓祭祖的日子。據說三月初三的「上巳節」是黃帝公孫軒轅的生日，這一天除了祭拜黃帝，慎終追遠，還要到郊外踏青祓除不祥，稱為「祓禊」。三月初三上巳節又稱「春浴日」，許多人會到河邊沐浴玩水，大家還記得在《論語·先進篇》中就有：「暮春者，春服既成，冠者五六人，童子六七人，浴乎沂，風乎舞雩，詠而歸。」寫的就是上巳節的情景。

至於「寒食節」的由來，據說是源自春秋五霸的晉文公。晉文公有個臣子叫介之推，在晉文公還是公子，流浪諸侯國而且好幾天沒吃東西的飢餓情況下，割自己的肉給晉文公吃，但晉文公卻在繼位後忘了他的功勞。經後人提醒才想到要賞賜封官，但是介之推和母親躲到綿山隱居，不願意接受賞賜，晉文公一急，聽從旁人的建議，放火燒山想把他們母子逼出來，結果介之推和母親雙雙死在樹下，晉文公為了紀念介之推和自己的過錯，下令這一天全國嚴禁升火，只能吃冷食。

隔年寒食節，晉文公前往綿山祭祀介之推，發現當初介之推倚靠的那棵柳樹已冒出新芽，晉文公便折下一段柳枝，做成圈，戴在頭上，並將這棵柳樹命名為「清明柳」，下令將每年寒食節隔日定為清明節。

由於上巳節和寒食節、清明節日期相近，所以後來這三個節日的習俗逐漸融合，成為今日我們熟知的清明節。

那麼在春光明媚的季節裡，可以怎麼利用節日呢？和掃墓一樣，踏青也是源自於上巳節的習俗。正值春天，好天氣的日子就適合全家出遊野餐，在古時候婦女被規定平日只能在家相夫教子，沒特別原因不許出門，只有在清明時，婦女是被允許一起出遊，欣賞風景，我們就稱為「踏青」。

另外「植樹」、「放風箏」、「盪鞦韆」、「打馬球」等，也都是清明節延續下來的戶外活動，希望藉由這篇的引導，小朋友們對「清明節」有更深一層的認識！

▎「不甘於平凡」轉瞬間的成功，藏在身體記憶裡 ── 老驥伏櫪、志在千里

小時候並不會特別喜歡看勵志的書籍，因為感覺千篇一律，反正「成功」就是做了什麼發明或是成就什麼偉大的事績，心裡頭總覺得那是「別人的」故事，並沒有激起我太大的鬥志，或許是覺得自己就是很平凡，從現在的角度去描述，應該腦子裡充滿著「窮爸爸」思維。

人生的閱歷，總會教會你什麼！在一次次挫折中爬起，再跌倒再爬起，跌盪起伏，親身體驗很多事情之後，才確定自己的方向與目標，有著「使命」後，所有的感官點燃生命的每一處，使之盎然，此後，更能體會每個成功者背後所要帶給人們什麼樣的重要意義與智慧。

2023 年杭州亞運，中華健兒第二面金牌入袋的是由在體育界已算「高齡」的「柔道女王」連珍羚贏來的女子 57 公斤級的柔道項目，得獎時所流下的是等了 13 年的喜悅淚水。這「老驥」志在千里的決心，不得不令人佩服！

2021 年日本奧運在第一輪就爆冷門的止於 16 強，這是多令人錯愕與不甘的結果，也憑藉著這「不甘於平凡」的決心來到了參賽算已是第四次的杭州亞運現場，金牌決賽又遇上已經交手過五次皆敗的日本勁敵玉置桃（Tamaoki Momo），想必要克服挑戰的第一要件是心魔，而不是技術！

在一個抓握順勢的轉身壓制，憑藉著身體記憶，轉瞬間拿到了金牌，不可置信的一刻，打敗了熟得不能再熟的玉置桃，看見自己的成長，連珍羚決心要繼續往 2024 年巴黎奧運邁進，為寫下人生高峰的一頁。

從國小三年級開始的柔道夢，連珍羚不負青春於 2008 年前往日本山梨大學求學習道，之後並進入了日本企業職業柔道隊，2014 年成為臺灣首位柔道旅日選手，2016 年在里約奧運獲得第五名，這一路上的困難，讓連珍羚變成了一位「可怕的選手」，不斷忍受挫敗且持續精進技術，不頹廢喪志，以前總是主攻，消耗太多體力，現在則能掌握節奏，盡量在防守上下功夫。日本柔道教育總是教選手任何裁判叫暫停時，在當下都要把動作做到底，這根深蒂固的觀念讓連珍羚用到了人生路上，遇到困難的事情，一定要堅持到底，永不放棄。

記得在記者會上，兩位「亞運雙金」選手——楊勇緯和連珍羚一同感謝的一位幕後功臣，就是曾經擔任已獲得二屆奧運金牌選手大野將平的陪練員高市賢悟（Kengo Takahashi），這位曾經是 2014 ～ 2015 年日本代表隊柔道男子 66 公斤級的選手，於 2022 年卸任後在連珍羚的牽線下，成為臺灣的培訓隊教練，在他承諾必定將自身的最好經驗傳授給臺灣選手，如今他真的履行諾言，讓臺灣代表隊榮譽的首次拿到二面亞運柔道金牌這亮眼的成績。

拜讀《一個頂尖運動員的誕生》（The Best）一書中，一個頂尖運動員如何從「勝」到「常勝」？說到自我要求與強化心智是不可或缺的因素。在研究報告中，超級菁英選手和普通菁英選手最重要的區分要素就是「完美主義」，他們要求自己不斷複製重現成功的時刻，而且具備強大的心理素質去支撐並攀上巔峰與保持領先的關鍵能力，固定時間會與心理學家討論目標的設定、情緒的控制和如何放鬆議題來提升自己的表現；在鍛鍊心智中還有一項意象訓練，匯集不同的感官去想像比賽現場，如腦海中放映模擬比賽電影，去想像比賽時的狀況這跟實際操練時所觸發腦神經路徑是相同的，而這樣的訓練可以提升選手的動機也可以幫助放鬆，從專業引導到科學輔

助訓練，來協助選手去思考如何想要去做到一場完美的運動或比賽，而不是只要獲得一、二顆精彩的好球，建立「常勝」的狀態！

如何成為各領域的頂尖好手？這議題我好喜歡，您呢？不妨可以和孩子們一起做探討。

▎「己立立人、己達達人」發揮大愛、回饋社會

「對於目標的執著與拚勁，是我想要帶給大家知道的」郭婞淳在專訪中哽咽地說到。我真的懂，真的理解為何會哽咽？一個人想要在國際舞台上發光發熱，不管是在哪個領域，都是在多少燈火闌珊時，獨自忍受面對訓練時的疲憊、傷害、瓶頸，然後自我內化、撫平、自我激勵、再度擁抱熱情，持續堅持，反覆練習，精益求精，才能到達極致的標準，放眼望去，所有的成功者，都有著取法乎上的目標。

她像極了是上天旨意派來的體育舉重奪金天使，因為要出生時，臍帶繞頸、胎位不正，折騰了 10 小時以上才生下來，所以家人因為她能倖存留了下來，特意命名為「婞淳」。

好動的她，一開始是田徑選手，另外也參與籃球的訓練，在一次國中求學時的教練，覺得她有舉重的天份，於是希望她能調整重心，轉向舉重項目。沒想到她非常的排斥，原因就是不喜歡只有一個人練習（當時女生舉重只有她一人）。

我們說宇宙間有著一股莫名的力量，若要成就一個人，就會安排一系列的「局」，所有的人事物都會一一出現，讓你一步步的完成使命。 這位扮演黑天鵝慧眼識英雄的教練，故意下逐客令，如果要練田徑，就要跟著練舉重，否則就要退出，在當時，婞淳只能接受這樣的安排。

不過，上天希望婞淳更加堅信她有著舉重的天賦，所以在 99 年全國中等學校運動會時，400 公尺接力，讓她掉棒，對她來說是嚴重的受到打擊，但她萬萬沒想到，隔天教練幫她報名的舉重比賽，成績斐然竟拿了金牌，這可讓她徹底明白了，原來她今生的使命是要服務於舉重項目。

一個生活困頓、寄人籬下的孩子，通常都是比較獨立自主，因為這是上天給的考驗，先餓其體膚、勞其筋骨，才能養成面對困難必須要有的韌性，不僅如此，上天還讓婞淳心志受苦，在她非常重視的 2014 年仁川亞運的前夕，在練習時，不慎壓傷，肌肉斷裂 70%，雖然沒有壓傷神經及骨頭，但受傷後的她，竟然拿不起以前可以拿起的公斤數，那內心的煎熬，有多少人能度過？在復健師的鼓勵下，擦乾淚再繼續……，這些心路歷程點滴在心頭，也難怪得獎後，總是感動落淚，除了謝謝大家的鼓勵，當然也謝謝自己面對困難，還能夠繼續的堅持。

從困苦到成功，帶著一顆柔軟心的婞淳，因為走過，所以更能體會社會底層生活的不容易。「取之社會、用之社會」，她的獎金除了分享給總在一旁陪伴訓練的教練之外，還捐贈救護車給澎湖惠民醫院，之後還陸陸續續幫助很多需要幫助的單位。當時她說「有能力便去幫助別人」一句話，讓許多人深受感動。

現在的郭婞淳，不再是那位家徒四壁，甚至常居無定所的貧困女孩。她在奪下奧運金牌，還創下金牌大滿貫等傲人紀錄之後，更有著磨練後所得到滿滿的助人信念與能量的碩果。

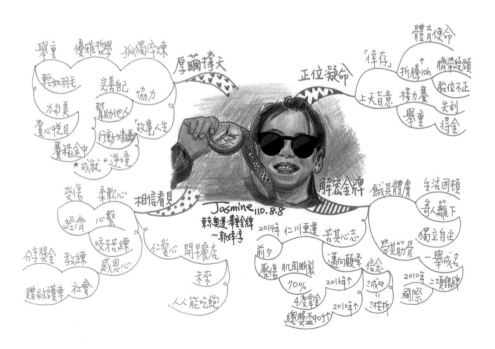

「 己立立人，以達達人」，在郭婞淳身上展露無遺，她常常提到退休後要回臺東開早餐店。這樣的願望絕非只是為卸下選手生涯後的生活做打算而已，而是希望在未來，能讓更多像她一樣走過磨難的孩子們，能在每天的第一餐裡，吃到滿滿的活力與營養。

厚繭雙手支撐起家計的背後是孤獨淬鍊後的堅強，舉重對她來說可以輕如羽毛，就像優雅自在一般的與槓鈴跳舞，令人賞心悅目。她一路走來，不僅不斷的完善自己也幫助別人。這樣用實際行動來激勵人生的故事，也收編在小學中年級的課本裡，讓小朋友藉此學習，努力堅持在自己喜歡的領域項目奮發向上，在未來的某一天，站在國際舞台的或許就是你！

國小中年級國語課本「高舉臺灣之光」

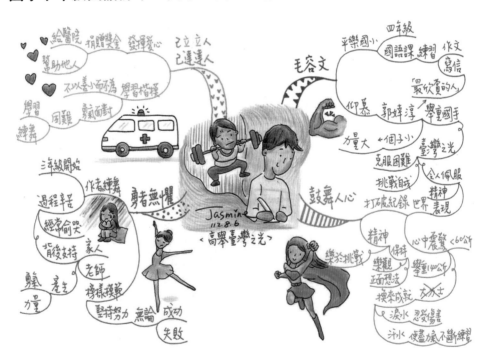

▌「凡所有相，皆為虛妄」看透生命本質，明心見性，方能淡定從容

說到要分享「無」這個話題，整個大腦突然脹大一、二倍，好大的題目喔……

無是什麼？就是沒有嘛，既然要談沒有，就從大的概廓先談好了，整個大腦馬上浮現出主架構出來！

我們生活在浩瀚的宇宙，在沒有形成之前，也就是「無」的狀態，那是什麼狀態？那麼在「無」狀態之前，是不是「無」「無」之前的狀態呢？如果這樣探究下去，應該沒完沒了沒結果，所以我們就來說說從盤古開天闢地之前的那個「無」的狀態。

在《莊子》應帝王篇說到宇宙還未爆炸之前，天地是很模糊的，非有非無、清濁未分，是渾然一體的、不可劃分，當時的一團迷霧裡，處於南方的帝王叫做「儵」，在北方的帝王叫做「忽」，他們相約到中央地方來玩，那在中央的帝王叫做「渾沌」，「渾沌」很善待他們，所以「儵」、「忽」決定送一份大禮來回報他。它們就想如果有「七竅」的話，就可以享受著「視」「聽」、「嗅」、「味」的美好體驗，於是就幫「渾沌」每天開一竅，到了第七天，七竅開完，「渾沌」也死了，這後來就是我們說的宇宙大爆炸……，所以從這小小的神話故事裡，讓我們明瞭，天地萬物的存在，都有固有的方式及本自具足的天性，如果我們盲目的去改造就會隱蔽天性，承受無明苦果。

在宇宙爆炸之際，就出現一個叫盤古的神人，開天闢地後，天地萬物就開始生成長大，這就是我們說的「道」生萬物，「道」看不見，也就是我們說的「虛無」，但卻確實存在著，而人總歸還是人，總是要「看見」才相信，所以一些悟性較高的賢能之士，仍難免對於宇宙那冥冥中所存在的規律、法則，提出質疑，想要深入去探究。

像屈原〈天問〉就談到了遂古之初，誰傳道之？上下未形，何由考之？問天地、問日月星辰……；李白在〈把酒問月〉裡也寫到了青天有月來幾時，我今停酒一問之……，今人不見古明月，今月曾經照古人，古人今人若流水，共看明月皆如此；那麼張若虛擬作〈春江花月夜〉也寫到江畔何人初見月，

江月何年初照人等關於時空人物等更迭，天地運行依舊的感嘆，總觀就是
天地與我並生，萬物與我為一，雖然時間空間上，每個人都是局部短暫的，
但整體是永恆的，這就是所謂的反者道之動的道理！

所以「道」是無以名狀，可以生育天地、運行日月、長養萬物，而這些無形
無相就是體現謙卑，那麼一開始「道」都是簡單至極的，是之後衍生至繁的，
所以我們要有遊外物的格局，不要用「假我」去看去想事情，因為佛經也
告訴我們，凡所有相，皆為虛妄，我們要官知止，用心生活，不要常常帶
著主觀意識去看事情，因為事情本身沒有對、錯、好、壞，一切都是主觀
意識去評斷，所以事情就越來越複雜。

莊子就講一個大小船相撞的故事，一艘小船看到大船駛來，就拚了命的呼
喊，希望小心不要撞上，結果大船還是撞上了，這時小船上的人就跳上大
船想去理論指責一番，一上船才發現是空船，當下的情緒也就消失無蹤，
所以放下成見、忘掉立場、放開片面的是非對錯，就可以包容接受一切。

世間有「無」就會有「有」，找到其固然的天性，然後依照天理去運行，必
定吉祥！我們都說要拜智者為師，向強者學習，那麼「水」就是最好的代

表，天下莫柔弱於水，而攻堅強者莫之能勝；上善若水，水能利萬物而不爭，處眾人之所惡，這種無我利他的精神，是立於不敗的哲學智慧。另若如能像庖丁一樣，能夠不斷修練，為道日損，如無厚刃般的走於筋肉骨相連的節間縫隙裡，游刃有餘，那麼爾後就能寵辱不驚、淡定從容的過此生。

▎「欲戴皇冠，必承其重」柔道男神
　　奮力奪金、淚灑技場

「欲戴皇冠，必承其重」好激勵的話，這正是 2023 年杭州亞運柔道男子組金牌得主─中華健兒有「柔道男神」之稱楊勇緯的座右銘。

每個成功的人必定有信仰，而信仰不只限於宗教，一句話承載著亙古不變的真理、智慧，可以永垂不朽帶領著人們走出一條成功之道。

看著中華隊旗緩緩上升，心中油然升起對所有正在努力為自己與為國家爭光的選手勇士們的感謝之情。何等的榮耀！除了是對選手們運動技藝的肯定之外，也完美達成了一次亮眼的國民外交，讓臺灣的實力被看見！

據報導「柔道男神」楊勇緯，近半年的成績，一直無法突破自己設定的「金牌」目標，成績也都平平，後來探詢原因，才發現他從 2021 年在東京奧運柔道男子 60 公斤級獲得銀牌獎牌後經歷國際柔道聯盟在 2021 年 11 月又更新他的世界排名，將他升至第一，至此之後，他每一場的比賽，全部被各國拿去分鏡，一一破解他的動作技法，導致一出手就被對方壓制。

所以這次杭亞前，到日本異地訓練，來到已經有 140 年歷史的柔道發源地。「柔道」是從一種戰場搏鬥技術「柔術」所改良，改良的人正是號稱日本的體育之父和教育家─嘉納治五郎（Kano Jigoro），他保留了比較溫和的「摔技」和「寢技」，來鍛鍊及教育身心。他樹立了柔道的核心精神「精力善用」，用以柔克剛的方式來展現自己的體能與技術，另外還要有「自他共榮」的共好理念，要提醒選手們，不只是自己進步，要和大家一起茁壯，因為遇強則強，彼此切磋，才更容易進步，所以要用感恩的心情來互相鼓勵。

由於這次楊勇緯在開幕後隨即為我國爭取到第一面金牌入袋，媒體重複播放，也讓忙著寫書的我，得以注意到這則新聞，也非常開心的讓自己去研究柔道的機會，而得知了比賽規則，例如參賽者雙方各著藍、白道服，授

頒獎時，則要穿著白色；比賽的時間正規賽是四分鐘，如果不分軒輊則進入黃金期，先得分就獲勝；比賽判決分「一勝」與「半勝」二種判決，要獲得「一勝」就得「速度」、「力量」、「背部著地」、「對手無法反擊」等四個條件都要符合要求，例如在「摔技」部分，就要摔到對手發出聲響、背部著地，「寢技」則是壓制對手沒有比賽能力、投降或壓制上半身達滿20秒；至於「半勝」就是要攻擊有效，背部沒有著地，但肩膀或上背部著地，還有側身90度等都可獲得半勝的成績；至於誰先取得勝利？就是先取一勝或二個半勝或對方收到三次指導，也就是「出界」、「消極進攻」、「無效攻擊」、「故意整理道服」、「不正常抓握或掙脫不當」等犯規。

亞運期間正值楊勇緯的二十六歲生日，年紀輕輕的他，卻擁有著無限的人生財富，全是滿滿的楊家哲學。柔道世家裡有著專長在柔道及角力的母親楊秀鳳，先啟蒙了楊勇緯的哥哥楊俊霆，全家一起運動則是他們感情增溫的最好方法，無論白天或晚上都還可以一起討論柔道議題，至於爸爸則是不斷的耳提面命，教誨孩子們一定要謙卑低調，路才能走的又長又遠；楊俊霆從選手到成為弟弟楊勇緯的陪練員進而晉升為教練，帶著和自己一起長大、感情濃厚的弟弟練柔道，更加知道如何溫柔溝通來達成效果，例如在2017年臺北世大運楊勇緯擊敗他取得國手資格時，他便鼓勵弟弟，會贏是因為有實力，還有比賽時，他總是告訴告訴楊勇緯他在乎他飛得快不快樂？而不是飛得有多高？這兄弟對話，總讓勇緯感動涕零！

哥哥俊霆總是驕傲地說，今天弟弟會走到這裡，是令人想不的，但一方面又有跡可循，因為他總是對於自己設定的目標，執著並勇往直前，不怠惰、不容易跟困難妥協，說到這裡，就想問問大家，有沒有注意到楊勇緯和2021年日本奧運拿柔道冠軍高藤直壽（Takato Naohisa）的耳朵相似？雖然他還沒有很誇張！他們擁有一雙後天打造的「柔道耳」，這是辛苦奮鬥的印記。「柔道耳」就是耳朵長期跟對方的道服和地板摩擦，導致耳多軟組織出血、紅腫、纖維化的一種變形的耳朵，所以，這就是付出的代價，也就是為什麼那麼少數的人能拿上人人稱羨的金牌。

要想擁有王者榮耀，很多精神必須如《易經》乾卦第三爻提點我們的「君子終日乾乾、夕惕若厲，無咎」，也就是時時刻刻必須戰戰兢兢，用謹慎、小心的態度，去面對我們的工作與技能。這次輸給楊勇緯的韓國選手李夏林的感悟，也讓我為之震撼，他說，他終於明白為什麼獲得「銀牌」的人，

領獎總是笑不出來，他結論是「銅牌」是贏來的獎牌，而「銀牌」則是因為落敗所獲得的！很扎心但卻也是很真實。

這幾天我腦海裡不停的轉著楊勇緯得知確定獲得金牌時所留下激動的表情與眼淚，他背後是乘載著什麼？現在就來告訴大家，原來大家看到賽程就告訴楊勇緯，柔道是第一個最有希望為中華隊在亞運贏得史上第一百個金牌，而中華隊拿到第一面金牌則已經回溯到 1954 年楊傳廣參加在菲律賓馬尼拉舉辦亞運時所拿的十項全能金牌，也就是如果能獲得金牌就是等了六十九年的時間，這或許是我們「柔道男神」之所以激動不已的原因了。

柔道的輸贏，總在轉眼瞬間，有了這一次好成績的突破，楊勇緯更是鎖定2024 年的巴黎奧運，他非常清楚的知道，心理素質的提升是最重要的課題，只要能夠掌握心態隨時做調整，再加上運用抓握技巧的多樣性與純熟度以及靠著經驗累積的身體記憶，或許在 2024 年巴黎奧運依然會大放異彩，讓全世界再度看到我們臺灣！

恭喜楊勇緯，也謝謝所有為自己夢想打拼的中華健兒們，加油！

「路漫漫其修遠兮，吾將上下而求索」，端午節慶的深度學習

在這中華文化氣息濃厚的端午佳節裡，我們該傳承的不僅是有形的慶典活動；對於一代愛國詩人、思想家亦是政治家的屈原，帶給你我什麼樣的啟迪與省思？這是端午節前夕，俯首思考的問題。每年的端午節，就會思考著要跟學生們談論些什麼？不管經過幾年，孩子們的腦海裡總是停留著立蛋、划龍舟、香包、屈原跳汨羅江……等粗淺的概念，再深入的問下去，中國三大節慶清明、端午、中秋，為何唯獨一個端午是跟一個人有關？能回答的僅止於因為屈原愛國！中國歷代愛國的政治家、詩人、哲學思想家也很多人啊？為何沒有雀屏中選，被後世每年都要緬懷的機會呢？這背後偉大之處，大家關注了嗎？

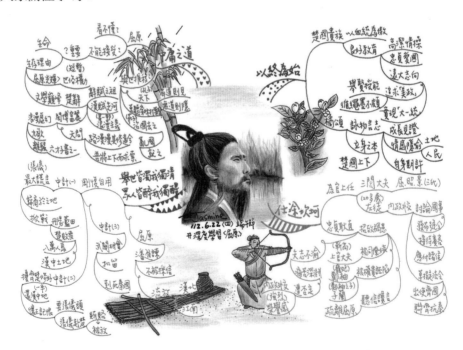

屈原之所以偉大，是他那如橘花潔白聖潔、堅貞愛國、矢志不渝的情懷，還有他為中國文壇上創下了詩歌奇葩，以「有名氏」終結了詩經「無名氏」的集體創作，而產出了屬於代表戰國時期楚國人的文體「騷」，至後代西漢劉向將屈原所作之〈九歌〉、〈九章〉、〈離騷〉、〈橘頌〉與宋玉等

人之各名篇輯錄為《楚辭》，進而奠定辭賦之祖的地位，這也是屈原不可被取代的貢獻。

我深深的被他的〈橘頌〉著迷，孔子說十五志於學，熟讀儒家經典的屈原，身體力行的做到了，詩中以「橘」樹生於楚國、受命不遷，深固難徙，更壹志兮！清楚表達了對祖國的熱愛及堅貞不移的信念，這是身為現代的我們，比較少欠缺的「堅定意志」，不管是愛國心或者傳統文化的保存觀念抑或是對自己的熱愛，好似就少了那麼點堅持，容易搖擺，所以這也是我為何會想拿起來跟學生深度討論的一環。「專一致志」是成功的必要條件之一，但往往我們卻輕忽了堅持的力量是何等的重要！《易經》的履卦曾提示我們「履道坦坦、幽人貞吉」，只要走的是正道，都是吉祥，就像屈原一樣，雖然未能實現自己的理想抱負，但他堅信自己的品德與治國的理想是正道，那麼他就如同「與天地同壽」、「與日月齊光」的偉大。

每個人的性格本就不同，從《九章‧涉江》的吾不能變心而從俗兮，固將愁苦而終窮，還有《九章‧思美人》篇章裡的芳與澤其雜糅兮，羌芳華自中出等等，看得出無論內心如何苦楚，屈原依然想出汙泥而不染，不屈於權貴，而在這個環節裡，讓我苦思良久，我該怎麼教化學生？其實在教化學生之前，我自己又如何看待「濁」與「清」「醉」與「醒」呢？

人生裡的「關係」、「仕途」、「事業」、「環境」遇到逆境與瓶頸時，該用什麼樣的心境與信仰去看待？

真的沒有標準答案！

可以如屈原潔身自好、不能忍受塵世之污垢，不從眾；亦可以如莊子擊缶而歌，認為治國去之，亂國就之，用生命去擁抱現實；抑或如蘇軾的選擇——「莫聽穿林打葉聲，淬鍊之後的豁達。」

人生難？不難？漫漫長路，吾將上下而求索！

端午節幼兒版

(一)心智圖範例

　　1.請在中心畫上粽子。

　　2.第一個主幹從具體的「粽子」發想。

3. 第二個主幹從節慶的主角「屈原」發想。
4. 第三個主幹從節慶活動一「立蛋」發想。
5. 第四個主幹從節慶活動二「龍舟」發想。

(二)利用九宮格，以端午節為主題，畫出相關聯的人事物。

▋「傲骨錚錚」的劉禹錫

《中庸》開篇「天命之謂性」、「率性之謂道」、「修道之謂教」，只要了解自己的天賦，並與之引領與道和合，然後去實踐，就能走上順遂如意的成功之路。然而我們都知道，在「率性」的過程中，需要克服與生俱來的性格、壞習氣，並不容易。有近代心理學之父之稱、美國的心理學家威廉‧詹姆斯（Willam James）曾說：「思想決定行為，行為決定習慣，習慣決定性格，性格決定命運。」一切的結果都是意識所決定的。

讀聖賢書，所學何事？這是一個大哉問！「以人為鏡，以明得失」如何借鏡？飽讀詩書的達官進士們，在政治理想與生命磨難中，難道不知道該如何取捨嗎？很弔詭的是，綜觀存留在我們心中的聖人、哲學家、思想家，雖然一生顛沛流離，也都要堅持選擇對的理想與抱負，高風亮節，不畏權貴打壓，也因此才會存留在我們心中，深受人民的愛戴，地位崇高，永垂不朽。

劉禹錫出身官宦世家，21 歲即中進士，30 歲之前，仕途得意，這樣的人生勝利組，是大家所嚮往的，就像現代一個從小家境好、領悟力強的資優小孩，看似前途光明，美好的事物總圍繞在他身旁，就此認為人生就是會一直順遂下去……，然而人生並不如此簡單，艱難險阻是常態，劉禹錫第一次被貶是因為參加「永貞革新」事件。唐順宗即位（805 年），王叔文集團得到皇帝的支持，發動永貞革命，大刀闊斧的想解決積習已久的政治和社會問題，當時能力超群的劉禹錫、柳宗元也加入改革行列，成為王叔文的得力助手。改革是立意良善的，然任何政治改革多少都會撼動原本的利益格局，既然影響既得利益者，遭致的反對聲浪可想而知，劉禹錫的硬骨子、堅韌不屈的處事原則，寧願不阿諛奉承，也要極力改革，這就是非常典型的性格決定命運，之後竟遭遇 23 年的貶謫生涯。

從劉禹錫的詩詞文句裡，不難看出他為人處事的態度，因其剛毅正直，而被後人稱做「詩豪」。因永貞革命失敗後，劉禹錫被派到朗州（今湖南常德）那時候還是荒僻落後的地區，要是換了一些想不開的人，心情肯定難受，而且一住竟然長達十年。日子久了，朝廷裡有些大臣想起他們來，覺得這些都是有才幹的人，放在邊遠地區太可惜了，就奏請憲宗，把劉禹錫、柳宗元調回長安，準備讓他們留在京城做官。劉禹錫回到了長安，看到長

安的情況，已經發生了很大變化，在朝廷官員中，很多新提拔的都是他過去看不慣、合不來的人，劉禹錫心裡很不舒坦。有一天和老朋友去道觀賞桃花，看到玄都觀裡新栽的桃花，很有感觸，回來以後就寫了一首詩：〈元和十年自朗州至京戲贈看花諸君子〉紫陌紅塵拂面來，無人不道看花回。玄都觀裡桃千樹，盡是劉郎去後栽。劉禹錫的詩本來就挺出名，這篇新作品一出來，很快就在長安傳開了。

有一些大臣對召回劉禹錫，本來就很不願意，讀了劉禹錫的詩，便不懷好意的琢磨起來，看看裡面到底有什麼含意。也不知道哪個人說，劉禹錫這首詩表面是寫桃花，實際是諷刺當時新提拔的權貴，這下不得了了，又逃不過被貶的命運，最終還因為好朋友柳宗元遊說，憲宗總算答應把劉禹錫改派為連州（今廣東連縣）刺史。之後劉禹錫又被調動了好幾個地方。過了十四年，裴度當了宰相，才把他調回長安。他還是不改性格，又再寫下第二首〈再遊玄都觀〉百畝庭中半是苔，桃花開盡菜花開。種桃道士歸何處？前度劉郎今又來。一些大臣聽到劉禹錫寫的新詩，認為他又在發牢騷，挺不高興，在皇帝面前說了他不少壞話。過了三年，又把他派到外地當刺史去了。

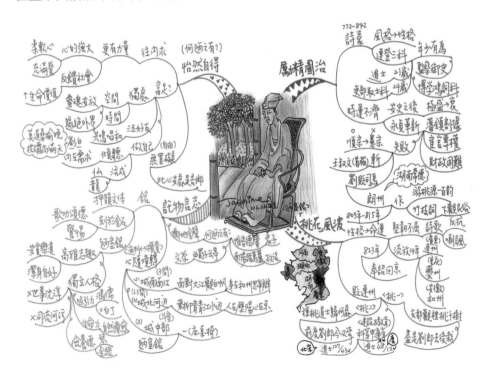

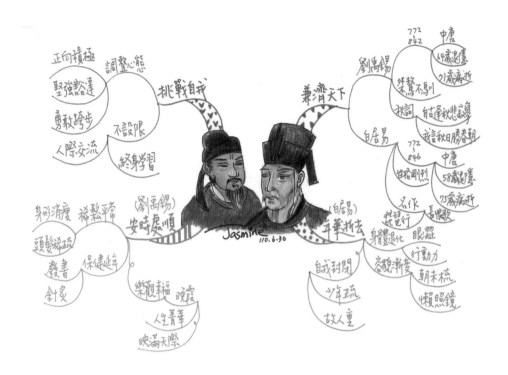

有時候，看到劉禹錫的故事，讓我有另外一種感慨，「真話」不好聽，真的要懂得說「妥當的話」，要不就放心上，學學辛棄疾「而今識盡愁滋味，欲說還休。欲說還休，卻道天涼好個秋。」說一些不關痛癢的，才能保身。但是如果劉禹錫當時悟出這個道理時，我們就無法拜讀到流傳千年的〈陋室銘〉。

「斯是陋室，惟吾德馨」把劉禹錫傲骨錚錚的特質，嶄露的淋漓盡致，帶給我們一股向內求的強大力量，只要時時充滿愛與柔軟心，提升自己的生命價值來反饋社會，不管外在環境如何險惡，好好做自己，安放自己的靈魂，讓自己活成「龍」活成「仙」，如此一來，就如同《心經》所說的「無罣礙故，無有恐怖，遠離顛倒夢想，究竟涅槃。」這就是最大的自由，心的自在。

▌「向內探求‧厚積薄發」劉禹錫的同理共情，成就不凡功業

法國思想家羅曼‧羅蘭（Romain Rolland）說：「閱讀就是讀自己、發現自己、檢查自己。」我們讀了很多聖賢經典書籍，到底學到什麼智慧？受到什麼樣的啟迪？我們是否會在閱讀的同時，不斷去自我對話，找到真理。例如大家是否有想過為什麼古代文人，飽讀詩書後最終都要走上仕途之路？其實答案很簡單，因為做官才能去施展人生抱負，實現政治理想，把所學的「仁、義、禮、智、信」五常為做事的標準，為人民謀福利。儒家思想精髓薪火相傳，陶冶著各個聖賢人士，他們不但懂得「觀我生」的自我覺察、更懂得「觀其生」的體恤人民，全方位的修正調整。

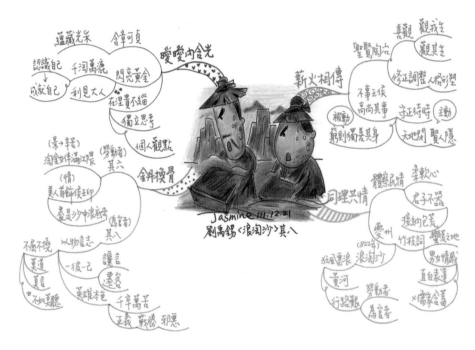

有些賢士在生不逢時，為了明哲保身，迫於無奈就選擇退隱，魏晉時期的竹林七賢便是一例。《易經》第十九卦蠱卦，上九也告示我們「不事王侯、高尚其事」守正待時是聰明的決定，正所謂的天地閉，賢人隱；窮則獨善其身。但，一樣米養百樣人，不同的性格就造就不同的命運，在道法自然下，我們說人生的修練，循著天道，體現在人事物上，效果最好。天地運行本是

一個變化的歷程，最高的價值就是「道」，但必須體現在器物上，如果沒有「物」就沒有辦法發揮其作用，就是所謂的離器無道。像莊子就使用的「陶鈞」來比喻「道」，「陶鈞」是藝術家用來形塑藝術品的轉盤，就如同「道」在宇宙運行中創生出人與物，然而「陶鈞」本身也是器具，所以道器必定是合一，所以我們才會說「借事修人，借假修真」。

劉禹錫被貶謫蠻荒之地 23 年，他並沒有因此而頹廢喪志，教當地學子讀書、發展教育；教農民疏濬耕種，開荒拓土；體察民情，接納包荒，完全和當地百姓融為一體，如他非常有名的〈竹枝詞〉就是他被貶夔州時，將他所見當地男女對於情感的純樸，直白的表達，所描繪的意象詩詞，而〈浪淘沙〉則是同理共情的寫出勞動者與為官者的行路難，用黃河上的狂風惡浪，比喻著人生的艱辛，以物言志，用「莫道」「莫言」砥礪自己不屈不撓，而我覺得「莫道」、「莫言」都不如「莫聽」的境界。

〈浪淘沙〉這首詩引發我的一個想法，我們要如何成為閃亮的黃金？一定要經過千淘萬漉從認識自己到成就自己的過程，厚積薄發，利見大人後必定會大放異彩，但我們一定要切記漢·崔瑗的〈座右銘〉給我們的提點：「在涅貴不緇，曖曖內含光。」，要擁有獨立的思考與個人觀念，千萬別落入人云亦云的行為模式，才能成為一個受歡迎的人。

▎「賣油翁」的智慧啟迪──現代人必讀的經典故事

在 5G 資訊爆炸的年代，各種短影音大師教大家要都對準風口，快速學習，只要學會幾個招式，馬上讓您流量倍增，得到時代紅利！真的這麼簡單嗎？

打從 1980 年後，速食店、7-11 便利商店開始了大家對「便利」重新定義，凡事速度要快、離家要近，這樣的標準也用在學習上，這是我相當不能理解的思維。

常常有家長問我，要花多久的時間學習心智圖？我總是回答至少三年才能養成思考的好習慣！有百分之六十的家長會馬上反應，怎麼需要那麼久？有沒有比較短的時間？我會納悶，老師明明說至少要三年，可是家長有自己的認知，覺得不需要學那麼久？可是我也不知道家長覺得不需要學那麼久的標準是什麼？

但我可以肯定的一點是，家長的耐性越來越少了！可能在這什麼都講求快速地年代，所造就出來的急性子吧！

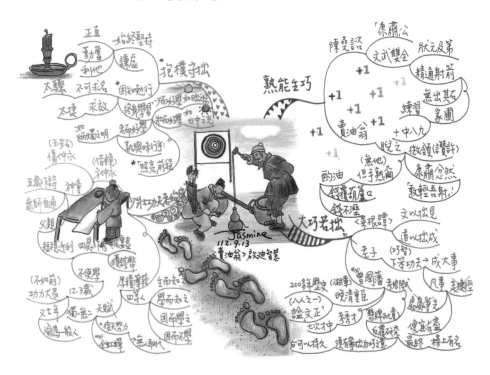

讓我想起了賣油翁的故事。非常淺顯易懂的故事。文武雙全的陳康肅公堯咨，善於射箭，然而精通射箭也有它的道理，他自家院子就有練習場，言下之意，就是可以隨時練習。一位賣油翁經過，放下擔子，駐足片刻，看到發箭十中八九，僅點點頭示意，這當然不是陳堯諮所期待的結果，忿然的表示賣油翁怎敢輕視他的箭法。賣油翁表示，這並不是什麼大技術，「無他，但手熟爾。」接著他也表演了一段油倒入一只葫蘆，且葫蘆口覆蓋錢幣，而錢幣不溼的戲碼，然後又說了同樣的話「我亦無他，惟手熟爾。」這樣經典簡易的故事，我恨不得拿起麥克風對著全世界的家長來說。

菜根譚有句話說「文以拙見，道以拙成」，老子也說「大巧若拙」，凡是智巧的人，會有成就，原因無他，就是願意下笨功夫，也就是一步一腳印，踏踏實實的去實踐，不走捷徑、不處處爭先、不便宜占盡。歷史上最有名的故事就是清代的曾國藩，他自幼就不是個聰明人，有個真實故事記載著他

小時候腦筋特別不好，讀書得要唸上好幾遍才能背熟，有一次躲在屋樑上的小偷，時刻張望著要等曾國藩背誦完文本離開書房時開溜，結果左等右等，小偷聽著聽著都會背了，曾國藩還是背不起來，讓小偷氣得直跳腳！

曾國藩參加秀才考試，也連考了七次才錄取，另外在考鄉試時，竟被主考官拿他的作品「懸牌批責」，也就是當示批評他的文章理路不清，是不良的範本，如果是你，你肯定相當氣餒，或許就不再參加考試了，但是曾國藩並沒有喪志，不斷反覆檢討研究，最終還是讓他榜上有名，所以他的家書裡就有寫道，「需有寧拙毋巧之意，而後可以持久！」這個晚清重臣，最後也得到包括他僅八位，朝廷封給的「文正」諡號，可見他的人品與對國家的功勞，是多麼值得後世景仰與學習。

記得陸游也曾經跟他的兒子子聿說到求學問應有的態度。「古人學問無遺力，少壯工夫老始成」，少年勤奮努力學習積累，到了年紀大的時候，才會有一些些的成果，而且最重要的是要實踐！有時候覺得推行國語古文，也是一項復興文化不可少的運動，尤其現在圖文、影音充斥的世代，古文經典裡的智慧，真的是我們做人處事該有的底蘊，如果經典、哲理、智慧漸漸式微，那麼我們的人生必定會感到茫然，不知方向，就猶如有句話所說：「人生沒有哲學是盲目的；哲學沒有人生是空洞的。」

尤其淺碟文化，帶動了人云亦云的現象，很多人分不清什麼是對的？什麼是錯的？流量至上！這像極了王安石所寫的〈傷仲永〉的故事，為了迎合大眾的要求與口味，方仲永的父親帶著他這個五歲神童，到處表演寫詩句給別人看，獲得錢幣或是人家請吃飯而引以為傲。短視近利的父親，並不覺得方仲永這個年紀應該要好好學習，認為他就是個天才，無師自通，這樣就夠了，往後十二、三歲時，他做詩詞的功力大不如前，又過七年後，再也無人問津了，這是一個多麼可怕的事件，不管是否已經找到老天給予的天賦，若不勤加練習，終有一天將被社會淘汰。

所以抱樸守拙真的是我們現代人要謹記在心的座右銘，在這講求快速的年代，更應該保有困知勉行的長期主義思想，不可以求名太驟，也不可以求效太捷，隨時保持積極進取的學習態度，因為學習如一道光，可以照亮前程。

▎迷途羔羊如何找到天命──知名歌手的逆襲人生

正當在寫書之際，＃me too 運動從政治圈蔓延到娛樂圈，在極為混沌窒悶的氛圍下，一則喜訊炸開了瀰霧，真是太恭喜蕭敬騰和林有慧，事業一路上的起伏跌宕，有掌聲有壓力有歡笑有苦惱，風雨兼程中相互照顧與提攜，不僅彼此是事業上的好夥伴更互為貴人，最終在多重角色情感交融下，決定牽手一輩子。

翻閱民國 107 年時，我在以當時對蕭敬騰了解後所寫下的心智圖筆記，重溫了過往的一個年少輕狂，翹課、滋事、不讀書的問題孩子，到底做了什麼改變？讓他如今能飛龍在天，呼風喚雨，徹底扭轉人生。

由於患有閱讀障礙，自小的蕭敬騰就不愛讀書，整天遊手好閒，惹事生非，是個家庭、學校頭痛的孩子，也或許家境不好，父母及祖母忙於打工賺錢，生活上忙得不可開交，對於孩子也就缺乏耐心的引導，以至於學校學習沒有成就感，回到家又沒有溫暖，乾脆就在外面廝混。就在一次打傷人之後被強迫接受了管束，下課後需要接受校外輔導，就在這時候，一個人生重要的轉捩點，一句話救了蕭敬騰的一生。當時的輔導員鼓勵他，與其用力氣打架，倒不如拿去打鼓，就這句話，驚醒夢中人，他才想起，自己會打

鼓這件事。15 歲拜師 3 個月，後因家境不好，無法再繼續，只能自學苦練，每天花在打鼓上就 10 個小時以上，16 歲就當起教會老師，還獲得頒發「善心人士獎」，而他為了讓學生在音樂上更上層樓，於是自學鍵盤，即便他看不懂樂譜，就運用了他天生的聽覺優勢，憑藉音感苦練鍵盤。於 17 歲開始到處駐唱，每星期超過 50 小時以上。就這樣土法煉鋼的方式，讓自己在音樂上一步步地往前邁進，一次超級星光大道的踢館，讓他一戰成名，當時是 19 歲，而在 20 歲平步青雲發了片，正式成為歌手。而且是響叮噹、家喻戶曉的超級實力派歌手。

說到這裡，其實我們可以檢視一下自己，當人生迷茫的時候，如果身邊出現了天使在提點我們的時候，我們是否能有悟性聽得懂？或看得懂些什麼？這就非常的重要，因為貴人出現在面前，也許說完了一句話，就消失無蹤影，如果自己沒有覺察力，上天再派更多的天使來到身邊，也都會無功而返。蕭敬騰不愛讀書，但他聽懂看懂並且看重這個輔導員給他的建議，於是乎改行為善，用謙卑自牧的心態以及堅強的意志，不斷的學習、並自我挑戰超越不可能，才有如今我們看到光芒四射的超級歌星。

然而蕭敬騰是受到老天眷顧的，在他爆紅之際，如浪潮般湧現的簽約公司讓他手足無措，到底要把自己的演藝生涯交到誰的手上呢？可能又是上天給他的訊號，他選擇了一個當時資歷最淺的林有慧（Summer），如同她名字一般，或許有精銳的慧眼，她用陪伴與誠心打動了蕭家大小，如願的得到了人生的一張紅牌。在往後的日子裡要如何打好這張牌，憑藉從小跟著父親在龍蛇雜處的秀場上，透過敏銳的觀察力，學到了如何和不管黑道或白道相處的圓融手段、應對進退，這也是她能打造蕭敬騰，讓他事業輝煌騰達，遇事能全身而退、功不可沒的軟實力！

十幾年所遭遇的種種，絕非三言兩語就能說完，蕭敬騰有今天的成就，對自己超高水準的要求，恐怕是一般人所不可企及，他不醉心於異與之言，相反的，每次表演後第一件事，就是要經紀人 Summer 給予法語的中肯指教，如此的自我惕勵，也難怪站在舞台上能魅力十足、璀璨耀眼、撼動人心並且游刃有餘。這個曾經的浪子，用汗水與淚水交織成錦繡前程，找回了生命的價值與意義，一切的美好，如期而至。

關於他們的故事，我心仍澎湃！

請相信自己，並大膽放手的去開創自己無限的可能吧！

▌X 的力量

現在的學習，我們希望能跨領域，達到提升素養的目的；那麼企業也忙著跨界聯名，因為合作大於競爭，尤其現代人勇於嘗鮮，這也會增加不少商品熱度。

2023 年 9 月 6 日，大陸的連鎖咖啡店瑞幸咖啡，和當地貴州的茅台酒聯手，推出了一款名叫「醬香拿鐵」的咖啡飲料，我想應該是獨特的組合，所以迅速的爆紅，成為大家熱搜的話題。當時的我剛好在大陸，但是並沒蹭這熱度。原因無他，因為怕踩雷。印象中，小時候有那麼一首「美酒加咖啡」的歌，但對於「茅台」酒（沒喝過）要和拿鐵攪和一起，能嗎？又到底能碰撞出什麼口味呢？我還真不敢嘗試，但腦海還是使勁想聞個出個什麼味道？於是腦中竟出現，小時候曾經吃過的巧克力包著酒的巧克力糖。是否是那種有點辛辣的又帶點香甜的奶味？上市後評價不一，但是當天推出的「醬香拿鐵」竟刷新紀錄，銷售量超過 542 萬杯，銷售額超過人民幣 1 億元以上耶，您看看，這合作的力量有多可怕啊！

這讓我想起天下雜誌曾經報導過「X 的力量」，裡面談到企業聯名換粉絲的故事。聯名換粉我們可以意會像是在遠古時代，還沒有錢幣可以使用時，最早的使用方式就是物品交換物品，我們家 1 隻羊，換你們家的 10 隻母雞，用我有的跟你換我沒有的。用現代的語言，就是打破同溫層，把你的粉絲和我的粉絲交換，至於能不能變成自己的鐵粉，就要各憑本事，利用各種升級模式，一步一步的抓穩在自己的手裡。

在發展這種遊戲模式之前，較早的做法是花錢買世界知名的圖象，就像米老鼠、Hello Kitty 再和自己的商品做結合，來吸引已是圖象的固定老粉，但是授權金如通貨膨脹似的，不斷的上升，許多企業評估下難以承擔，所以後來才想出這種互惠互利的方式，大家一起合作，在藉由科技大數據的分析與統計，讓市場消費的成效率更佳能具體化的展現。

我們不可否認大數據的精準分析，能讓我們少走許多彎路，商場如戰場，要走的遠，糧草不可缺，所以每筆資金的投入都要對到口，所以聯名換粉除了省錢之外，還省了很多的力氣，讓企業增加不少的存活率。

那麼要怎麼換粉？要怎麼製造話題和浪潮，都是需要策略並按照 SOP 的步驟，才能達到預期的效果。

首先，商品推出之前，就要不斷的製造話題，如果感知力比較強的人就能感受這是一般商品會操作的模式。像是「熱浪滾燙」的這部電影，還沒上市之前，賈玲從胖到瘦，整整一年如何鍛鍊自己的每天日誌都剪成預告片，在網路媒體不斷的散布，製造聲量與話題，大家對於她怎麼瘦的，反而比這電影要表達的內容還要關注，其實這都是手段之一，先用大家比較關心的，比較能貼近生活的議題下手，來製造流量，最後再導向主體的訴求，都是無傷大雅的方式，重點就是抓住眼球及聲量！

當然電影就沒有像商品會下架一買不到的遺憾，所以針對商品在第二個步驟就會是利用「飢餓原理」，限期限量，讓消費者感覺若晚一步，就會買不到而造成搶購。接著這種刻意塑造的「飢餓」，關鍵領袖會讓話題在社群繼續發酵，維持熱度，有利於第二波的攻勢。

當然，商品若要聯名，就企業經營者來說，也會考量彼此的實力，一定是能互相加持為第一優先考量，如何創造話題也是重中之重。

目前我們的生活因為科技發展所造成市場很多結構性的大改變，如果沒有高度的眼光去觀察趨勢潮流的演變，隨時做好調整的準備以迎向多變詭譎的情勢，不管是哪個領域，都很容易走上淘汰之路。

我們常說永保積極樂觀的態度才能迎向勝利，看到危機只要懂得轉向就會是一個全新的機會，不同領域的企業，大家坐下來集思廣益，一定會碰撞出不一樣的火花，打造出無不可能的新局面。

在繪製心智圖時有幾個重點我認為是很重要的：第一，如何讓沉寂的市場再度活絡：若能結合知名商品圖象，勢必會製造一波鐵粉購買高潮！然而面對圖象授權金居高不下，那就變個玩法，互惠互利，於是市場興起「聯聯樂」，我家就是你家的概念，吸驚、吸睛又吸金，整個嗨到不行，於是我用了「越換越嗨」來抓取第一個重點！

接著，第二個主幹重點便是，抓取「乘法力量」的優勢及遊戲玩法：在這裡我也把聯名需要符合「門當戶對」「互補」等條件的例子寫下來，大家透過心智圖的重點就能一窺究竟。再來，第三主幹重點則是「強強聯手」的案例。

最後，引用《易經·震卦》初九〈象〉曰：震來虩虩，恐致福也。來做總結。震代表著變動，變動來臨時往往讓人恐懼，若因此而能有所警覺、自省，那麼反而在最後能夠得到亨通，而為吉祥。 市場的競爭詭譎多變，但也唯有變的能力，才能讓事業更佳亨通。

▌49 歲國民煉乳靠百種秘方稱霸全臺

如果說誰是大家方便的好鄰居？應該都會異口同聲的說便利商店。

沒錯，我在選擇住屋環境，周圍有無便利商店，會是我決定住入的關鍵條件。因為應有盡有、琳瑯滿目的商品，對於個人或小家庭真的是方便極了。另外有時只想活動一下筋骨，便會選擇超商逛逛。

記憶在四、五年前，大約在 2019 年的時候，進入超商，令我驚豔的是架上出現需多結合在地小吃風味的可樂果、洋芋片和餅乾。什麼米血糕口味、三星蔥口味、煉乳等，打破原本的食物屬性，呈現的新鮮感組成，令人想要躍躍欲試，雖然說雙子座比較喜歡嘗鮮，但我可能是較另類的雙子座，

總怕踩雷，只挑自己覺得比較尋常的組合來試試口味，於是我選擇了煉乳紅豆夾心酥來嘗嘗，果然是好味道！至於米血糕口味的可樂果，至今是否還存在？我倒是沒有仔細搜尋，但這樣的組合名稱，確實令人驚豔！

市場這樣大舉動的商品新鮮結合，給了我們實際的體驗，所以無意間又看到雜誌上針對此現象特別報導，我就非常有興趣的去深入理解，並轉化為一張重點心智圖筆記，因為生活筆記就是一種自發性，針對感興趣的議題去寫心得，時隔多年後，透過紀錄可以再回憶一次。

小時候特別愛吃甜，所以「煉乳」這東西，便是我的最愛，開瓶器在鐵罐上鑽上兩個小洞，濃醇香的乳白色液體，從高處滑溜下來，駐足在我的草莓上、餅乾上，再用舌頭一舔，那甜滋滋的奶香，瞬間化進嘴裡，可以說是上頭啊，愛不釋手，隨著年齡一天天的大了，嘴不那麼饞了，但往往在吃剉冰時，還是不忘要多加 10 元的煉乳，去滿足心中對「味」的記憶。時過境遷，我熟悉的食物配角「煉乳」，竟然用聯名或自產的方式讓大家看見，就是結合零食、罐裝飲料還有蛋糕等產品，其背後的原因，可想而知一定是為了「突破」，不管是突破市場占有率或是是老牌換新意等，都是為了改寫世紀商品的命運，求生存也求更上一層的發展。

其實不管是任何行業，只要是「老」的，在某種程度上，算是禁得起考驗，但為了更上層樓，滿足消費者的新鮮感，通常就得做些變化，例如老歌也要新唱，透過不同的編曲方式，不失其精神內涵的再展現出不一樣的聽覺饗宴，創造歷久彌新的感受。

我總愛閱讀商品的故事，從發跡到發達到峰迴路轉的再躍進，總令我動容。故事中的黃水盛先生，是飛燕煉乳創辦人，在轉型的 2019 年剛好是 82 歲。在他 21 歲時就離開雲林故鄉來到繁華的臺北，開始經營烘焙相關的麵粉、奶粉等原料。時隔多年，到了 1960 年代，那時候臺灣工業起飛，勞工朋友們在嚴酷的高溫工作下，「喝涼水」是生活中的極大享受，所以當時坊間就盛傳一句話「第一賣冰、第二做醫師」（指賣冰比做醫師好賺），嗅到商機的黃水盛覺得或許可以嘗試看看，於是在 1970 年投入上百萬元購買機器設備，轉型改賣煉乳。

當時賣煉乳的廠牌有許多家，主要銷售對象是大盤商或者是大型的量販店；黃水盛為了區隔市場，他從小眾出發，以低利潤的價格向冰店推銷，小店舖

的老闆當然樂見降低成本及售後服務的周到，紛紛的下訂單，除此之外，黃水盛每個月還會親自到店家，教店家如何創造新品，像紅茶直接是加上煉乳成為不同風味的奶茶，還有煉乳要怎麼加，才能提出紅豆味，相得益彰下進而抓住消費者的胃口。但凡跟煉乳相關的商品，全不藏私的教學，擄獲不少商家的心。在這樣用心經營之下，2000 年業績創歷史新高，來到了三億多元。

反者道之動，這是一定的規律，泰極一定否來，迎面而來的是手搖飲市場的崛起，再加上不肖廠商的「毒奶粉」事件的爆發，營業額急速下降，這時，只能轉型，別無他法。

每個故事，都有我們值得學習的地方，像飛燕免費提供研發報告還有親自上門教學，看似只有服務，但實質上是雙贏的策略。能夠幫助下游廠商的成功，就更能讓企業站穩腳步，謀取小利並不會為企業帶來快速豐厚的財源，但是信任與穩定的合作，才是企業能走得更加長遠的基石，我們可要記住這寶貴的商業經驗啊！

在繪製心智圖時，我聯想到了：首先，當我走進超商，映入眼簾的是什麼？或者是寫這篇心智圖的「動機」、「緣由」是什麼？這就是第一個主幹可以發揮的「關鍵詞」。再來，從以大盤商或大型通路的供應服務對象轉為小店舖的手把手的貼切服務，成功轉型後，又遇到臺灣經濟整體轉型西進及毒奶粉突發事件，整個營業額大幅下落，這樣的「變化」，就是第二個主幹要著重的地方。

接著，既然出現了困難，又不能收手不做，讓我想到了《易經・蹇卦》上六「往蹇・來碩・吉」這爻辭的意思是如果再拼命的往前蠻幹，則會陷入困局危險，若能從容退守，則會有貴人出現相助，會化險為夷，一切皆為吉祥。於是就用此「往蹇來碩」來摘錄後面的重點。

最後，我以《易經・革卦》「君子豹變」來收尾。市場的變革，使得飛燕煉乳必須找到轉型的生存之道，從製造商轉型為乳製品創新開發商；用輔導店家所得到的經驗，再加以修正與調整，為自己在研發創新上增進許多前有未有的能力，這也是飛燕為何會吸引市場行銷團隊的注意，才媒合了聯名產品，結合在地方風味，開創令人耳目一新的產品。

▌一朵蘭花背後的氣候戰爭

「氣候危機」是燃眉之急，不是未來式，而是現在進行式。從馬斯克想盡辦法要讓人類登上火星，就可以預想後果的可怕，這當然不是憑空想像，在第一個主幹就寫到了數據，那麼知道氣候危機後，能怎麼辦？現在在小學課堂裡，透過課本文章或老師指派的作業，這方面要學生思考的部分，已經屢見不鮮了，那麼專家又如何的建議我們實際去落實在生活中呢？我在一片篇探討「一朵蘭花背後的氣候戰爭」的報導裡，看見隸屬聯合國的一家政府間的機構—氣候變化專門委員會（IPCC）給了全人類兩個大方向，就是盡量的減緩溫室的氣體排放和調適自己的生活環境和相關產業的方向。

感覺好像有些無奈，但是目前的極端氣候，確實成為我們的日常型態，也造成某種程度上的困擾。極冷或極熱的氣溫，我們碰上了，該下雨的時候不下，不該開花的時候開花，我們也遇上了，也就是時令因為氣候而打亂

了節奏；我們都知道要減碳，但是這是亡羊補牢，要再逆轉回到從前，已經不太可能了，所以我們只能極盡所能的減少碳排放量，然後作好調適。

「調適」一詞，我們總是用在屬於個人情緒上，或往上一層的連結，關係到的是個人與周遭人物上的關係，很少說我們要去調適大自然給我們的反饋。這或許是科技所帶來的一種文明的傷害，大自然要給我們的一種省思與檢討，就像 2019 年底新冠肺炎（COVID-19）給我們的當頭棒喝，直接給了我們暫停鍵，好讓大自然有幾年的期間，好好的休養生息。所以氣候危機真的是警示燈，我們不得不關切啊！

說到氣候危機這靠天吃飯的農業經濟，肯定是無法逃脫的第一受害者。

不知道大家有沒有想過，如果室外溫度每增加 1℃，有哪些物種會因此而滅絕？聯合國糧農組織（FAO）的報告就提到全球暖化，與農產品的產量減少是直接的畫上等號，受到影響的包括了中東、南亞、東南亞還有臺灣。那麼溫度往上升 1℃，像玉米、大豆、小麥、稻米等主要的糧食，都會銳減 3% 至 7% 不等的產量，美國國家科學院院刊在 2017 年就明白的指出，不要小看 1℃ 之差，有可能會造成糧食危機。

回過頭來看臺灣，氣溫不斷攀升，我們農民種植的花卉、水果有沒有發生什麼樣的改變呢？

記得小時候掛在牆上的水果月曆，總是配合當季水果的圖片，令人垂涎欲滴，但是可怕的事情發生了⋯⋯未來出現的可能不再是荔枝、龍眼，而是紅毛丹、山竹？

受到暖冬影響，不但讓荔枝、龍眼不開花、不結果，還讓蜜蜂採不到蜜。我們開車到國境之南的屏東，原本高高掛在樹上的應該是檳榔，但再靠近一點看，所有的樹果全變成榴槤蜜和紅毛丹。

我們看到中央氣象局恆春測站，說明 100 年來的年均溫上升超過 26℃，極端高溫的天數，從未暴增至 62 天之多。在 2019 年屏東一年就有 11 個月的均溫是超過 28℃，這當然就可以為我們來解答，為什麼在馬來西亞才能看見的榴槤蜜，和產自泰國的紅毛丹、山竹，能快速的轉換生長軌道來到了屏東。

其實不單是水果，國人非常喜歡的蘭花之一文心蘭，已被萬代蘭這種屬於熱帶品種花卉給取代了。原因是文心蘭是不耐熱的日本品種，近年來的夏天，濕熱的環境很容易造成文心蘭的腐爛，如果沒有加以關照，整個溫室裡的花，就會全數爛掉，造成嚴重的損失，往往苦不堪言，花農只好想方設法，四處打探可以調整的方向和方法，於是發現了在泰國的萬代蘭，不僅可以適應較熱的氣候，還可以賣得好價錢，就這樣農民開始引進試種，最後成功轉植栽萬代蘭，並搶占泰國外銷日本市場，開出達到五成的好成績。這是因氣候變遷而意外引發的生存戰，我們臺灣的花農，放眼世界，配合了優良的農業技術，搶到了商機。

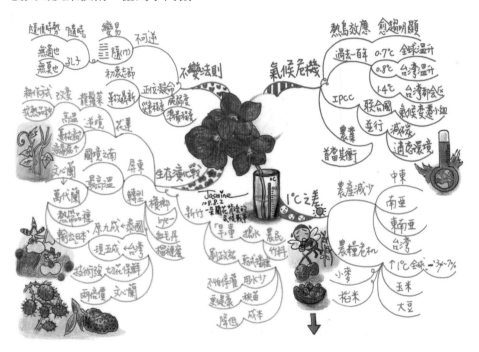

這是一篇探討「一朵蘭花背後的氣候戰爭」，可想而知就是目前我們遇到的難題—氣候的異常，要不是極冷、就是極熱，所以對全人類來講就是一場危機，所以我下的關鍵詞為「氣候危機」，裡面摘錄了全球暖化的數據，以及 IPCC 提出的解決方針。

全球上升 1°C，看似很微小的差異，但真的嗎？當然不是！所以這重要的觀念必須記錄下來，所以我列為第二個關鍵詞「1°C 之差」，我用「生存演化戰」來做為第三個主幹的關鍵詞來記錄重點。

世上唯一不變的就是不停的變動,所以我引用《易經·隨卦》的智慧,提點大家要隨順時勢,生活、事業才會比較順心;孔子也說到「無適也、無莫也」,只要把握「正位凝命」的原則與決心,革故鼎新也能開創新局面。

▎外送經濟大爆發

在繪製這張重點心智圖的時間是在 2019 年的 10 月,那時的我,並沒有叫外送的習慣,其實應該是說,感覺上還要再多付一筆外送費就有點捨不得的心態,尤其只有一個人,相對外送一碗麵、一個便當,就顯得自己的行為太「奢侈」,也因此外送平台就離我很遙遠。寫到這裡,其實大家不難猜出來,我一定是有年紀的人了,因為如果是年輕人,應該不會想那麼多!

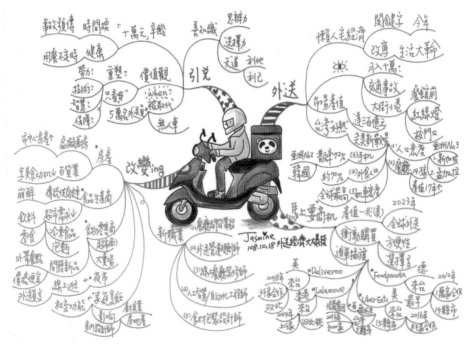

2020～2022 年的這三年,外在環境疫情的因素使然,迫使我們必須改變生活模式與習慣,每天都得叫外送,因此對於外送平台的操作與服務流程,大家很快地就熟悉它,這是拜疫情所賜而發達的行業,更因為疫情蔓延時間長,等同於是外送行業的爆發年,看到報導指出,貓熊標誌的外送平台

（foodpanda）其營收達到 700 億，如果把電商也算進來，儼然成為臺灣第二大的電商平台。（不過，在 2024 年 foodpanda 已被 Uber 併購）

疫情過後，有些人的生活習慣已經「回不去」了，根據報導，在 2023 年估計臺灣消費者 1 年花在兩大外送平台，金額上看 500 億元。資策會 MIC（Market Intelligence & Consulting Institute）調查消費者意願，有高達 78.1% 的人，在未來的日子，會持續使用外送平台或開始願意使用。所以趨勢無法擋，一旦讓人們養成習慣的便利商業模式，就很難被淘汰，就像人手一機，出門可以不用帶錢包，就是不可以忘記帶手機。因為手機已經成為人身的一部分，一機在手，受用無窮。

人有時候也會漸漸跟上潮流的。如今的我，偶爾也會叫「外送」來解決因為忙碌而抽不了身而耽誤吃飯的問題，而外加的外送服務費，我也能夠認同，畢竟商家和外送員都得付出相當多的心力，另外也需要承擔不少的風險。

在第一個主幹我參考報導上有關外送對生活的改革及數據，包括外送員的收入、市場產值以及臺灣即將是外送平台市場的完美戰區，來抓取重點。第二個主幹則提到各家廠商進軍插旗的狀況。第三個主幹則摘錄我們目前生活發生的變化。最後第四個主幹，我引用了《易經‧兌卦》上六的〈引兌〉來做總結。

〈兌卦〉象徵上下相和、團結一致，廣交朋友、歡欣喜悅。這說明不論是商家、外送員或平台都很樂見這外送商機市場能蓬勃發展，所以不論辛苦或遇到什麼險難，都願意去面對與克服。但是一項產業做久了，「三方」總會有瓶頸的出現，所以到了上六，就用了「引兌」來提點我們。

「引」在這裡是指時間上的延長和延後。「引兌」就是指目前無法知道上六的選擇，還要看以後的變化，故《象傳》釋曰：「上六引兌，未光也。」「未光」就是指還沒有明確。

科技的進步，在未來誰會被取代？而且是用什麼樣的方式被取代，目前沒人說了準確。如果我們已經有了《易經》給我們的智慧，那麼又該未雨綢繆的去做哪些準備呢？

在這邊順道提一下，我自己感受，真心覺得「終身學習」很重要，能進入一個學習團體共學，再加上有好老師引導，腦袋就會多了很多智慧，面對生活上的不順遂或困難，就比較能淡然處之並且做最正確的處理。

所以，如果還沒有加入學習的爸爸媽媽，可以考慮跟隨我的腳步喔！

▋ 生命與味覺

日本著名的帝國飯店的料理人說：「料理的最高意境，就是飽含愛、功夫和真心。」所以如果能吃到家人為您準備的餐點，一定要有感恩之心，而不光只是對請客的人存有感謝之情。

關於吃飯這件事，您檢視一下，有多久沒有好好的吃？像我自己的飲食習慣，永遠追求快速，在吃飯的過程中，會看著視頻，上課學習，所以好像只是把食物倒進胃裡，完全不在乎自己到底吃下了什麼？其實這是很不好的習慣。

我們追求效率人生，無疑就是希望能早日到達人生巔峰，過上好生活，但卻忘記好生活的本質，就是要活的好。如何撫育出好的生命？正解就是味覺。這是日本國寶級料理家辰巳芳子（Yoshiko Tatsumi）教會我的事。

或許大家會以為我不重視吃飯，所以應該不喜歡做飯，恰恰相反，我一個人吃飯且有工作在身時，才會追求速度，但是如果和家人聚在一起，我可是一位喜歡親手做料理跟家人一起分享的人。在準備食材的洗、切、煮食中，不須思考的重複動作下，把腦袋用來反省自己，並從中整理心緒。當一頓飯熟成後，我的心田也整理的有條不紊，讓營養順著經絡澆灌，吃進肚裡的滿足感也洋溢在臉上。

孔子說：「四時行焉，百物生焉；天何言哉！」天體運行，春夏秋冬規律的遞嬗，大地配合時令，就能孕育出各式各樣的生物；這一切都在悄然無聲地進行下，只要符合天道，順天應人，就能夠獲得最美好的事物，包括事業、家庭和健康。

所以選擇當令的食材，就能吃出健康。然而我們要怎麼看待食材？辰巳芳子教我們要有敬畏的心，像吃當令的食材，要去感念季節給予我們的慈愛，滋養我們的生命，要去領受生物轉化給我們的力量。

接著我從辰巳芳子的表達中，領悟出在料理與味覺中，要保有一顆細膩覺知的能力，才能觸及到心靈深處，才容易有所感受；就像吃食物，要好好的去品嘗並覺知，才會留有深刻美味的記憶。

一道好的美食料理的製作，色香味要兼顧的條件下，又要有創意，這是需要經過持續不斷練習後，才能具備的能力，也就是我們說的直覺與靈感，然而我們都知道，創作時靈感乍現的剎那，是平日儲存的能量瞬間的展現罷了，沒有透過一而再，再而三的練習，是很難有獨特的創意表現。

味覺是我們重要的感官之一，它讓我們領受到每一道食物料理中愛的感覺，讓我們吃進去的每一口，每一餐都在刷新我們的生命，所以大家真的要好好的看待、好好的領悟啊！

第一個主幹關鍵詞，是我閱讀後寫下的「料理人生味」，做任何事情只要用心，就能有自己獨到的見解與領悟，這是現代講求快速年代，大家所不及的能力。

例如第一個主幹講完重點後，接著您會有什麼樣的連結與領悟？想要呈現什麼樣的自我觀點呢？

這讓我想到了蘇軾在泗州與劉倩叔遊都梁山，所寫的〈浣溪沙〉，其中提及「雪沫乳花浮午盞，蓼芽蒿笋試春盤。人間有味是清歡。」意思是人間的好味道就是悠閒地喝著下午茶，品嘗著春天剛長出的嫩筍、野菜等這些令人感到喜悅的小事物上。

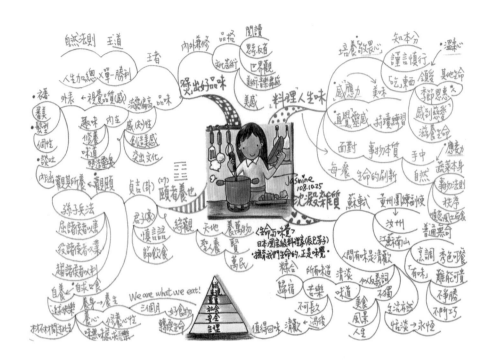

蘇軾因為「烏台詩案」入獄百餘日，之後被貶到黃州、汝州，在半途發生了幼兒夭折和盤纏用盡的窘境，所以他非常能享受並體會生活簡單樸實裡的小確幸。那麼「沉澱雜質」後，便能看見生命本質的澄澈，這是我第二個主幹的感悟。

從第一個主幹我們所講的是生命與味覺的關係；到第二個主幹蘇軾的淡泊名利是人間最好的味道之外，接著第三個主幹我要跟大家提到的是《易經》中頤卦的卦相，就像我們上下排牙齒，頤有養育的意思，既然說到養，當然跟飲食就有很大的關係；頤，貞吉，觀頤，自求口實；《象傳》：頤，貞吉，養正則吉也。觀頤，觀其所養也。自求口實，觀其自養也。這是什麼意思呢？頤養也，觀察與學習頤養之道。觀頤是觀察他人，向他人學習頤養之道，並且觀察自己如何自養，從養身到養生、養心的自我追求快樂的實踐，正所謂的「味無味處求吾樂、材不材間過此生」。

再來《大象傳》辭更提示我們「君子以慎言語，節飲食。」言語、飲食本是平凡不過的事情，但深入一想，卻不簡單。前者是培養德行的重要事，後者是維持健康的重要事，所以記得吃好食物，三個月就能轉換生命能量；

綜觀天地養育著萬物，聖人則養賢及萬民，「頤卦」的順隨天時，真是太宏大了。

最後我們該如何的「煲」出我們生命的好品味呢？當然「內外兼修」是王道。其細部述說就請大家觀看心智圖的重點整理就可得到答案了。

▎如何讓團隊跟你一起衝

「一個人走得快，一群人走得遠。」這是我最常聽見組織領導，在教育訓練上，最常講到的一個概念，希望大家要借助組織團隊的力量，一起把市場的餅做大。

然而在面對詭譎多變的後疫情時代，領導人要怎麼做，才能讓團隊更願意跟著你一起衝？

這是非常嚴肅且重要的議題，我細細的品讀《商周雜誌》的這一篇報導。

在第一主幹我用了關鍵詞「新當下」來整理重點。疫情過後，我們大家要如何面對被打亂的生活步調？尤其在疫情期間沒有被打垮的公司大老闆們，宛如「重生」一般，大家有新的認知與體悟，在珍惜一切目前還擁有的情況下，努力的將過往二、三年來的虧損、空白，快馬加鞭地補上。

根據波士頓管理顧問集團在 2020 年的報告，他們給後疫情的時代一個新的稱號，叫做「新當下」（New Now）。他們用人體三個部位分別代表了目前在這特殊的「新當下」時代，企業老闆們要如何的力挽狂瀾，把握住現有的一切，尤其我們說人力資源是公司最大的資產，或許在青黃不接的情況如何再度招募？或是遠距溝通再轉回實體辦公，彼此間的應對與默契的培養抑或是面對所有企業的關係人，如何再度把大家的心拉回到同一陣線，這些都是企業經營者必須要做好的功課。

所以人體的三個部位分別代表的面向，第一個指的是「頭」，經營者必須再度重整旗鼓的告訴所有的員工及關係人，面對疫情後公司要走的方向及其願景，讓所有人的心中燃起希望，有賴更有動力的往前行。

第二指的是「心」，這是眾所皆知的，帶人要帶心，如何再度的凝聚向心力？情感連結的前提就是同理心，在過度期的切磋，做好雙向溝通最重要且最好的心態就是換位思考，彈性靈活的去調度，才能安全的度過穩定期。

第三指的是「手」，就是明確指出目前公司的具體目標，要如何有效率的達標，就有賴成員們的團隊合作精神，互相支援，理性溝通與協助，達到雙贏的策略。

根據內容，我下了「大道至簡」的關鍵字。上述有很多有關後疫情所要面對的人事關係與翻轉，那麼在所有的關係中，最重要的就是企業經營者的心態，也就是我們所說的領導人要如何領導一群人，跟你一起走到你想去的地方。透過我對文章的理解，用最簡單的話語就是如何讓員工成為你的「粉絲」？

所謂的「粉絲」，就是全然的支持你的各種形式與論調，我們觀看粉絲追星的樣態，這答案就呼之欲出，明星到哪，粉絲就到哪，（就是很想跟你（老闆）在一起）明星販賣周邊商品也會一掃而空（目標一致、效能就很高），總結上述的種種，就是把自己（經營者）活好，別人自然想跟你在一起，自然想跟你一樣，這所謂的「活好」最簡單的兩個字就是「修心」，去除所有的雜念，用最簡單的善念，去看待一切，凡事反求諸己，任何事情就會水到渠成了。

換去話說一個組織的領導，應該像一道光，會指引組織團隊走向屬於公司自己的一個正確的道路，也因為走在正道，整個組織也因此變得很陽光正向，那種凝聚力所形成的的企業文化，是獨樹一格的，發揮的是影響力，像是一棵樹撼動一棵樹，一朵雲推動一朵雲，而不是套用公式去模仿其他企業成功的模式。這樣自成一格的獨立思考運作體系，是以「同理」為基礎，是較不易失敗的。

在文章裡也提及一個大家耳熟能詳，日本經營之聖稻盛和夫的例子，不懂航空業、沒有很強的團隊，在近80歲那年接下宣告破產的日本航空，一年內轉虧為盈，3年內變成全世界最賺錢的航空公司。只有一件事可以解釋，就是稻盛和夫這個人，他是用他的精神感召並影響了大家的生命狀態，而且這個改變不是用霸道強制的規定，所以當大家都發自內心想要變得不一樣時，

那個願力之大，即便是一個要破產的公司，也會起死回生。所以組織領導，一定要參透所謂「道法自然」的規則與規律，把一切變簡單。

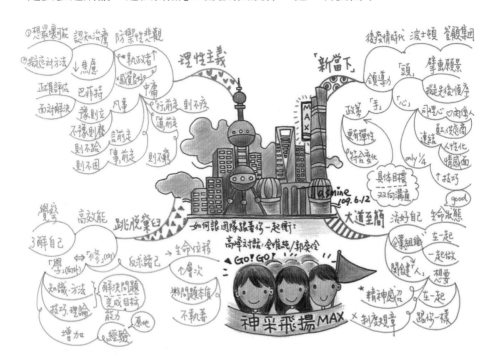

那麼我們要如何「跳脫窠臼」，活好自己呢？首先就是要有「覺察」的能力，在我這過半百的年紀，接觸不少人，這看似簡單的「覺察」，在很多人身上，並無法做到。印度詩人泰戈爾（Rabindronāth Tākur）說：「指責別人最容易」「認識自己最難」，所以我們要謹記曾子提點我們的話「吾日三省吾身」，時刻去檢討自己，了解自己的優缺點，把自己的優勢發揮出來，才能產出高效能。第二件事情就是「修己」的能力。一日風波十二時，永遠有處理不完的問題，面對人生所有的困難與苦難，就是往內求，回到自己的本心去探究與檢討，違反本性才需要「修」，也因為違反本性，才造成苦，所以修己的過程一定是痛苦的，但修成後就如飲甘霖，心靈得到了滋潤，足以安頓一切。

同理老子所說的「為無為、事無事、味無味」，和莊子提點我們的「用心若鏡」，不將不迎，應而不藏，就能安然處順，勝物不傷。

最後一個主幹我用「理性主義」來做最後的總結。領導者都要具有防禦性悲觀的思維，它並不是負能量。防禦性悲觀會使人事先預想各種糟糕的情況，以便屆時可以應對，這樣一來能夠減低失敗的機率，最終能夠獲得良好的表現。防禦性的悲觀可以說是一種心理戰略，未雨綢繆的做法自然而然可以讓人比較容易取得成功。

再來做事採取「中庸」原則，謀定而後動，就能大抵掌握局勢，立於不敗之地。

▌我唯一能改變的就是我自己

「變」是這大自然規律裡唯一的「不變」，這是真理，但身為人類的我們，常常因為世事無常，而恐懼萬分。

「變」絕對是件好事，從古至今，文明的進步，也是經由不斷的演變而來，從狩獵來到了農耕、工業及資訊社會之後，不同國家相繼提出人類的第五次變革，這變革會是架構在現代科技的 AI、機器人的超智能社會。像中國就提出「中國製造 2025」、美國則「再製造」、德國則是「工業 4.0」的再進化，我們鄰近的日本則是 2030 年社會 5.0 版本。

我們從這次 2023 年杭州亞運就可以看到變革的速度感，他們利用了 AI 智能，做出各式各樣自動化的機器物件，從機器狗、自動捕蚊燈、仿真鋼琴家到無人駕駛冰淇淋攤車等等，這些文明的進化無疑帶給我們非常大的方便，也帶給人們相當大的壓力。

很多職業類別，正因為機器人取代了人類而正在消失；例如屬於人類移動的運輸項目，自駕技術可從即時訊息來提高效率，降低事故，還可以解決目前獨居高齡銀髮族的移動問題；另外在未來就診前，我們都可以下載有關健康的 APP，初步診斷來了解個人的健康，還可以隨時連線，即時監控病情再結合 AI 預測，達到「治未病」境界。

因此，從這裡可以看得出來，我們學習的知識與技能就要跟得上時代的腳步，這也是民國 108 年我們新課綱所強調的「素養」教育。為了適應現在生活與面對未來的挑戰，學生們必須要具備的知識、能力與態度。

當外在環境牽動生活型態快速轉變，壓力無法紓解，就會導致許多精神失調所產生出許多相關疾病。從世界衛生組織（WHO）的研究報告說明在 2020 年造成人類失能的前 10 名，排在第一是憂鬱症，這個現象從我們一般的精神科門診門庭若市的狀況，也可略知一、二。根據研究調查，罹患憂鬱症的人，工作生產力是逐步下降，甚至有自殘的傾向，根據統計還高達 15% 的憂鬱患者是死於自殺，所以憂鬱這種心理病症，讓看似不似病，卻如牢籠般緊緊的綑綁住心靈，讓人恍若窒息般的痛苦，真的有賴於大家給予多多的關懷鼓勵與協助。

所以如何讓自己能悠然自得的生活，是大家的必修課，當壓力來臨時，不妨把「意識」聚焦在新任務上、訂定符合現實預期的目標、若真的喘不過氣時，不妨找知己吐露，另外盡量地調整自己，活出健康與保有正信心態，大家可以從「S.E.L.F」四方面做努力：1.serenity 讓自己處於平靜的狀態，每天抽出半小時打坐、冥想，沉澱心中的雜念 2.exercise 保持高強度的運動及散步，多走向戶外，曬曬陽光，看看美麗景緻，打開自己的心胸，呼吸新鮮空氣，頓時一切美好的事情，將會與你同行。3.love 從愛的關係體會出幸福感，我們常說愛要及時，不管是對長輩、伴侶或孩子，具體的表現出仁愛之心，愛出者愛反，一定可以得到好的回饋。4.food 多吃莓果、抗氧化食物，每天透過食物的營養，刷新一次自己的生命，愛惜自己是此生最重要的事。

從狩獵、農耕、工業到資訊社會，世界文明不斷的演變，如今我們已經來到了超智能社會，如何總括這些內容重點，我寫了「世界變革」關鍵詞。

面對這樣的改變，教育綱領當然也要隨時代做調整，以因應培養世代潮流所需要的人才，因此教育要從哪些地方札根？我們從數年來所著重不一樣的學習歷程，就可知其一二，例如從 1968 年的重視的學科知識到 2019 年所強調的核心素養，都可以顯示教育方針是以提升學生如何面對未來挑戰所應具備的知識、能力和態度去設計教案的。那麼這些相關的內容，我用「教育札根」來涵蓋重點。

那麼面對壓力要如何「悠然自得」？這是一項不簡單卻很重要的課題，大家真的要好好地將重點記下來。

最後引用《易經·乾卦》的「乾元用九」之階段性調整的智慧，遇到困難、壓力時，唯一能改變的就是你自己，首先去改變自己的心態，拋開負面情緒，用關心、感激與同理的態度去看待一切，並發自內心影響身體及大腦，最重要的是保有「君子不器」的精神，終身學習，美好的事物將如期而至。

▌當顧客的「快樂販賣機」車神娜娜年賣 703 輛車

如果爸爸媽媽您現在正在汽車業銷售服務，公司教育訓練一定會提到全世界最會賣車的喬·吉拉德（Joe Giard）。當然今天這一篇要跟大家分享的這一位賣車女王—陳茹芬，一定也把喬·吉拉德當成偶像、當成學習的榜樣與目標，進而從工作中累積銷售經驗，再創造出屬於自己的「銷售秘訣」。

其實我從小最佩服的就是業務人員，至於超級業務員更是我崇拜的對象；因為出生在公務員家庭的我，總是過著純樸、簡單的生活模式，爸爸媽媽總是捨不得孩子在外奔波，所以從小就灌輸一些他們認為的比較不辛苦的工作讓我朝那個方向前進，所以關於「賣」東西這件事，比登天還難。當我還是電台主持人時，只要訪問到「銷冠」，總讓我佩服的五體投地，因為他們的處事身段的柔軟度、不怕受挫的勇氣以及堅持到底、鍥而不捨的精神與態度，真不是一般人可做到的。

今天我們要看的這張心智圖重點摘錄就是賣車女王「車神娜娜」的故事。

第一個主幹我已經將她所有的成績寫在上面。

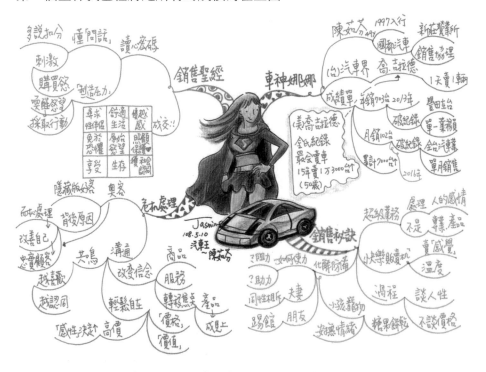

接著我們要談的是車神娜娜的「銷售秘訣」。賣車需要的專業很多，但陳茹芬對於銷售卻有完全不同的看法。她覺得從頭到尾，只要是與人相關的業務就是在處理人的感情跟銷售產品沒有半點關係。在整個交易過程中，她不會在價格上打轉，她只照顧好顧客的情緒，因為她覺得只要依照「人性」

去思考，沒有賣不掉的產品。當然人性中的情緒是決定買單的主要因素。什麼時候人們會爽快的買單？當然就是心情處於開心快樂的時候，所以她的秘訣就是「販賣快樂」。那怎麼讓客戶感到開心愉悅？就是當下的對你的「感覺」以及你散發出去的「溫度」。

除了主角之外，通常會有配角陪伴同行，這時我們要懂得察言觀色，主角比較有自主性，通常都是認知型，那麼我們儘管掌握主角就可以，如果交談中，你發現對方時不時地問陪伴同行的人的意見，那絕大部分會是聽覺或視覺型的人格特質，這時就要特別關照配角的感覺與心情，只要搞定，就一定能締結。

或許你會質疑，難道超級頂尖的業務員都不會踢到「鐵板」？這當然是難以避免的，那麼功力就會在此顯現——「如何的處理危機？」說實在的，超級業務員也是人，內心也是會受傷受挫的，只是復原的時間比較短而已，最重要的還是要自我建設好的心態，我們常說的「奧客」可能會是未來對你最好、轉介紹最多的好顧客，所以只要秉持耐心對待、檢討改善自己，讓「奧客」開心愉快，最後也會成為你的主要顧客。其他的細節，就請看心智圖了。

最後什麼是「銷售聖經」？讀心術很重要，如何問話？如何刺激購賣慾？如何喚醒欲望並採取行動？這都是比介紹商品知識更為重要的事。

加油吧！辛苦的爸爸媽媽們！

▌使命必達金鑰匙

真的長知識了！鮮少外出住宿高檔酒店的我，看到這則報導，真的應證了行行出狀元，只要找到自己今生的使命，都能將才能發揮的淋漓盡致。

我們入住酒店第一面對面接觸的就是理賓部的酒店人員，他們的工作是屬於前線人員，所以也可以說是扮演客戶和酒店的溝通橋樑。那麼在一間設備完善的酒店，禮賓部就是不可或缺的部門。

今天要分享的並不是一般的禮賓部人員，而是衣領兩側前端會別著 2 把閃閃發光的「金鑰匙」，咦～截至目前為止，我真的還不曾見過，這「金鑰匙」可不是每個人都能輕易擁有的喔，它是「萬事通」的榮譽象徵。

根據資料顯示，國際飯店業有一個神秘的「金鑰匙」組織（Union Internationale Des Concierges DHôtels, UICH Les Clefs d'Or），這個組織起於一間法國飯店在 1929 年發起的，至今全世界共有 45 個會員國，總共大約有 4,500 名的會員。這 4,500 名會員，各個身懷絕技，只要你說得出口的需求，從類似泡牛奶需要的熱水這種小事，大到一些看似不可能的任務，他們都會使出渾身解數來為你達成。

所以當你入住的酒店有金鑰匙的頂尖禮賓人員，你可以說是賺到了（因為人數非常稀缺，全臺灣只有 26 人），專業素養絕對能解決客戶的需求。比方說今天你到了北京，想去參觀博物館，可是博物館門票是要預訂的，這時你就可以求助「金鑰匙」的頂尖禮賓人員，他一定可以幫你搞定；或是你突然想吃當地最有名的米其林餐廳，或剛好你去的國家，你最愛的歌手晚上有演場會，但你手上沒有門票等等，只要找有「金鑰匙」的頂尖禮賓人員，他們都會竭盡所能完成。

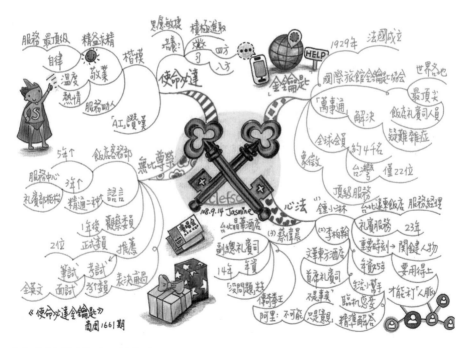

不止上述的例子，聽說包括尋親、代買高級酒品、舉辦生日派對等都在金鑰匙成員的業務範圍，這麼強的服務能力與態度，就連創下許多傳奇服務的美國運通黑卡客服團隊，也會求助於他們，希望得到應援。

關於全臺僅有的 26 位頂尖的飯店禮賓司人員，我心裡想，它們一定有其過人的超能力，而且平常心理素質的訓練一定超乎想像，才能乘載得住客戶所提出的各種疑難雜症以及五花八門的要求。

在第二個主幹我就記錄了三位人員超強的心法。像鍾小淋，他有 23 年禮賓服務經驗，他的信念是現在 AI 冰冷的機器人服務是無法取代人性的溫暖。所以他做好一位主打親和力的好好先生，他總是在客人開口前，就看見客戶的需求，並且主動快速的提供服務。他不諱言說，如果要完成頂級艱困的服務，人脈的支援顯得很重要，對他來說，要用得上的人，才會放在他的人脈口袋名單，並且得要知道在哪個重要時刻，要找哪個關鍵人物來打通關係，達成任務。

所有游刃有餘的背後，是要下苦功夫的。人家下班就是下班休息，對鍾小淋來說，下班後是他到處「踩點」的時間，也唯有親身體驗，當要服務時，才能夠更貼近客戶的要求。他能成就頂級的服務祕訣是溫度加熱情；另一位是有 14 年資歷的蔡偉晨，有一個「沒問題先生（Yes Man）」的名號」，這個名號是由一件件感動服務累積而來的。他總是傾心幫客戶圓夢及幫忙解決問題，每件事都是使命必達，這樣的成效都是超越自己工作的本分，從內心熱愛自己工作的那份執著與熱誠。而他心目中景仰也常以之激勵自己的人物就是傳奇拳王阿里（Muhammad Ali-Haj）。他認為「不可能」只是想要安於現狀、不願跨出舒適圈去探索自己能力的辯解。他的註解『不可能』是帶有潛力且暫時的，而且認為「不可能」什麼也不是。

哇～同學們，快畫三顆星，記住什麼都是「有可能的」。

所以各位爸爸媽媽，一定要全然的相信自己、相信自己的小孩，世界上沒有「不可能」的事，只看你「要不要」！

剛剛提到了這兩枚閃閃發光的金鑰匙徽章是如此稀缺，是因「無比尊榮」的象徵背後，是需要累積實力與經歷才能獲得的。如果此刻的你，覺得這是無比榮耀具有挑戰性的工作，想要試試看，我幫你整理了需要的條件：1. 要申請加入會員，須要有 5 年以上飯店客務部的工作資歷。2. 5 年以上期間至少須有 3 年以上的時間是在服務中心或禮賓部櫃檯的經驗。3. 同時須精通兩種以上語言。考核部分：第一階段須先擔任一年觀察委員，再由

兩位正式委員推薦，才能參加筆試及全英語的面試，此外還要三分之二以上委員表決通過，才能獲頒金鑰匙。

「使命必達」小至個人，大至企業、國家，對於所托付的任務能在時間內完成，雖然充滿挑戰與壓力，但只要看到人們臉上流露出喜悅與感動，所有的辛苦全部化為下一次前進的動力。「金鑰匙」精益求精、自律、敬業、熱情、服務助人的精神，是大家的楷模，值得效法！

█ 法棍 – 爭取聯合國非物質遺產

這篇要分享的主題是〈法棍 – 爭取聯合國非物質遺產〉的重點內容。

其實心裡是沉重的，因為會去了解這一個主題，是因為當時在拜訪高雄一位校長時，他希望我能畫一張以這個為主題的心智圖給他，他想要拿來當範例，在開會的時候跟老師們分享。然而緣份如此短暫，在 2023 年他在聚餐後跌倒，就離開人世了，讓我感到相當錯愕與惋惜；在人世間，我們真的不曉得下一秒會發生什麼事，所以只能認真的活在當下，將遺憾降到最低。

第一主幹關鍵字，我用了「長條形寶石」做關鍵字，感覺就把長棍麵包的質感一下子給提升起來。法棍麵包是一種最傳統的法式麵包，被法國人稱為麵包之王，法文叫 Baguette，原本的意思就是長條形的寶石。用法國總統馬克宏的話來說，是「250 公克的魔法和完美」，是法國永恆的象徵之一，在 2022 年 11 月 30 日獲得聯合國教科文組織（UNESCO）文化遺產地位。（註：當時我畫這張心智圖時，仍在申請中。）

法國政府在 1993 年通過知名的《麵包法》，明訂法式傳統麵包製作過程中不得有任何冷凍，也不得有任何添加劑與改良劑，內容物只能有 4 種：麵粉、水、酵母、鹽。連酵母的種類與定義予都以法律規定，至於尺寸重量也有嚴格規定。一條合格的傳統長棍必須長約 65 公分、寬 5 到 6 公分、重量約 250 公克，若重量比店家標示的低出 4 公克，就會觸犯《消費者法》。從這一點就可以看出法國對傳統手作麵包的堅持與愛護。

第二個主幹，我則參考有關長棍麵包的起源，共寫了三個小故事的重點。第一個故事是和著名的法國將軍拿破崙（Napoléon Bonaparte）有關。在以

前，法國人吃的麵包是圓形的。到了拿破崙一世的時候，他下令把麵包製作成細條狀，這樣方便士兵裝在一個特殊的口袋裡攜帶，也因此出現了長棍形狀的麵包。

第二個故事，則是一項法律規定，規定麵包師不能在早上4點之前工作，這當然就會影響到麵包出爐的時間，所以麵包師傅不得不再想出另外一種辦法，製作一種不需要像傳統麵包花費那麼多的時間來發酵的麵包，因此就創造了細長的長棍麵包，因為它的準備時間更短、烘焙速度更快。

第三個故事則是19世紀，巴黎進行地鐵的基礎建設。因為當時修建地鐵的工人來自不同族群，因此經常會出現一言不合就大打出手的情況，甚至每天都會爆發爭鬥打群架。而打架時，就造成許多人受傷，原因是工人們都會各自攜帶一把小刀用來切大麵包，打架時就拔刀相助。為了避免類似事件的發生，地鐵建設的負責人就要求麵包師傅，把麵包做長一點薄一點，可以用手直接掰開來吃，來降低受傷的情況。

每個國家每年可提出關於傳統、戲劇、音樂、飲食、技藝等非物質事物，申請列入非物質文化遺產，也可以好幾個國家聯合起來申請。那麼為什麼法棍麵包也會想要去申請非物質文化遺產呢？其中最重要的原因就是文化傳承。法國一直都是歐洲乃至世界的文化中心之一，飲食文化也是它的特色。有人說如果沒有法國長棍麵包，法國就不會是法國。我也常從網友上傳旅遊的照片中，看到很多法國人不是手捧裝著法棍的紙袋，不然就是夾在胳膊下。

所以爭取聯合國非物質文化遺產最重要的就是傳承長棍麵包的人文精神與傳統技藝，這些我把列入第三個主幹的重點。

最後一個主幹則是探討，爭取聯合國非物質文化遺產是一種異想天開的想法嗎？法棍麵包應該被列入聯合國非物質文化遺產，這是法國人看到義大利特有的拋披薩餅皮手藝在2017年12月8號榮登「世界非物質遺產」名單後所帶來的想法。

人民的聲音，總統聽到了，馬克宏總統他也覺得，法國人的早、午、晚餐都可以看到法國麵包，而且對這樣的熱愛持續到了2018年，這種對麵包的特殊情感，必須鞏固與世代傳承，所以便支持推動法國長棍麵包去申請成為世界文化遺產。

好消息傳來，2022 年 11 月在總統馬克宏、時任法國文化部長 Rima Abdul Malak 的大力支持與推動下，法國長棍麵包成為聯合國教科文組織（UNESCO）認可的非物質世界文化遺產。

寫到這裡，我倒是有個想法，我們臺灣的美食是如此受到大眾的喜愛，是否也可以挑幾項有文化沿革、歷史淵源長久的小吃來努力看看呢？！

正位凝命，活好自己

星宇航空的董事長，是人人稱「K 董」的張國煒，大家對他的豪爽個性，應該印象鮮明！在接受電視訪問時，自己也不諱言他出自「二房」，所以從小就懂得「夾縫中求生存」，這樣直爽的個性，讓我聯想到詩人李白。

星宇航空一開始營運，就遇上新冠肺炎疫情，我看著新聞，真的替他感到難過，航空業的投資絕非比一般的小企業，是個大筆資金的投資，全世界的交通全停擺，但是人事管銷，以及資金借貸，並沒有因此而可以止付。

如果沒有一顆強大心臟的人，可能會萬分焦慮，甚至生出病來，這也讓外界感嘆他真的是「生不逢時」。

翻開他的家族史，從 2016 年他的父親張榮發也是長榮集團創辦人過世二個多月以後，家族成員就展開一連串爭家產的戲碼。當時擔任長榮航空董事長的張國煒，在執行勤務時，接獲臨時董事會撤換董事長的通知，我想他心中的不平與不干，只能往肚裡吞，因為他知道家族的哥哥們，全都虎視眈眈的看著龐大的家產與家業的分配權。

為什麼寫這張心智圖，因為我打從心裡佩服張國煒的氣魄。他是一個很有想法的人，雖然說他是父親刻意栽培的接班人，但他並沒有對於父親給他的任何意見都照單全收，對於自己的婚姻，全然憑藉著對感情的執著，因此惹惱父親遭到解職。

但是他並沒有因此而喪志，後來他到美國去學習飛機駕駛與維修，這也是後來創下臺灣首例，身為董事長並兼任機師，也因此有了不少的粉絲追隨著他，希望能剛好搭上他值勤時的飛機。

那麼以上的資料，我統整在第一個主幹，並寫下「凌雲壯志」關鍵字。

他是在被解職的 2016 年的 11 月開始籌資創辦星宇航空，並在 2018 年正式成立，於 2020 年 1 月正式首航。

所以第二個主幹，我要介紹星宇航空，所以寫下「星宇航空」關鍵字，「星宇」是張國煒命名的，天上的北極星通常是「行船人」的定位星，這是「星」的註解，「宇」則是張國煒的自我期許，希望他的航空公司能飛向宇宙、沒有極限。

接著我寫下星宇的航線一併給大家做參考。

對於持續做航空業以及成立星宇的初衷，張國煒說主要還是因為自己有熱情、有興趣，2019 年 10 月 26 日那天在德國漢堡清晨太陽才剛升起，他穿著繡有 1700001 字樣，這是星宇航空編號第一位員工的機師訓練服，緩緩走進在停機坪上的空中巴士飛機駕駛艙裡，天啊，寫到這裡，我起了雞皮疙瘩，因為那時刻的英姿是多麼閃耀光榮，是夢想成真的英雄。

他要親自駕駛自家公司的第一架飛機，要經過一萬多公里的航程，從杜拜、泰國曼谷，飛抵臺灣。

我們都知道他是處女座的，所以在首航之前，這架空中巴士歷經五天的嚴格驗機、試飛、檢測程序。從訪問的影片中，我們看到張國煒穿著黑色機務制服，拿著手電筒，一會兒側頭看、一會兒又躺在地上。他表示任何事情他習慣親力親為，像公司企業識別的商標、顏色，連辦公室的裝潢、飛機上大大小小的事物，例如雜誌、耳機、飛機餐以及餐具要如何搭配等，他都會參與決策。

從這裡我們就知道要把事業做大做穩，就得拿出嚴謹的態度。

張國煒值得讓我們學習的地方，包括有敢冒險的飛行員與重細節的機務雙重特質，還有凡事都會未雨綢繆為最壞的情況做打算的正向心理，再加上堅持想創業當老闆的夢想，且逐夢踏實的去培養實力，這是臺灣首例且唯一兼具三個身分的張國煒，才能將事業做到巔峰輝煌，貞下啟元，循環往復，永續發展。

孔子說：「不知命，何以為君子？」母親反對他開航空公司，還有很多人唱衰他，但張國煒知道自己的天命，也不想辜負父親的栽培，把自己擺對位置，凝聚力量，來完成自身使命。張國煒說他一定盡人事，至於會不會成功，是老天爺的事了！所以最後我以《易經・鼎卦》象傳的「正位凝命」來做註解。

張國煒的做事的精神與態度，值得大家仿效！

▌第三人生再度燦爛

這是我現在的年紀必須要去正視的問題——「第三人生」的規劃。

愈來愈長的壽命，讓我們不得不提前面對老年之後的生活規劃，以及提早去做好心理建設。

人生七十古來稀，已經不適用現代，現在則是人生七十才開始。拜醫學科技所賜，人類變得更長壽，報導指出，我們臺灣人的平均壽命約為 80 歲，其中男性是 76.63 歲、女性是 83.28 歲，皆創下最新紀錄，而且還高於全球平均水準。根據國發會調查，2018 年的時候，臺灣 65 歲以上銀髮族占的比例，已經升至 14.5%，可以正式宣告進入了高齡社會，估計在 2026 年還會上達 20% 以上，成為「超高齡的社會」，也就是每五個人當中，就有一位老人。

所以如果你今年 50 歲，沒有病痛，未來將可能還會有三、四十年的歲月要度過，我們人生軌跡軸線突然被拉了好一長段，你有什麼感受？有沒有賺到的愉悅感？還是沮喪？

之於我是開心的不得了，因為我們可以為自己的「第三人生」開啟無限可能，無限！多美啊！海闊天空、自在舒心。人生到了五十歲了，該經歷的過程，從當小孩、受教育、工作、結婚生子、為人妻（先生）、母（父），然後呢？太棒了！終於可以好好規劃自己的人生，是不？

有人將這階段比喻為「人生下半場」，愛爾蘭的一位成人教育學家凱利（Edward Kelly），則稱之為「第三人生」（The Third Act）。這裡非常有趣的是，凱利對於年齡不是用 age 而是 act。我們翻開字典查一下就可以

知道，act 這個字當名詞來使用時，所表達的意思是指戲劇告一段落，會用「幕」來劃分，另外若是動詞就代表行動的意思。當然我們也可以將它解釋成，如果在這個階段都不參與任何活動，生命就會逐漸黯淡，甚至憂鬱了起來，並且開始懷疑，人生活這麼長的意義是什麼？所以不僅是年齡生理性的一歲一歲的增加，我們在心態的調整與建設要更加的完善，才能成為利他又利己的健康銀髮族。

所以第三人生和第三歲月（Third Age）是有所不同的，每個人只要壽命長一點，都會有第三歲月；但不是活得夠久的人，都會有第三人生，因為這中間最大的不一樣，就是說在這個階段，我們是不是能夠再次成長、包括面對空巢期、不再被需要的心理調適，以及是否能繼續與社團做連結，並去挖掘出自己這輩子真正的興趣，而且將天賦發揚光大去幫助他人、貢獻自己，這樣能把自己照顧好（兼顧生理與心理健全成熟的人）又能將愛與經驗傳承給社會，才叫開創自己的「第三人生」。

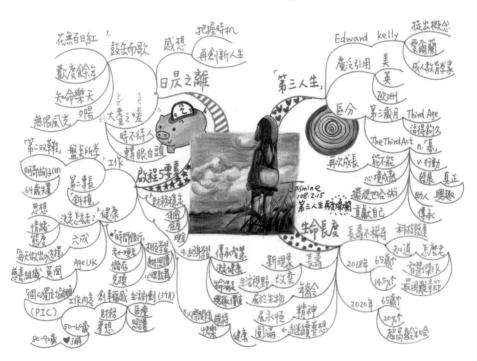

至於到底該如何看待「生命長度」呢？我將重點整理在第二個主幹。生命的長度，用什麼來界定？如莊子所提點的是冥靈嗎？五百歲為春、五百歲為秋；還是椿樹，八千歲為春、八千歲為秋；抑或是朝菌與蟪蛄？在我看來，我們應該著眼在精神層面，因為精神屬於永恆。馬斯洛的人類需求理論，最高的境界是自我實現，所以趁著第三人生的到來，好好的去思考與計畫，如何成為比今天更好的人，我們必須要去追求年輕時候沒有完成的夢想與目標。不論現在的年齡有多大，我們還是必須繼續追夢，並思考什麼是人生存在的價值？然後盡自身的力量，努力去實踐。

我能理解凱利使用英美戲劇「三幕式」來打比方：我們一出生，從第一幕開始，在家庭的保護之下，藉由與家人相處，一起學習面對所接觸的人事物，發生的種種的情緒反應與做事風格，這些都會影響我們性格的發展，型塑成為我們說的獨特的個性，第一幕屬於依賴性階段；接著第二幕當我們是成年人，有獨立自主性的思考與行動去融入社會團體，這是屬於獨立的階段，接著第三幕來到了相互獨立且互助共生的階段，經歷大半歲月的人際與工作上的磨合，我們越能看清楚事物的本質，從而開始自我省思，並越發自主的修練自己。

很多人在人生第二人生與第三人生的過渡期，遇到了盲點，因為心理會因為修煉而不斷成長，但是生理狀態卻是持續退化，往往產生不平衡的無力感，所以如何達成平衡，才是第三人生需要努力的面向。所以在第三人生，我們更需要理解人是群體的動物，還是需要保持與外界的聯繫，每個人都需要彼此協助，付出與貢獻，不可以把自己關在家中，獨自去承受恐懼與孤寂。

台積電董事長張忠謀曾經說過，在 50 歲時他也一度徬徨，但是如果不是因為徬徨，他也就不會離開德州儀器，自己出來創辦出台積電。所以張忠謀說：「退休不是結束，是另一個開始。」

另一個日本趨勢大師大前研一（Omae Kenichi）也認為，50 歲是人生的「重開機」。他說：「50 歲千萬別成為枯木，要想像自己是盛開的花朵！此刻的你，要傾心奉獻累積的智慧與養分，去培育下一個世代的種子。」

所以處在第三階段的人生時，我們不要害怕兒孫輩不要我們，我們應該鼓勵自己與社會連結，去奉獻我們累積的經驗與人生智慧，去幫助徬徨無助的年輕人。

而我也將如何實踐的「啟程五要素」整理在第三個主幹，供大家參考。

最後我用了《易經・離卦》「日昃之離」來寫出我的感悟。九三爻辭：日昃之離，不鼓缶而歌，則大耋之嗟，凶。我則寫出正向的解讀，意思是遲暮之年，我們應該要保有樂觀、感恩之心，知命樂天，開心地歡度第三人生，不要用悲觀的心情來感嘆「夕陽美好，卻近黃昏」，而是用劉禹錫的名句「莫道桑榆晚，微霞尚滿天」正向積極樂觀來看待美麗的人生。

加油吧！祝福越來越長壽的人類！

▌逛夜市

小時候，只要我們四個小蘿蔔表現好，爸爸媽媽就會帶我們去文化路逛夜市。那是嘉義市最有名的夜市，琳瑯滿目的商品，再加上白、黃霓虹燈光照射下，總是目不暇給，就像走入萬花筒世界。對每件事物都充滿好奇的我們，印象中，最常玩的是應該是撈金魚、打彈珠還有射氣球和套圈圈，最後都會以吃雪花冰，爸爸媽媽吃蕃茄水果盤來收尾。相信這些玩意兒，對大家都不陌生吧！是否也讓您回憶起當時的情景與味道？

「夜市」是一種和生活息息相關的庶民文化，在亞熱帶地區也都列為觀光的景點之一。富饒的特色美食，總是吸引著大眾前去品嘗與購買。在臺灣很多人喜歡逛夜市，東西便宜好吃，是大家直接可以聯想到的答案。綜觀夜市的型態有定點及流動，例如固定的商圈或者針對觀光景點規畫的，每天約莫下午時，就陸續開店擺攤；至於流動夜市則是在特定日期集結在大型空地上，平常日是停車場，到了特定日期的傍晚，就陸陸續續進駐攤商，到了午夜則會撤除。

這麼日常的「逛夜市」活動，我們也可以整理成為心智圖。

第一個主幹就可以先介紹「夜市」的型態所帶出來的優劣勢。

接著第二個主幹我們就可以針對遠近馳名的「臺味」夜市有哪些品項，整理出來。

接著可以把居住地，例如高雄的兩大夜市六合和瑞豐，做 SWOT 分析（強弱危機分析，SWOT Analysis），倘若有人想要經營夜市擺攤生意，這時您就可以將心智圖拿出來分析一番，也是功德一件。不過在這裡我想提出經營「夜市」會因為「外送」及「網路」兩大平台發達下，而影響到來客數及成交率。

不過，如果每個攤商都能使出渾身解數的力量來吆喝，並展現熱情來歡迎賓客，物美價廉的商品，其實也並不難推銷。畢竟，去逛夜市買的是氛圍、心情與記憶，所以不用害怕，勇敢前進！

最後一個主幹我想陳述的就是看見每一個攤商的「生命力」，不管風吹、雨打、日曬，搭個棚子就做起生意，甘苦人的堅韌令人敬佩。

《易經・屯卦》九五爻辭：「屯其膏，小貞吉，大貞凶」，萬丈高樓平地起，市井小民做生意，腳踏實地，誠心與信用為重，循序漸進，囤積財富是吉祥的；若喪盡天良，用不好的原物料，來獲取大量利潤來致富，這樣絕對不會長久，恩澤不夠，是不可能從小攤販擴展成大店面，大家不可不引以為鑑啊！

▌最偉大的汽車銷售員

有人說進入職場，要如何讓自己變強大？答案就是：「做銷售」。沒錯！只要你不逃避，則越挫越勇，心理素質絕對會超強，再也不怕被人拒絕了。

聽過喬・吉拉德吧？在汽車銷售業，無人不知、無人不曉！因為他是最偉大的銷售員，在 15 年的銷售生涯中，還沒有人跟他一樣，依舊保持金氏紀錄，例如單月賣出 174 輛車，15 年銷售生涯賣出 13,001 輛，平均一天賣 6 輛，他還有更厲害的成績，一天之內曾經賣出 18 輛車。大家現在是不是「哇」、「哇」、「哇」的尖叫了？

在進入第二個主幹「悲慘歲月」的內容前，各位爸爸媽媽是否會以為喬・吉拉德銷售力這麼強，從小一定就很會說話？！答案會跌破大家的眼鏡。

1928 年，美國經濟大蕭條的前一年，喬・吉拉德在美國特律東區的貧民窟出生，他的爸爸靠四處打零工維持家計，家裡生活十分困頓。因為工作辛苦，所以爸爸動輒就會對他拳腳相向，並且詛咒他不是好東西、以後一定不會成材；就是因為經常受挨打，導致心理長期壓抑與驚嚇，就這樣喬吉拉德從 8 歲起，因為缺乏自信，講起話來就結結巴巴，患了相當嚴重的口吃毛病。

為了減輕家裡負擔，9 歲的他開始在酒吧街幫人擦鞋，也陸續當過送報生、洗碗工、送貨員……還因為當鍋爐工，染上了嚴重的氣喘病。

因為沒有好家世、學歷、人脈、還患有嚴重的口吃，只能做粗重、把身體都搞壞了。就這樣渾渾噩噩過日子，一天度過一天。

在 25 歲那年，喬・吉拉德遇到了貴人，就是營建商阿比・薩巴斯丁（Abraham Saperstein），不只教會了他成為一位建築師，還在退休後，把生意全交給了他。

看似一切一帆風順要開始過好日子的他，沒想到卻在 35 歲時，因為擴大生意被騙，導致破產，身上還背負 6 萬美元的債款，所有的努力一夕之間，全化為烏有，還連帶牽累了他的妻兒。跌入谷底的喬・吉拉德說：「在我人生的前 35 個年頭，我自認是全世界最糟糕的失敗者。」

為了生存下去，他決定再試一次，求助一位朋友給他一份汽車銷售員的工作，並且先預支薪水過生活。

銷售需要有好口才，喬吉拉德知道自己沒有退路，每天重複對著鏡子練習說話，最後他只花了幾個月的時間，就改掉這個跟隨他30多年的口吃。

從零做起，他除了建立客戶的基本資料外，還會記下對方的各種生活細節，甚至想盡辦法的要讓人們對他有印象，跑去球場，把整疊名片往天空撒，他心想只要散落各處的名片裡面，有1個人向他買車，他就成功了！另外每個月都會寄出不同設計的卡片，這樣重複的出現，為的就是要客戶牢記他的名字，只要有買車的需求時，自然會聯繫。喬 · 吉拉德總是保持積極與樂觀，不論等多久，他不放棄任何機會，他花了3年累積人脈，於是很快的就打響名號。

喬 · 吉拉德就是這樣「逆轉人生」的。

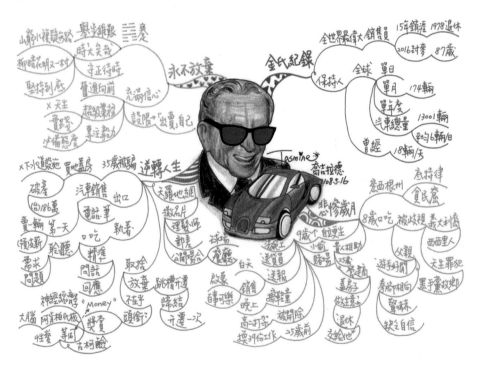

孔子說如果找不到處事中庸的人做朋友，那他就會跟兩種人做朋友，一種叫做「狂」另一種叫做「狷」；狂者進取，狷者有所不為。喬吉拉德是不是就是一種「狂」人呢？！

最後想要跟爸爸媽媽說的，我們要時常鼓勵自己或小孩要有「永不放棄」的精神。從《易經・蹇卦》得到的智慧，「蹇之時用大矣哉」善用蹇卦的人，在舉步維艱時，就能發揮非常好的作用，幫助我們身心安住、自我反省、重新檢討，守正待時並堅持到底，相信「明天一定要比今天更好」的專注態度與毅力。這樣就會有「山窮水複疑無路」、「柳暗花明又一村」的感覺。

▎無印良品

「無印良品」是一家注重價值與簡約質樸設計的公司，它擄獲不少喜歡簡單風的忠實粉絲。所謂「無印」就是沒有品牌、沒有多餘綴飾的意思。這種思想是源自日本的茶室文化及禪宗，跟老莊思想十分相近。

走進商店，映入眼簾的琳瑯滿目商品，擺脫了擁擠與滯悶的感覺，帶給人的是一種舒適、不壓迫、溫馨的購物空間。

我也是忠實顧客，最喜歡他們質感很好的文具用品。

所以有關它們的報導，就會多關注一些，尤其有關企業的經營。雜誌上報導，無印良品一度調降價格，原來是採用員工的建議。跨國企業要經營好，品牌要接地氣還要特別重視商品的加值服務，才能獲得當地居民的認同感，進而上門消費。

我們臺灣和日本同屬亞州，文化差異不大，老實說在商品行銷推動上並不會太難，重點是在於生活環境與氣候畢竟不同，所以有很多的設計，並不能單一規格同步上市，而是需要符合在地的需求。

客戶在實體店鋪購買出現問題時，第一時間一定向第一線的店員反應，所以無印良品公司就非常的注重與客戶對接的細節訓練。針對門市端的管理規則，每三個月就會更新一次，防止固化，保持隨時調整修正的彈性。至於規則的更新內容來源，公司則利用「胡蘿蔔與棍子」（Carrot and Stick）的

管理方式，透過獎勵激勵員工，主動去發現問題並且提供如何修改的方案，如果修改案通過審核就可以得到獎勵金，這方法顯然發揮了一定的成效；另外每半年還會針對提出有效方案中，再選出最優秀的執行案件，再發放一次獎金，因此這樣的策略，不但能緊緊抓住客戶的心，同時也凝聚員工們的向心力。

另外他們開會的步調是緊湊、不拖泥帶水的。因為公司引導員工思考是採用 4W「聚焦」法則，一張 A4 紙寫上 4W 則是 WHAT、WHY、WHEN、WHO，讓員工非常明確清楚現在要討論的議題及方向，就可以節省很多的時間，不但簡單且讓人一目了然，這是不是很像大家想要學習的心智圖法，用最簡單的方式去歸納重點。

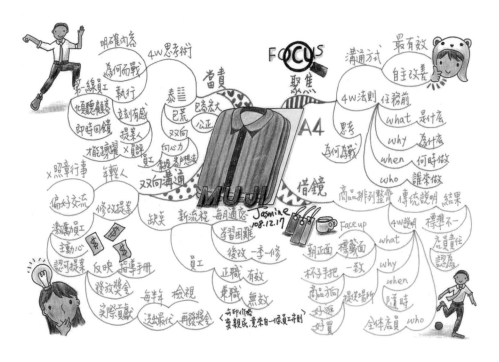

舉例我則寫在第二個主幹。例如先請大家定義什麼是「商品排列整齊」？相信如果在教育訓練時，大家一定七嘴八舌，花費了好多時間討論，結果標準不一致，而且一定一致認為是區域單一店員的責任；但是如果透過 4W 說明，員工會非常清楚公司所要要求的標準—WHAT（指的是商品整齊這件事）：就是所有商品的面部一定要朝上，每個商品的標籤面都是朝

正面，還有杯子手把和每個商品擺放的方向要一致；WHY（指的是為什麼一定要商品整齊）：因為要提供好逛好買的場所給客戶；WHEN（指的是商品整齊維持的時間）：隨時保持整齊；WHO（指的是商品排列整齊的責任歸屬）：全體店員的責任。這樣是不是很明確，好依循呢？如此要複製一位好員工，就相當容易了！

最後是我閱讀的心得一「當責」是每個好員工必須自我要求的法則。

「當責」與「負責」最大的不同，在於「當責」必須「對結果負責」，而不是只把自己份內的事情做完就好。一個有「當責」概念的員工，會主動認識到自己有能力解決問題，而不只是做完「主管交代的任務」，更進一步達到任務所想要的結果。但不僅僅是員工，公司高層也要有《易經・泰卦》提點我們的「包荒」胸懷，保持公正、包容之心，時刻凝聚員工向心力與掌握客戶想法，這樣才能基業長青，永續經營。

▎瘋媽祖經濟學

「直銷」在近幾年等於是全民運動，原因是物價不斷提升，一般上班族單一的工作薪酬，很難過上有品質的生活，於是斜槓兼職，選擇時間彈性的直銷事業，很容易打動人心。但是有做過直銷的人都知道，剛開始投入會是辛苦的，時間與收入絕對不成比例，原因是還沒有架構「組織」，無法賺取被動收入，但是只要肯花時間、精神，認真陌生開發，幾十年後應該可以坐擁豪宅、享名車。

今天要分享的心智圖，最重要的學習對象是「媽祖」，在媽祖的號召下，50 人的組織，如何創造 50 億產值的經濟，這門學分不得不修啊！

或許正在閱讀的你，也是媽祖的信徒，那麼你一定知道，每年的「媽祖繞境」是大甲鎮瀾宮的大事，也是信徒們非常熱衷的活動之一。根據統計，每年參與大甲媽祖遶境的人數都超過百萬人，而且繞境期間每天跟著神轎移動的民眾就達 10 萬到 20 萬人之多，隊伍還可綿延至 4、5 公里。

這種陣仗，也受到外國媒體的禮讚，他們把它看做是一種宗教文化藝術最高的獻禮，在 2009 年還將所有關於華人圈的媽祖信仰與遶境等相關禮俗，列為世界非物質文化遺產，這是何等的殊榮啊！

不過這種一場百萬人次的活動，應該要動員不少人吧？！告訴你真正的答案，你可能會相當吃驚，因為背後最核心的工作人員大約只有 50 位，其中包含大約 20 位鎮瀾宮的全職人員及 30 位志工幹部。

僅只 50 位的工作人員，背後隱藏什麼力量，才能用極少人數槓桿出百萬人次的宗教盛事？每當大甲媽祖準時起駕，在萬眾矚目下，幾位鎮瀾宮神轎班的人員，起身抬起媽祖神轎，奮力跨出第一步時，這背後是核心工作人數至少為千名志工長達半年努力的心血。

透過研究媽祖的專家觀察，宮內組織看起來好像很鬆散，是因為只有少數是內聘的員工，其他多數的志工。在不支薪的情況下，願意為宮內付出辛勞，背後是因為有一股強大對媽祖的信仰，這些熱衷宗教信仰的地方人士，更藉助自己的人脈去串聯出驚人的人際網絡，才使得不過數十位的核心幹部，卻能夠辦好百萬人次的遶境活動。

這富饒人情味的臺式嘉年華，帶出百萬人潮，相對也一定可以帶來錢潮，所以上市公司洞燭機先，迫不及待拓展中南部市場，藉此機會舉辦商品結盟行銷；就這樣在一次的媽祖遶境活動，成千上萬的中小企業、微型企業、攤販、自營商，也因此滾動出五十億元的商機。

在第二主幹「媽祖經濟」已參考內容並整理出各司其職的組別，大家可以參考一下心智圖。

第三個主幹想要跟大家探究的是「IP」如何擔負起識別經濟效應。神明千百位，為何「媽祖」智慧財產商機最大？

說到「媽祖經濟」其實並不是鎮瀾宮的專利，目前臺灣大家所熟知的媽祖廟，包括在北港的朝天宮、新港的奉天宮還有白沙屯的拱天宮等，也都受到媽祖的庇佑，開創出許多的商機，只是程度不一。例如發行「媽祖認同卡」的銀行就有 6 間，讓媽祖成為臺灣眾神明中，擁有最多張信用卡的神祇，顯然媽祖已是商業範疇上，所創造出的一位角色經濟，我們目前的用詞叫 IP （"intellectual property"，原指智慧財產，如今泛稱由故事、遊戲、影視作品等延伸出的角色經濟）。

為什麼大家都喜歡用媽祖圖象與商業文創作結合呢？有二十多年研究媽祖的專家表示，媽祖的形象比較像媽媽，我們大部分的人從小跟媽媽比較親近，有什麼心事自然會找媽媽傾訴，相較於看起來很有權威的玉皇大帝、有著軍人形象的三太子、另外比較屬於地域性的土地公、王爺等，比較難拓展到全國，所以媽祖親民的媽媽形象，是最好延伸的角色。

再加上像媽祖這類沒有明確的著作權歸屬、屬於任何人都可以使用的，開放性 IP，在創作上可以盡情的發揮。

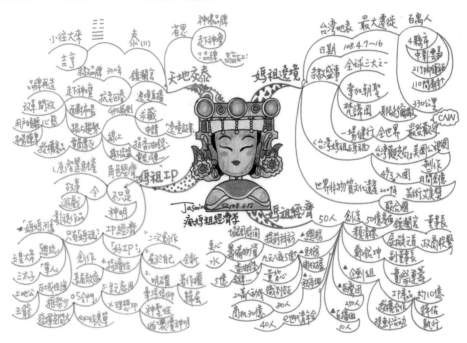

那麼既然是要創造經濟的角色，我們又要如何辨別哪種 IP，商業價值會比較高呢？首先就是著作權是誰的？要很明確，接著要加些點子在上面，創造屬於自己新的 IP，這樣運用在商業上，比較不會有法律問題的問題。再來，這個 IP 是否可以繼續延伸出相關的創作，如果不行，那麼就比較難有粉絲追隨收集，這樣的商業效果就差。最後要看這 IP 是否侷限性較小、可以放在各種領域，換句話說，可以結盟的廠家越多，經濟效益就越大。

也許對許多企業而言，要從無到有打造一個 IP，感覺非常困難，但只要學會識別、借力 IP 為自己的生意創造無限可能，都值得大家去重視與思考的項目。

最後看完這則報導我最大的感想可以用《易經‧泰卦》來做註解。卦象地在上、天在下，意味著不管是神明、高官、大品牌都要下鄉與人民接地氣，才能了解民間所苦、所需，提出最圓滿的改善、符合人民需求，這樣才能創造親民的商業模式與經濟效益，正所謂的小往大來，天地交而萬物通也，上下交而其志同也，吉祥又亨通。

▌網紅小孩來了

「網紅小孩來了！」這是 2019 年一本雜誌的封面主題報導，至今 2024 年還是有很多孩子們依舊追逐有關他們在網路世界的「春秋大夢」。為什麼說是「春秋大夢」？原因很簡單，很多孩子的認知裡，以為架個攝影機來個直播或是錄好影片上傳，就等著百萬人收看、按讚，然後就享有分潤。這是我每次問孩子未來有甚麼夢想時，所獲得的答案，但容易嗎？其實我並不反對孩子們的突發奇想，但我更在意的是如何把天馬行空的創意，化為實際的作為去實踐它！

如果您問您的孩子未來想做什麼？答案是想當「網紅」，當下您的感受時什麼？因為科技進展快速，或許現在的父母對這話題已經見怪不怪了，但在四、五年前，英國《每日郵報》記載，有大約 75% 孩子的夢想，是當 YouTuber，而我們臺灣也不惶多讓，依據兒福聯盟的統計，大約也有 67% 的兒童與青少年，也有相同的人生目標。這是人生目標空前的窄化，讓以往想當總統、老師、警察，或是開飛機等這些目標設定的爸爸媽媽感到驚訝。當然這樣的數據也將影響牽動著教育、商業、社會等多層面的重大衝擊。

在第二主幹內容，就是教大家如何分辨「網路原生」與「社群原生」的不同。「網路原生」，我們又稱之「千禧世代」。千禧世代是指 1980 年到 2004 年間出生的孩子，千禧世代的孩子心中最在乎的事，是「我是誰？」他們勇於表現自己。那麼在「社群原生」世代，網路、手機、電腦是他們生存的三要素，他們的生活，就是隨時的追蹤朋友圈及目前最新流行的人事物、然後按讚、分享轉發，甚至自己開個帳號，當起網紅，所以這世代他們要達成的目標是：「誰看見我？」，想方設法的標新立異，博取大眾的眼球！以前是害羞靦腆的自我欣賞、自我感覺良好，到後來就演變成為想搏版面、磨蹭熱門新聞話題人物，高調的曝光自己。

像這樣在科技環境長大的孩子，他們的思想、行為表現，對學校和社會教育會產生什麼讓人隱憂的影響呢？以前，我們是一直線的人生軌道，從起點的家庭教育、接著到學校、畢業後步入職場等按次序三階段的慢慢催熟，用十幾年的時間來認識自己與自己的關係，進而自己與他人的關係，再到與整個社會群體的關係；但現在，從國小階段就開始把自己暴露在陌生的網際人群中，帶給他們的學習路徑變成是跳躍式的，對自己的認識都還懵懂的階段，就直接進入以資本主義為主的社會形式，在發展心理學上，他

們錯過自我認同的學習過程，從而透過手機去認識他們眼中的世界，他們向外部索取對自己的讚賞，來肯定自己的價值，甚至忘記自我存在的意義，一味的模仿和追蹤網紅們的一舉一動，他們活在虛幻的網路仙境裡，忘了生活的油米柴鹽，沒有 WIFI 就等於沒有了靈魂，漸漸的沒有了自我沉澱、探索與獨處的能力，甚至出現無法與現實社會人群溝通的障礙，我們俗稱的「社恐」。

然而我們知道趨勢不可擋，所以身為爸爸媽媽就要肩負起共學與交流的角色，給予正確的價值觀，讓兒少時期的孩子們能心理健康的去看待事物的本質，並懂得保護自己的安全，進而激發起他們的思辨能力與精益求精的探索精神，才不枉費科技所帶來的便利性。

▌增肌減脂吃對蛋白質

怎麼吃才會增肌減脂？我常常看到從事直銷事業的朋友，秀出 before 和 after 的比對照片，然後低頭再看看自己的小腹，內心就會產生一股衝動，想立刻下單購買促進代謝的產品，因為展示的身材實在太迷人了，有種回不去的感覺。

如何趕走討厭的贅肉與脂肪，增加肌肉量，是每個人都想要了解的課題，尤其「增肌」這個部份，更是老年人特別應該重視，我們常常看到老年人因為跌倒受傷、骨折後，就延伸出很多的病症，最後都很難走出醫院，追根究柢的原因就是大部分的老人都罹患「肌少症」，導致沒有力氣去支撐腿部的力量或抬高腳部。

我們該怎麼攝取營養呢？要達到「增肌減脂」，會攸關到每個人是否吃足夠量的蛋白質。怎麼樣才能知道自己攝取足夠的量呢？如果攝取不足是會有個前兆的，例如水腫、指甲碎裂、容易掉頭髮、生病以及精神、記憶變差等等，所以我將了解過後的資訊，統整在第一個「履霜堅冰至」的主幹裡。

如果到了一定的年紀，又該做什麼飲食調整與運動，讓自己「老當益壯」呢？有關健康的雜誌報導，一定會有相關的內容資訊，大家可以把它抓重點整理出來。

第三個主幹，我們則可以把握吃對東西的原則及攝取時間寫下，精準掌控、配合就可以達到加乘的效果。

最後的主幹則可以勉勵自己，凡事需要去執行實踐，再加上恆毅力，才會有好的效果，我們可以先設定短期目標，每天有紀律的去實行，慢慢的就能夠去養成好習慣。用一句《易經·節卦》裡所說到的「苦節不可貞」，如果沒有循序漸進，或者是沒有依照自己的身心狀態而過度的要求、節制自己，終究都不會達到效果的。

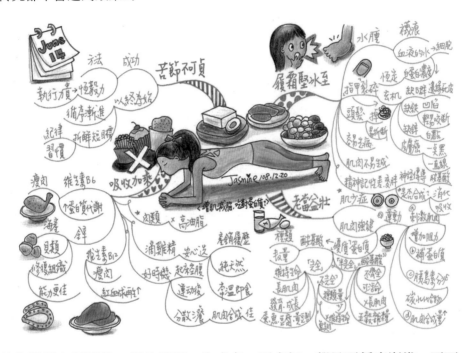

就像學習心智圖是一樣的道理，先求有，再求好，都是要循序漸進，不可能一步登天，陪伴孩子讀書也是如此，適性揚才，鼓勵與愛是前進最大的動力，爸爸媽媽要在這個地方下功夫，因為下班後，體力用盡時，還需要陪伴孩子讀書寫字，如果孩子不聽話，東摸西摸，真的會讓人抓狂，此刻，建議您可以先離開座位，走動走動，放鬆心情，切記一點，千萬不要以為您一回到位子，孩子已經把握時間，把進度寫完，那是不可能的事！不要帶有這個期望，免得回到位子又一次大發雷霆；但是如果您的孩子因為您的離開，知道苗頭不對，趕快補上進度，這時您真的要好好誇讚並詳細的把誇讚理由明確說出，下次，您真的會收到意想不到的好結果喔！

▎運動與經營企業共同的信念——「永不放棄」

說到蔡明忠，是眾所周知的富邦集團首腦人物，大家習慣叫他「大董」，他的事業版圖有好幾塊，像是臺灣大哥大、富邦金控還有凱擘媒體，這幾年還跨足富邦悍將棒球、富邦勇士籃球。他那響叮噹的名號，應該僅次於台積電的張忠謀與鴻海的郭台銘。

然而我們今天到底要從他身上領悟到什麼智慧與重點？媒體報導的「富二代」型態有所不同，我們是一介平民，只能透過媒體報導了解所謂的富家子弟，穿什麼、用什麼、玩什麼，來拓展自己的眼界。

社會新聞會出現的「富二代」，一定是夜夜笙歌、紙醉金迷，有著用不完的錢，住在高級的別墅區，開車千萬的豪車，極盡受寵然後不知天高地厚的闖禍。

但有的「富二代」出現的版面是財經新聞版，那種氣宇非凡、說話不疾不徐的貴族氣質，是時間淬鍊下的一種修養表現。那我們今天要了解的蔡明忠就是這號人物代表。

透過報導才知道蔡董是馬拉松賽跑的愛好者，每天出現在河堤邊跑步，日復一日，一步一步堅定、穩健地向前跑，多年來持之以恆的養成了好習慣。

跑馬拉松有許多的「貓膩」，像天候就是一項考驗，考驗跑者的經驗與耐力。如果是雨天，是下毛毛細雨還是滂沱大雨？如果是小雨，到後來會不會變成大雨？如何判斷要不要穿雨衣？是要穿長褲還是短褲？會不會太熱？或者會不會失溫？對了，我還在網路文章上還有看到討論為何穿夾腳拖跑步的原因等等，這些瞬間的判斷，跟在商場上下決策是一樣的重要，因為這些都是攸關到是否能完賽的關鍵。

東京馬拉松是所有馬拉松愛好者躍躍欲試的賽事，它是全球六大馬拉松盛事之一，也是亞洲最大規模的馬拉松賽事，每年都吸引超過三萬人來參加，對於喜歡馬拉松的蔡明忠自然不會錯過。62 歲的他，在這則報導中是累積完成了人生中二次的全馬紀錄。

這是一個全臺含金量最高的「富二代」的自我淬鍊，他的自律是邁向成功的法則，就像每天自律的在河堤邊練跑，這股勁兒也用在是事業，也因此能穩健的向前行。

然而人生就是一連串的「艱難險阻」，富家子弟也是人，每個人的人生都有難題，都有過不去的坎，經營事業的壓力、為人父親的責任，在在的被他丟進跑步的節奏裡，在吐納間一一消化；無論他手中有多少銀兩，上天給他一個無法解決的課題，那就是蔡明忠最小的兒子阿翰，一出生就腦部發育不全，無法自理。為了維持孩子的體能健康，復健老師就建議讓阿翰學習「爬牆」的動作，我們都知道「爬牆」是非常無趣的動作，就是面對著牆，然後持續做出爬牆的動作，而且一做就要三十分鐘，如果一般人，想要緩解痠痛也是可以試著爬牆。疼愛兒子的蔡明忠，都會抽空陪著一起練習做，一次三十分鐘，一做就是好幾年不曾間斷。後來又加入了瑜珈這項運動，讓一家人有機會一起享受一起運動的樂趣。

為什麼蔡明忠對運動如此的堅持呢？因為他在運動裡鍛鍊身體，也鍛鍊心。

在蔡明忠非常清楚，運動跟經營事業很像，再怎麼樣都絕對不能放棄。他在跑步時領悟了，只要想要放棄時，再想想完成時的美好，就可以堅持到底了。蔡董事長所悟的智慧，我們也該銘記在心。

我在第三個主幹紀錄了關於蔡明忠「永不放棄」有四個層面「自我」、「家庭」、「朋友」、「經營」等重點，大家可以從心智圖去理解。

最後以《易經》第三十二恆卦〈象傳〉提示我們的君子以立不易方來做結尾。經營人生或企業都要守恆，而要恆長則需要靠藉意志力、體力與耐力。我們平日要保持正常的飲食與生活，這樣才有助於提升睡眠品質與人際關係，存蓄飽滿續航力，讓每一天都是燦爛的朝陽。

▎貓型人來了

如果家中的孩子總是不聽話，我想很多爸爸媽媽心裡一定會有所感慨：「早知道就養毛小孩就好了！」可是真正養過貓狗的人，心裡或許有著不同的聲音。人、狗和貓這三者的差別，只是貓狗不會頂嘴，其他的照料並沒有想像的那麼輕鬆。例如出門旅行時，要花錢寄宿寵物旅館；生病時，沒有健保，也是要花大把大把的銀子；平常也要花時間陪伴等等，所以說只要是有生命的動物，其實都蠻費心的。

隨著物價不斷提升，房價又居高不下，現在的年輕朋友們對於「成家」這件事越來越不敢想了，很多人過了適婚年齡還是不肯結婚，覺得「單身」過日子挺好的，至少負擔比較小；而選擇婚姻的人，很多也選擇當「頂客族」來維持較好的生活品質。一開始大家都會覺得自由自在，生活愜意，但是日子久了，覺得屋子裡好像「過份」的安靜，沒有人等門的日子，有時也會感到孤單寂寞；而「頂客族」（DINK）的兩人，有時生活上總需要「潤滑劑」來滋養已漸漸枯萎的愛情；抑或是步入老年的族群，只剩下一個人時，生活上還是需要有「伴」，有個重心來轉移自己的注意力，這時養隻貓狗，就成為大家解決孤單寂寞問題的選項。

但是現在人們到底喜歡養貓還是養狗呢？如果您也正考慮養寵物，不妨看一下我為您整理的重點心智圖，就一目了然了。

從第一個主幹的關鍵字，我就告訴您答案了「貓咪當道」。雖然在 2019 年臺灣最權威寵物雜誌《哈寵誌》報導，養貓數量不及養狗數量，但在 2011 至 2019 這八年期間，卻成長 197％，成長幅度遠遠高過狗的 48％。這項數據統計，無疑的宣告大眾，「貓型社會」來臨了。

接著第二個主幹我就以「貓型社會」來當關鍵字。《希特勒為何討厭貓》這本書的作者是日本評論家古谷經衡（Furuya Tsunehira），他分析日本人養

毛小孩的趨勢也是逐步的再轉變，以前的「犬型社會」是因為二戰結束後，大家的思想還停留在集體主義與保有服從精神的心態，但是現在大家所追求的是獨立、自由，個性主張的「貓型社會」。

另有專家學者說，狗像個小孩、貓比較像伴侶，所以養狗的人就需要帶狗狗到處去遛遛，在照顧上好像多了一點責任，需要付出一定程度的時間陪伴；那麼養貓就不需要遛貓，照顧上時間比較自由有彈性，所以如果我們想要有陪伴者，又不想要有壓力，比較起來，應該會選擇養貓，所以不難想像，未來會是個貓型社會。

貓型社會有怎樣的特質？我用「貓奴特質」的關鍵字來告訴你們答案：就是「宅、懶、獨」的新社會。在這裡就請大家自己閱讀心智圖，就能一窺究竟了。其實養貓的比率會逐年攀升，是有一定因素的存在，行動力比較不足的老年人，會比較喜歡貓的陪伴；而年輕人為事業打拼，會有很多時間是在外頭，所以會喜歡較獨立的貓；再加上在寸土寸金的都市裡，生活環境空間有限，也比較符合貓喜歡高低跳躍的習性等。

閱讀到此，您是否看到了商機？告訴您，臺灣寵物雜誌的預估，貓型社會所延伸出產值，將上看 200 億呢！

期望大家在「貓型社會」中，大發利市。

▌離島狂醫發揮大愛精神

「當病人展露了笑容就是我的快樂！」這是義大醫院杜元坤的行醫多年的心得。

在臺灣，只要成績是佼佼者，通常第一志願是醫學系。或許是自己的願望，但其中夾雜父母的期待也為數不少。然而要成為醫師，是想成為「名」醫？還是「良」醫？起心動念的不同，將形塑往後的行醫風格。

所謂「良醫」就是不為名，不為利，哪裡需要，哪裡去！

這張心智圖記載的是高雄義大醫院院長兼教授的杜元坤醫師救人濟世的故事。

首先我引用了《易經、履卦》履道坦坦，幽人貞吉，為第一個主幹關鍵詞，來記錄杜元坤醫師的重點履歷與獲得榮耀高光的醫界奧斯卡獎的「醫療奉獻獎」。杜醫師在 2014 年就多了一個新的身份「候鳥醫師」。這個身份的由來是因為他利用假日飛往澎湖為當地居民看診，十多年不曾間斷，這對工作繁忙且壓力很大的醫師們來說，很少人願意這麼做的，但他堅持走對的路，在每一趟來回奔波的艱辛過程中，他比一般人更能體會，身為人就應該互助，發揮自己所長，去幫助需要幫助的人，這種「無我利他」的精神，真應該好好的教育下一代，去提升每個人的生命價值，並繼續的傳承下去。

杜元坤的理念是以維護病人的權益為最優先，所以當他與病人有病痛時，是誰要優先做處理？有著仁愛之心的杜元坤，總是看完所有掛號的病患並處理完預定開刀的病人後，才換上自己躺在手術台。我們都知道，因為開刀需要麻醉，麻醉前是不能進食的，但身為醫師乘載著病患的疼痛，所以需要體力以維持正常看診的服務，就會勉強進食，而當結束醫療服務後，換到自己卻因進食不能開刀，他索性採取無麻醉手術，自己為自己開刀；

還有一次門診時感覺到心絞痛，自己知道可能會是心肌梗塞，但還是執意把上百餘名的病患看完，才進手術室，這樣瘋狂的舉止，把身邊的護理人員都給嚇壞了。他總是說：「即使到生命盡頭，仍要行善，或許天堂還沒有我的位置。」

像杜醫師這樣的行為讓我想要用《易經・大有卦》自天佑之，吉無不利來總結，這句話的意思不是讓上天保佑你，而是強調我們每一個人，如果做事懂得順應天道，用自己生命的價值去幫助到他人，那麼我們自己也會變得越來越好，做起事來都會非常吉祥順遂。

然而杜醫師之所以能夠成為現在令人景仰佩服的醫師，可是經歷一長串的淬鍊才得以得到的待人智慧。剛開始穿上白袍的杜醫師不是這個樣子的，因為他少年得志，所以也練就猖狂的個性，當然這跟他有一個嚴格的父親且不通人性的教養，有著密不可分的關係。

在 3 歲時，父親開始培養他音樂的涵養，每天必須去老師家練小提琴，否則不能吃飯，這對一個小小孩，是有點過分的嚴苛；在家庭教育上，父親非常重視輩分大小，身處在大家族的杜醫師，總是最後一輪才能吃到飯，而且他還要一個人負責洗所有人的碗筷，小杜元坤當然忿忿不平，總覺得自己像是撿來的小孩，不被父親疼愛，直到父親過世前的一次談話，才解開他心中的結，原來父親是希望他成為弟妹們的好榜樣，才會對他格外的嚴厲。

當年考專科醫師，他獲得外科及骨科雙科狀元，創下當時長庚醫院的紀錄；他又以最年輕 35 歲的姿態，當上基隆長庚醫院外科部長，部底下的 9 個科主任都是以前教過他的老師。

人總會迷失在權力階級與金錢當中，所以有了這些傲人的成績表現，養成了他目中無人的壞習慣，總覺得自己是老大，同事和病人都要敬他三分。

直到父親過世，遺留下超過 9,000 萬的債務，讓他一夕崩潰、跌入深淵，這是他人生的轉捩點，為了處理父親留下的債務，來到了準備營運的高雄義大醫院，擔任骨科部部長。

當環境把一個人逼到絕境的時候，是禍也是福，這是上天送給他一次修練自己的機會，而聰明的杜醫師馬上領悟知道要學會縮小自己，學會調整心態，日子才會比較好過。

當病人把腳踩在他的醫師袍讓他感到不舒服時，他也立刻覺察到，自己應該放下身段，彎起腰來診斷病人的腳，也因為來到義大，他才有機會認識從澎湖來的莊朱玉女，人稱「十元便當阿嬤」啟發他的良善之心。也因為她遠從澎湖來高雄看病，每次看一次診，全家人一起出動，動輒至少要花上八千、一萬不等的金額，觸動了杜醫師的內心，於是他發心要長期投入心力在醫療不足的澎湖，他決定當一隻候鳥，固定飛到澎湖義診。

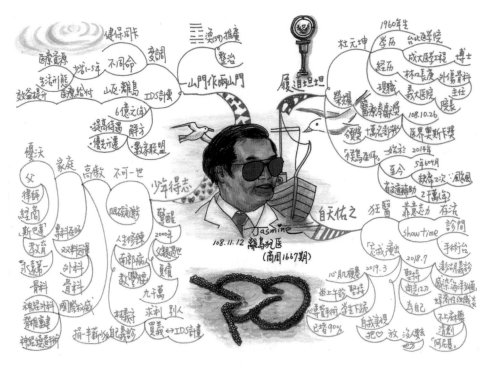

他發心長期投入醫療不足的澎湖義診，改變自己過去到偏遠地區蜻蜓點水式的公益服務。他選擇了當候鳥，固定回到那一定的地方。

他和「十元便當阿嬤」莊朱玉女彼此成為人生的貴人，她啟發了杜醫師行善的念頭，行醫 30 多年，他每月捐出一半薪水，累計捐款近億元。

他是位處高位的準醫學中心院長，自我實現並擴大發揮社會影響力，讓我想到杜元坤已經做到《易經‧渙卦》，所提點我們要把大愛的精神推廣出去。

同樣的健保卡，離島居民卻因為生活型態與醫療資源短缺，平均少活了 1 ～ 5 年。也因為杜醫師的舉動，帶動了義大醫院承辦健保署「全民健康保險澎湖縣離島地區醫療給付效益提昇計畫」（IDS），派遣醫療專業團隊進駐澎湖，解決民眾之苦。

除了固定時間飛到澎湖義診的杜醫師，還率先以個人名義捐贈 1 輛健康行動服務車，他的善舉發揮了拋磚引玉的效果，義大集團董事長林義守也行善不落人後，再加碼捐贈 1 輛。

這是杜元坤醫師感人的故事，當今鼓勵孩子報考醫學系的爸爸媽媽，是否可以進一步引導孩子，認識成為「良醫」比「名醫」更重要的核心價值，進而更努力去追求創造讓生命更璀璨動人的精采人生。

▌讓員工做自己的老闆

每家的公司經營者都不簡單，要如何的管理人員達到高效率的產值，其實並不容易，就像學生要怎麼管理？才能達到高效率的學習是一樣的道理，所以不管是在學或者是在職，只要談到「高效率」，其實跟「自律」永遠脫離不了關係，只要是自己願意，就會高效率，遇到問題也不會放著，所以看到一篇〈讓員工做自己的老闆〉報導，我感到興趣，細讀內容，才知道有人把管理公司與管控十字路口的兩種模式的思維，相對比較，挺有意思，於是就把重點記錄下來，和大家分享。

公司裡每天的運轉，總會因為對應許多不同的人事物，而產生問題，有的很簡單透過說明，就能讓人明白，有的牽扯的物件多，相對麻煩、棘手、費時，然而又要達到高效率的運作，就得要有方法，讓身處在公司的每一個角色都能有動能，才能創造最大的產能。

文章中先提到一個比方。一個好的道路設計，一定會考量如何降低事故，以及保持流量順暢的二個環節。所以目前在十字路口，有紅綠燈的交通號

誌和圓環兩種設置。這兩者之前的差異為何呢？設置的背後思維是什麼呢？這部份我會和企業的管理一起做比擬。

首先是紅綠燈的設置原理：運用一個監控系統，只要不發生故障，所有的標示簡單易懂，一目了然，紅燈停、綠燈行，讓所有用路人都可以不用腦袋思考，甚至可以在等紅燈時查看手機，發兩、三則簡訊，這就好比公司並不認為每個員工都能處理好事情，所以上司要常常叮嚀員工做法，員工則不需要動腦。那麼可想而知，處於這種環境的人，應該都是被動的，因為如果上司沒有交辦事項，就不會主動付出心力，這就好像學生只會做好指派的作業；再來面對比較複雜的問題就用簡單的規則和共識來管理，例如雖然有紅綠燈交通號誌，但是開（騎）車如果不專心，講電話或看訊息，遇到突發緊急狀況，也因為不專注而無法即使應變，而釀成遺憾，所以就訂立交通法則，行駛車輛時，不得看手機，就好比上班不能遲到，講私人電話要注意時間等等；最後就是針對各式各樣的情境，做好規劃，例如斑馬線一旦有人，所有車輛就務必禮讓，如果不禮讓就要罰款，抑或是紅燈右轉也要受到處罰等，所以公司也會立下很多的管理懲處，來告誡員工。

第二種就是在十字路口設置圓環，在沒有任何號誌之下，我們行駛在路口，該行該停就得靠自己的判斷，所以領導者是相信員工可以判斷什麼事情該做？什麼事情不該做？一切以信任為基礎。再來愈到複雜的問題，一樣用簡單的規則和共識來管理，最重要的一點是留有判斷的空間，例如要進入圓環，一輛接一輛的車，要怎麼切入？這都需要憑藉當時的狀況而定的，也就是像每個人到診所看病要先掛號，按照次第看病，但是來了一位高燒的嬰兒，是否可先行插隊看病？最後在圓環路口也會發生許多情境，例如發生事故，雖然沒有號誌燈，人們還是可以應付，或許會有人就會主動放置故障標誌並擔任起交通指揮，對應在公司是用圓環式的管理，人們也會較主動的去排除解決困難。

說到這裡，你是否注意到，在使用交通號誌控管的十字路口，你不需要做什麼思考，只需按照交通號誌指示即可，背後有一個巨大的機制，有控管人員在監控；但在圓環，駕駛人必須高度意識到馬路如虎口，專注當下，四面八方的任何角落，因為除了為自己的安全著想，也為他人的安全來負責。

這樣的譬喻真的讓我會心一笑，因為譬喻的太好了！用交通號誌來管控，就如同放不下孩子或學生的家長和老師，怕孩子、學生跌倒犯錯，把所有會發生的事情，都做了防範；另外針對學習內容害怕孩子、學生，不理解，總擔憂的問「有沒有問題？」急著把自己所會的全都傳授出去，這讓我想到了《禮記・學記》：「善學者，師逸而功倍，又從而庸之；不善學者，師勤而功半，又從而怨之。善待問者，如撞鐘，叩之以小者則小鳴，叩之以大者則大鳴，待其從容，然後盡其聲。」上述的種種，背後都與是不是出自「自願」有關，在職場上亦是如此，經營者把所有的事情規範都一一的設定、計畫好了，員工就像等著接受指令的機器人，遇到突發狀況，就束手無策，腦子也不願意動一下，又把問題丟回給經營者，這樣的經營者肯定費時、費心，事倍功半。

反之，圓環式的共識管理，相信員工有能力去處理突發狀況，給予員工百分百的授權，讓員工像老闆般，擁有自主權，這樣的管理效率反而大增。

那我們剛剛的兩種管控十字路口的思維，你覺得哪一種對用路人比較安全？哪一種可以承載較多的流量？以經濟效益來說，哪一種的建造花費與維持的成本較低？如果遇到停電的時候，哪一種運作得更好？在文章記載上，以美國的實際情況為例子，答案就是圓環。可是，哪一種模式思維使用的較為廣泛？一樣以美國的情形來說，大約在每 1,200 個十字路口，只有一個會使用圓環設計。這是不是很矛盾？

管理學之父泰勒（F. W. Taylor）在他的著作《科學管理原理》（*The Principles of Scientific Management*）裡提到：大部分的公司組織架構與管理，跟以交通號誌來管控十字路口的模式是相似的，因為他們在管理層面對員工的假設就如同交通號誌設置背後的假設思維是相仿的。但是由於我們的工作型態因為科技的帶動，變化的速度相當的快，如果用僵化的管理制度，很容易在成效上大打折扣。所以採用以信任為基礎的圓環型組織，相信員工都是一流人才，讓員工可以高度自主管理與發揮，將會帶來和諧的工作氛圍並且可以集結大家的智慧，締造相互協助，達成高效率的景象。

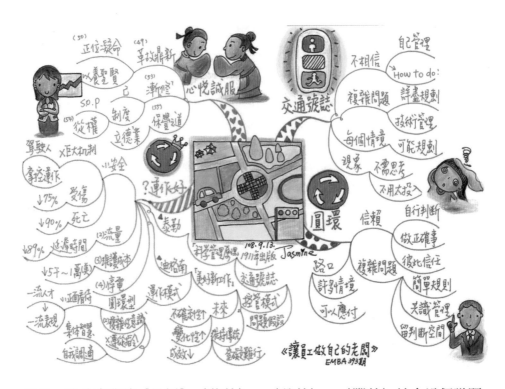

最後，我分享我讀《易經》〈革卦〉、〈鼎卦〉、〈豐卦〉結合這個議題的感悟。我個人覺得一個經營者最重要的，就是要讓所帶領團隊的每一個人都能夠心悅誠服，除此之外，怎麼做才能在瞬息萬變的商場上，站穩立足之地？經營者本身要對於公司舊的規定、法章與制度，要有破釜沉舟的決心去改革，以創新為宜，不可以墨守成規，應當採取全新的做法，堅定內心的使命與有賢有德有才的人多交流互動，採納建言，保有中庸的心態，既有的 S.O.P 也可以訓練員工有「從權」的能力；最後懂得知人善用的經營管理者，就能夠持盈保泰，因為《易經》〈豐卦〉、〈雜卦〉傳提示我們：「豐，多故也。」也就是當你把人放在對的地方，就容易成就一個人，當能成就別人時，就代表更完善了自己，屆時就較容易創建一番豐功偉業。

國家圖書館出版品預行編目 (CIP) 資料

心智圖法好給力：親子練心術/田宇禾作. --
第一版. -- 新北市：商鼎數位出版有限公司,
2024.09
　面；　公分
ISBN 978-986-144-282-2(平裝)

1.CST: 學習方法　2.CST: 學習心理學

521.1　　　　　　　　　　113011932

心智圖法好給力
親子練心術

繪者／作者　田宇禾

發 行 人　王秋鴻
出 版 者　商鼎數位出版有限公司
　　　　　地址：235 新北市中和區中山路三段136巷10弄17號
　　　　　電話：(02)2228-9070　傳真：(02)2228-9076
　　　　　客服信箱：scbkservice@gmail.com

編 輯 經 理　甯開遠
執 行 編 輯　尤家瑋
獨立出版總監　黃麗珍
美 術 設 計　黃鈺珊
編 排 設 計　商鼎數位出版

商鼎官網

f 來出書吧！

2024年9月20日出版　第一版／第一刷